OEUVRES
COMPLÈTES
DE MOLIÈRE.

TOME SEPTIÈME.

NANCY, IMPRIMERIE D'HÆNER.

OEUVRES
COMPLÈTES
DE MOLIÈRE,
AVEC

DES COMMENTAIRES HISTORIQUES ET LITTÉRAIRES,

PRÉCÉDÉES

DU TABLEAU DES MOEURS DU XVIIe SIÈCLE,

ET ORNÉES DE 33 GRAVURES.

TOME SEPTIÈME.

PARIS,

J. N. BARBA,

COURS DES FONTAINES, N° 7.

1828.

LE BOURGEOIS

GENTILHOMME,

COMÉDIE-BALLET

EN CINQ ACTES ET EN PROSE,

représentée à Chambord, le 14 octobre 1670; et à Paris, sur le théâtre du Palais-Royal, le 29 novembre de la même année.

PERSONNAGES DE LA COMÉDIE.

MONSIEUR JOURDAIN, bourgeois.
MADAME JOURDAIN.
LUCILE, fille de monsieur Jourdain.
CLÉONTE, amant de Lucile.
DORIMÈNE, marquise.
DORANTE, comte, amant de Dorimène.
NICOLE, servante de monsieur Jourdain.
COVIELLE, valet de Cléonte.
UN MAITRE DE MUSIQUE.
UN ÉLÈVE DU MAITRE DE MUSIQUE.
UN MAITRE A DANSER.
UN MAITRE D'ARMES.
UN MAITRE DE PHILOSOPHIE.
UN MAITRE TAILLEUR.
UN GARÇON TAILLEUR.
DEUX LAQUAIS.

PERSONNAGES DU BALLET.

DANS LE PREMIER ACTE.

UNE MUSICIENNE.
DEUX MUSICIENS.
DANSEURS.

DANS LE SECOND ACTE.

GARÇONS TAILLEURS dansants.

DANS LE TROISIÈME ACTE.

CUISINIERS dansants.

PERSONNAGES.

DANS LE QUATRIÈME ACTE.
CÉRÉMONIE TURQUE.

LE MUFTI.
TURCS ASSISTANTS DU MUFTI, chantants.
DERVIS chantants.
TURCS dansants.

DANS LE CINQUIÈME ACTE.
BALLET DES NATIONS.

UN DONNEUR DE LIVRES, dansant.
IMPORTUNS dansants.
TROUPE DE SPECTATEURS chantants.
PREMIER HOMME DU BEL AIR.
SECOND HOMME DU BEL AIR.
PREMIÈRE FEMME DU BEL AIR.
SECONDE FEMME DU BEL AIR.
PREMIER GASCON.
SECOND GASCON.
UN SUISSE.
UN VIEUX BOURGEOIS BABILLARD.
UNE VIEILLE BOUGEOISE BABILLARDE.
ESPAGNOLS chantants.
ESPAGNOLS dansants.
UNE ITALIENNE.
UN ITALIEN.
DEUX SCARAMOUCHES.
DEUX TRIVELINS.
ARLEQUIN.
DEUX POITEVINS chantants et dansants.
POITEVINS et POITEVINES dansants.

La scène est à Paris, dans la maison de M. Jourdain.

LE BOURGEOIS GENTILHOMME.

ACTE PREMIER.

SCÈNE I.

UN MAITRE DE MUSIQUE ; UN ÉLÈVE DU MAITRE DE MUSIQUE, COMPOSANT SUR UNE TABLE QUI EST AU MILIEU DU THÉATRE ; UNE MUSICIENNE, DEUX MUSICIENS, UN MAITRE A DANSER, DANSEURS.

LE MAITRE DE MUSIQUE, aux musiciens.

Venez, entrez dans cette salle, et vous reposez là, en attendant qu'il vienne.

LE MAITRE A DANSER, aux danseurs.

Et vous aussi de ce côté.

LE MAITRE DE MUSIQUE, à son élève.

Est-ce fait !

L'ÉLÈVE.

Oui.

LE MAITRE DE MUSIQUE.

Voyons... Voilà qui est bien.

LE MAITRE A DANSER.

Est-ce quelque chose de nouveau?

LE MAITRE DE MUSIQUE.

Oui. C'est un air pour une sérénade que je lui

ai fait composer ici, en attendant que notre homme fût éveillé.

LE MAITRE A DANSER.

Peut-on voir ce que c'est ?

LE MAITRE DE MUSIQUE.

Vous l'allez entendre avec le dialogue, quand il viendra. Il ne tardera guère.

LE MAITRE A DANSER.

Nos occupations, à vous et à moi, ne sont pas petites maintenant.

LE MAITRE DE MUSIQUE.

Il est vrai. Nous avons trouvé ici un homme comme il nous le faut à tous deux. Ce nous est une douce rente que ce monsieur Jourdain, avec les visions de noblesse et de galanterie qu'il est allé se mettre en tête ; et votre danse et ma musique auroient à souhaiter que tout le monde lui ressemblât.

LE MAITRE A DANSER.

Non pas entièrement ; et je voudrois, pour lui, qu'il se connût mieux qu'il ne fait aux choses que nous lui donnons.

LE MAITRE DE MUSIQUE.

Il est vrai qu'il les connoît mal, mais il les paye bien ; et c'est de quoi maintenant nos arts ont plus besoin que de tout autre chose.

LE MAITRE A DANSER.

Pour moi, je vous l'avoue, je me repais un peu de gloire. Les applaudissements me touchent ; et je tiens que, dans tous les beaux arts, c'est un supplice assez fâcheux que de se produire à des sots, que d'essuyer sur des compositions la barbarie d'un stupide. Il y a plaisir, ne m'en parlez point, à travailler pour des personnes qui soient capables de sentir les délicatesses d'un art, qui sachent faire un doux accueil aux beautés d'un ouvrage, et, par de chatouillantes approbations, vous régaler de votre travail. Oui, la récompense la plus agréable qu'on puisse recevoir des choses que l'on fait, c'est de les voir connues, de les voir caressées d'un applaudissement qui vous honore. Il n'y a rien, à mon avis, qui nous paye mieux que cela de toutes nos fatigues ; et ce sont des douceurs exquises que des louanges éclairées.

LE MAITRE DE MUSIQUE.

J'en demeure d'accord ; et je les goûte comme vous. Il n'y a rien assurément qui chatouille davantage que les applaudissements que vous dites ; mais cet encens ne fait pas vivre. Des louanges toutes pures ne mettent point un homme à son aise, il y faut mêler du solide, et la meilleure façon de louer, c'est de louer avec les mains. C'est un homme, à la vérité, dont les lumières sont petites, qui parle à tort et à travers de toutes choses, et n'applaudit qu'à contre-sens ; mais son argent redresse les jugements de son esprit ; il a du discernement dans sa bourse ; ses louanges sont monnoyées ; et ce bourgeois ignorant nous vaut mieux, comme vous voyez, que le grand seigneur éclairé qui nous a introduits ici.

LE MAITRE A DANSER.

Il y a quelque chose de vrai dans ce que vous

dites ; mais je trouve que vous appuyez un peu trop sur l'argent ; et l'intérêt est quelque chose de si bas, qu'il ne faut jamais qu'un honnête homme montre pour lui de l'attachement.

LE MAITRE DE MUSIQUE.

Vous recevez fort bien pourtant l'argent que notre homme vous donne.

LE MAITRE A DANSER.

Assurément ; mais je n'en fais pas tout mon bonheur, et je voudrois qu'avec son bien il eût encore quelque bon goût des choses.

LE MAITRE DE MUSIQUE.

Je le voudrois aussi ; et c'est à quoi nous travaillons tous deux autant que nous pouvons. Mais, en tout cas, il nous donne moyen de nous faire connoître dans le monde ; et il paiera pour les autres ce que les autres loueront pour lui.

LE MAITRE A DANSER.

Le voilà qui vient.

SCÈNE II.

M. JOURDAIN, EN ROBE DE CHAMBRE ET EN BONNET DE NUIT ; LE MAITRE DE MUSIQUE, LE MAITRE A DANSER, L'ÉLÈVE DU MAITRE DE MUSIQUE, UNE MUSICIENNE, DEUX MUSICIENS, DANSEURS, DEUX LAQUAIS.

M. JOURDAIN.

Hé bien, messieurs, qu'est-ce ? Me ferez-vous voir votre petite drôlerie ?

ACTE I, SCÈNE II.

LE MAITRE A DANSER.

Comment! quelle petite drôlerie?

M. JOURDAIN.

Hé! là... comment appelez-vous cela? votre prologue ou dialogue de chansons et de danse?

LE MAITRE A DANSER.

Ah! ah!

LE MAITRE DE MUSIQUE.

Vous nous y voyez préparés.

M. JOURDAIN.

Je vous ai fait un peu attendre ; mais c'est que je me fais habiller aujourd'hui comme les gens de qualité, et mon tailleur m'a envoyé des bas de soie que j'ai pensé ne mettre jamais.

LE MAITRE DE MUSIQUE.

Nous ne sommes ici que pour attendre votre loisir.

M. JOURDAIN.

Je vous prie tous deux de ne vous point en aller qu'on ne m'ait apporté mon habit, afin que vous me puissiez voir.

LE MAITRE A DANSER.

Tout ce qu'il vous plaira.

M. JOURDAIN.

Vous me verrez équipé comme il faut, depuis les pieds jusqu'à la tête.

LE MAITRE DE MUSIQUE.

Nous n'en doutons point.

M. JOURDAIN.

Je me suis fait faire cette indienne-ci (*).

LE MAITRE A DANSER.

Elle est fort belle.

M. JOURDAIN.

Mon tailleur m'a dit que les gens de qualité étoient comme cela le matin.

LE MAITRE DE MUSIQUE.

Cela vous sied à merveille.

M. JOURDAIN.

Laquais ! holà, mes deux laquais !

PREMIER LAQUAIS.

Que voulez-vous, monsieur ?

M. JOURDAIN.

Rien. C'est pour voir si vous m'entendez bien. *(Au maître de musique et au maître à danser.)* Que dites-vous de mes livrées ?

LE MAITRE A DANSER.

Elles sont magnifiques.

M. JOURDAIN, *entr'ouvrant sa robe, et faisant voir son haut-de-chausses étroit de velours rouge, et sa camisole de velours vert.*

Voici encore un petit déshabillé pour faire le matin mes exercices.

LE MAITRE DE MUSIQUE.

Il est galant.

(*) Le luxe ayant fait des progrès depuis Molière, l'acteur qui représente M. Jourdain n'oseroit plus paroître avec une robe de chambre d'indienne. Il est obligé de changer le mot *indienne* qui se trouve dans son rôle.

ACTE I, SCÈNE II.

M. JOURDAIN.

Laquais !

PLEMIÉR LAQUAIS.

Monsieur.

M. JOURDAIN.

L'autre laquais.

SECOND LAQUAIS.

Monsieur.

M. JOURDAIN, *ôtant sa robe de chambre.*

Tenez ma robe. (*Au maître de musique et au maître à danser.*) Me trouvez-vous bien comme cela ?

LE MAITRE A DANSER.

Fort bien. On ne peut pas mieux.

M. JOURDAIN.

Voyons un peu votre affaire.

LE MAITRE DE MUSIQUE.

Je voudrois bien auparavant vous faire entendre un air (*montrant son élève*) qu'il vient de composer pour la sérénade que vous m'avez demandée. C'est un de mes écoliers qui a pour ces sortes de choses un talent admirable.

M. JOURDAIN.

Oui : mais il ne falloit pas faire faire cela par un écolier; et vous n'étiez pas trop bon vous-même pour cette besogne-là.

LE MAITRE DE MUSIQUE.

Il ne faut pas, monsieur, que le nom d'écolier vous abuse. Ces sortes d'écoliers en savent autant que les plus grands maîtres; et l'air est aussi beau qu'il s'en puisse faire. Écoutez seulement.

LE BOURGEOIS GENTILHOMME.

M. JOURDAIN, à ses laquais.

Donnez-moi ma robe pour mieux entendre... Attendez, je crois que je serai mieux sans robe.... Non, redonnez-la-moi ; cela ira mieux.

LA MUSICIENNE.

Je languis nuit et jour, et mon mal est extrême
Depuis qu'à vos rigueurs vos beaux yeux m'ont soumis :
Si vous traitez ainsi, belle Iris, qui vous aime,
Hélas ! que pourriez-vous faire à vos ennemis ?

M. JOURDAIN.

Cette chanson me semble un peu lugubre ; elle endort ; et je voudrois que vous la puissiez un peu ragaillardir par-ci par-là.

LE MAITRE DE MUSIQUE.

Il faut, monsieur, que l'air soit accommodé aux paroles.

M. JOURDAIN.

On m'en apprit un tout-à-fait joli il y a quelque temps. Attendez... là... Comment est-ce qu'il dit ?

LE MAITRE A DANSER.

Par ma foi, je ne sais.

M. JOURDAIN.

Il y a du mouton dedans.

LE MAITRE A DANSER.

Du mouton ?

M. JOURDAIN.

Oui. Ah ! (Il chante.)

Je croyois Jeanneton
Aussi douce que belle ;
Je croyois Jeanneton

> Plus douce qu'un mouton.
> Hélas ! hélas ! elle est cent fois,
> Mille fois plus cruelle
> Que n'est le tigre aux bois.

N'est-il pas joli ?

LE MAITRE DE MUSIQUE.

Le plus joli du monde.

LE MAITRE A DANSER.

Et vous le chantez bien.

M. JOURDAIN.

C'est sans avoir appris la musique.

LE MAITRE DE MUSIQUE.

Vous devriez l'apprendre, monsieur, comme vous faites la danse. Ce sont deux arts qui ont une étroite liaison ensemble.

LE MAITRE A DANSER.

Et qui ouvrent l'esprit d'un homme aux belles choses.

M. JOURDAIN.

Est-ce que les gens de qualité apprennent aussi la musique ?

LE MAITRE DE MUSIQUE.

Oui, monsieur.

M. JOURDAIN.

Je l'apprendrai donc. Mais je ne sais quel temps je pourrai prendre ; car, outre le maître d'armes qui me montre, j'ai arrêté encore un maître de philosophie, qui doit commencer ce matin.

LE MAITRE DE MUSIQUE.

La philosophie est quelque chose ; mais la musique, monsieur, la musique...

LE MAITRE A DANSER.

La musique et la danse... La musique et la danse, c'est là tout ce qu'il faut.

LE MAITRE DE MUSIQUE.

Il n'y a rien qui soit si utile dans un État que la musique.

LE MAITRE A DANSER.

Il n'y a rien qui soit si nécessaire aux hommes que la danse.

LE MAITRE DE MUSIQUE.

Sans la musique un État ne peut subsister.

LE MAITRE A DANSER.

Sans la danse un homme ne sauroit rien faire.

LE MAITRE DE MUSIQUE.

Tous les désordres, toutes les guerres qu'on voit dans le monde, n'arrivent que pour n'apprendre pas la musique.

LE MAITRE A DANSER.

Tous les malheurs des hommes, tous les revers funestes dont les histoires sont remplies, les bévues des politiques, les manquements (*) des grands capitaines, tout cela n'est venu que faute de savoir danser.

M. JOURDAIN.

Comment cela ?

LE MAITRE DE MUSIQUE.

La guerre ne vient-elle pas d'un manque d'union entre les hommes ?

(*) *Les manquements*, pour *les fautes*.

ACTE I, SCÈNE II.

M. JOURDAIN.

Cela est vrai.

LE MAITRE DE MUSIQUE.

Et si tous les hommes apprenoient la musique, ne seroit-ce pas le moyen de s'accorder ensemble, et de voir dans le monde la paix universelle ?

M. JOURDAIN.

Vous avez raison.

LE MAITRE A DANSER.

Lorsqu'un homme a commis un manquement dans sa conduite, soit aux affaires de sa famille, ou au gouvernement d'un État, ou au commandement d'une armée, ne dit-on pas toujours, Un tel a fait un mauvais pas dans une telle affaire ?

M. JOURDAIN.

Oui, on dit cela.

LE MAITRE A DANSER.

Et faire un mauvais pas, peut-il procéder d'autre chose que de ne savoir pas danser ?

M. JOURDAIN.

Cela est vrai, et vous avez raison tous deux.

LE MAITRE A DANSER.

C'est pour vous faire voir l'excellence et l'utilité de la danse et de la musique.

M. JOURDAIN.

Je comprends cela à cette heure.

LE MAITRE DE MUSIQUE.

Voulez-vous voir nos deux affaires ?

M. JOURDAIN.

Oui.

LE MAITRE DE MUSIQUE.

Je vous l'ai déjà dit, c'est un petit essai que j'ai fait autrefois des diverses passions que peut exprimer la musique.

M. JOURDAIN.

Fort bien.

LE MAITRE DE MUSIQUE, aux musiciens.

Allons, avancez. (A M. Jourdain.) Il faut vous figurer qu'ils sont habillés en bergers.

M. JOURDAIN.

Pourquoi toujours des bergers? On ne voit que cela partout.

LE MAITRE A DANSER.

Lorsqu'on a des personnes à faire parler en musique, il faut bien que, pour la vraisemblance, on donne dans la bergerie. Le chant a été de tout temps affecté aux bergers; et il n'est guère naturel, en dialogue, que des princes ou des bourgeois chantent leurs passions.

M. JOURDAIN.

Passe, passe. Voyons.

DIALOGUE EN MUSIQUE.

UNE MUSICIENNE, DEUX MUSICIENS.

LA MUSICIENNE.

Un cœur, dans l'amoureux empire,
De mille soins est toujours agité :

ACTE I, SCÈNE II.

On dit qu'avec plaisir on languit, on soupire;
Mais, quoi qu'on puisse dire,
Il n'est rien de si doux que notre liberté.

PREMIER MUSICIEN.

Il n'est rien de si doux que les tendres ardeurs
Qui font vivre deux cœurs
Dans une même envie :
On ne peut être heureux sans amoureux désirs;
Otez l'amour de la vie,
Vous en ôtez les plaisirs.

SECOND MUSICIEN.

Il seroit doux d'entrer sous l'amoureuse loi,
Si l'on trouvoit en amour de la foi :
Mais, hélas! ô rigueurs cruelles!
On ne voit point de bergères fidèles;
Et ce sexe inconstant, trop indigne du jour,
Doit faire pour jamais renoncer à l'amour.

PREMIER MUSICIEN.

Aimable ardeur...!

LA MUSICIENNE.

Franchise heureuse...!

SECOND MUSICIEN.

Sexe trompeur...!

PREMIER MUSICIEN.

Que tu m'es précieuse !

LA MUSICIENNE.

Que tu plais à mon cœur!

SECOND MUSICIEN.

Que tu me fais d'horreur!

PREMIER MUSICIEN.

Ah! quitte, pour aimer, cette haine mortelle.

LA MUSICIENNE.

On peut, on peut te montrer
Une bergère fidèle.

SECOND MUSICIEN.

Hélas! où la rencontrer?

LA MUSICIENNE.

Pour défendre notre gloire,
Je te veux offrir mon cœur.

SECOND MUSICIEN.

Mais, bergère, puis-je croire
Qu'il ne sera point trompeur?

LA MUSICIENNE.

Voyons par expérience
Qui des deux aimera mieux.

SECOND MUSICIEN.

Qui manquera de constance,
Le puissent perdre les dieux!

TOUS TROIS ENSEMBLE.

A des ardeurs si belles
Laissons-nous enflammer:
Ah! qu'il est doux d'aimer
Quand deux cœurs sont fidèles!

M. JOURDAIN.

Est-ce tout?

LE MAITRE DE MUSIQUE.

Oui.

M. JOURDAIN.

Je trouve cela bien troussé; et il y a là-dedans de petits dictons assez jolis.

LE MAITRE A DANSER.

Voici, pour mon affaire, un petit essai des plus beaux mouvements et des plus belles attitudes dont une danse puisse être variée.

M. JOURDAIN.

Sont-ce encore des bergers?

LE MAITRE A DANSER.

C'est ce qu'il vous plaira. (Aux danseurs.) Allons.

ENTRÉE DE BALLET.

(Quatre danseurs exécutent tous les mouvements différents et toutes les sortes de pas que le maître à danser leur commande.)

FIN DU PREMIER ACTE.

ACTE SECOND.

SCÈNE I.
M. JOURDAIN, LE MAITRE DE MUSIQUE, LE MAITRE A DANSER.

M. JOURDAIN.

Voila qui n'est point sot, et ces gens-là se trémoussent bien.

LE MAITRE DE MUSIQUE.

Lorsque la danse sera mêlée avec la musique, cela fera plus d'effet encore ; et vous verrez quelque chose de galant dans le petit ballet que nous avons ajusté pour vous.

M. JOURDAIN.

C'est pour tantôt au moins ; et la personne pour qui j'ai fait faire tout cela me doit faire l'honneur de venir dîner céans.

LE MAITRE A DANSER.

Tout est prêt.

LE MAITRE DE MUSIQUE.

Au reste, monsieur, ce n'est pas assez ; il faut qu'une personne comme vous, qui êtes magnifique, et qui avez de l'inclination pour les belles choses, ait un concert de musique chez soi tous les mercredis, ou tous les jeudis.

M. JOURDAIN.

Est-ce que les gens de qualité en ont!

LE MAITRE DE MUSIQUE.

Oui, monsieur.

M. JOURDAIN.

J'en aurai donc. Cela sera-t-il beau?

LE MAITRE DE MUSIQUE.

Sans doute. Il vous faudra trois voix, un dessus, une haute-contre et une basse, qui seront accompagnées d'une basse de viole, d'un théorbe, et d'un clavecin pour les basses continues, avec deux dessus de violon pour jouer les ritournelles.

M. JOURDAIN.

Il y faudra mettre aussi une trompette marine. La trompette marine est un instrument qui me plaît, et qui est harmonieux.

LE MAITRE DE MUSIQUE.

Laissez-nous gouverner les choses.

M. JOURDAIN.

Au moins, n'oubliez pas tantôt de m'envoyer des musiciens pour chanter à table.

LE MAITRE DE MUSIQUE.

Vous aurez tout ce qu'il vous faut.

M. JOURDAIN.

Mais surtout que le ballet soit beau.

LE MAITRE A DANSER.

Vous en serez content, et, entre autres choses, de certains menuets que vous y verrez.

ACTE II, SCÈNE I.

M. JOURDAIN.

Ah! les menuets sont ma danse, et je veux que vous me le voyiez danser. Allons, mon maître.

LE MAITRE A DANSER.

Un chapeau, monsieur, s'il vous plaît.

(M. Jourdain va prendre le chapeau de son laquais, et le met par-dessus son bonnet de nuit. Son maître lui prend les mains, et le fait danser sur un air de menuet qu'il chante.)

La, la, la, la, la, la,
La, la, la, la, la, la, la,
La, la, la, la, la, la,
La, la, la, la, la, la,
La, la, la, la, la. En cadence, s'il vous plaît. La,
La, la, la, la. La jambe droite. La, la, la.
Ne remuez point tant les épaules.
La, la, la, la, la, la, la, la, la, la.
Vos deux bras sont estropiés.
La, la, la, la, la. Haussez la tête.
Tournez la pointe du pied en dehors.
La, la, la. Dressez votre corps.

M. JOURDAIN.

Hé!

LE MAITRE DE MUSIQUE.

Voilà qui est le mieux du monde.

M. JOURDAIN.

A propos, apprenez-moi comme il faut faire une révérence pour saluer une marquise; j'en aurai besoin tantôt.

LE MAITRE A DANSER.

Une révérence pour saluer une marquise?

M. JOURDAIN.

Oui, une marquise qui s'appelle Dorimène.

LE MAITRE A DANSER.

Donnez-moi la main.

M. JOURDAIN.

Non ; vous n'avez qu'à faire, je le retiendrai bien.

LE MAITRE A DANSER.

Si vous voulez la saluer avec beaucoup de respect, il faut faire d'abord une révérence en arrière, puis marcher vers elle avec trois révérences en avant, et à la dernière vous baisser jusqu'à ses genoux.

M. JOURDAIN.

Faites un peu. (Après que le maître à danser a fait trois révérences.) Bon.

SCÈNE II.

M. JOURDAIN, LE MAITRE DE MUSIQUE, LE MAITRE A DANSER, UN LAQUAIS.

LE LAQUAIS.

Monsieur, voilà votre maître d'armes qui est là.

M. JOURDAIN.

Dis-lui qu'il entre ici pour me donner leçon. (Au maître de musique et au maître à danser.) Je veux que vous me voyiez faire.

SCÈNE III.

M. JOURDAIN, UN MAITRE D'ARMES, LE MAITRE DE MUSIQUE, LE MAITRE A DANSER; UN LAQUAIS, TENANT DEUX FLEURETS.

LE MAITRE D'ARMES, *après avoir pris les deux fleurets de la main du laquais, et en avoir présenté un à M. Jourdain.*

Allons, monsieur, la révérence. Votre corps droit; un peu penché sur la cuisse gauche. Les jambes point tant écartées. Vos pieds sur une même ligne. Votre poignet à l'opposite de votre hanche. La pointe de votre épée vis-à-vis de votre épaule. Le bras pas tout-à-fait si étendu. La main gauche à la hauteur de l'œil. L'épaule gauche plus carrée. La tête droite. Le regard assuré. Avancez. Le corps ferme. Touchez-moi l'épée de quarte, et achevez de même. Une, deux. Remettez-vous. Redoublez de pied ferme. Une, deux. Un saut en arrière. Quand vous portez la botte, monsieur, il faut que l'épée parte la première, et que le corps soit bien effacé. Une, deux. Allons, touchez-moi l'épée de tierce, et achevez de même. Avancez. Le corps ferme. Avancez. Partez de là. Une, deux. Remettez-vous. Redoublez. Une, deux. Un saut en arrière. En garde, monsieur, en garde.

(*Le maître d'armes lui pousse deux ou trois bottes, en lui disant,* En garde.)

M. JOURDAIN.

Hé!

LE MAITRE DE MUSIQUE.

Vous faites des merveilles.

LE MAITRE D'ARMES.

Je vous l'ai déjà dit, tout le secret des armes ne consiste qu'en deux choses; à donner, et à ne point recevoir : et, comme je vous fis voir l'autre jour par raison démonstrative, il est impossible que vous receviez, si vous savez détourner l'épée de votre ennemi de la ligne de votre corps; ce qui ne dépend seulement que d'un petit mouvement du poignet, ou en dedans ou en dehors.

M. JOURDAIN.

De cette façon donc, un homme, sans avoir du cœur, est sûr de tuer son homme, et de n'être point tué.

LE MAITRE D'ARMES.

Sans doute. N'en vîtes-vous pas la démonstration?

M. JOURDAIN.

Oui.

LE MAITRE D'ARMES.

Et c'est en quoi l'on voit de quelle considération nous autres nous devons être dans un État, et combien la science des armes l'emporte hautement sur toutes les autres sciences inutiles, comme la danse, la musique, la...

LE MAITRE A DANSER.

Tout beau! monsieur le tireur d'armes, ne parlez de la danse qu'avec respect.

LE MAITRE DE MUSIQUE.

Apprenez, je vous prie, à mieux traiter l'excellence de la musique.

LE MAITRE D'ARMES.

Vous êtes de plaisantes gens de vouloir comparer vos sciences à la mienne!

LE MAITRE DE MUSIQUE.

Voyez un peu l'homme d'importance!

LE MAITRE A DANSER.

Voilà un plaisant animal avec son plastron!

LE MAITRE D'ARMES.

Mon petit maître à danser, je vous ferois danser comme il faut. Et vous, mon petit musicien, je vous ferois chanter de la belle manière.

LE MAITRE A DANSER.

Monsieur le batteur de fer, je vous apprendrai votre métier.

M. JOURDAIN, au maître à danser.

Êtes-vous fou de l'aller quereller, lui qui entend la tierce et la quarte, et qui sait tuer un homme par raison démonstrative?

LE MAITRE A DANSER.

Je me moque de sa raison démonstrative, et de sa tierce et de sa quarte.

M. JOURDAIN, au maître à danser.

Tout doux, vous dis-je.

LE MAITRE D'ARMES, au maître à danser.

Comment, petit impertinent!

M. JOURDAIN.

Hé! mon maître d'armes!

LE MAITRE A DANSER, au maître d'armes.

Comment, grand cheval de carrosse!

M. JOURDAIN.

Hé! mon maître à danser!

LE MAITRE D'ARMES.

Si je me jette sur vous...

M. JOURDAIN, au maître d'armes.

Doucement!

LE MAITRE A DANSER.

Si je mets sur vous la main...

M. JOURDAIN, au maître à danser.

Tout beau!

LE MAITRE D'ARMES.

Je vous étrillerai d'un air...

M. JOURDAIN, au maître d'armes.

De grâce!

LE MAITRE A DANSER.

Je vous rosserai d'une manière...

M. JOURDAIN, au maître à danser.

Je vous prie.

LE MAITRE DE MUSIQUE.

Laissez-nous un peu lui apprendre à parler.

M. JOURDAIN, au maître de musique.

Mon Dieu! arrêtez-vous.

SCÈNE IV.

UN MAITRE DE PHILOSOPHIE, M. JOURDAIN, LE MAITRE DE MUSIQUE, LE MAITRE A DANSER, LE MAITRE D'ARMES, UN LAQUAIS.

M. JOURDAIN.

Hola, monsieur le philosophe, vous arrivez

tout à propos avec votre philosophie. Venez un peu mettre la paix entre ces personnes-ci.

LE MAITRE DE PHILOSOPHIE.

Qu'est-ce donc? Qu'y a-t-il, messieurs?

M. JOURDAIN.

Ils se sont mis en colère pour la préférence de leurs professions, jusqu'à se dire des injures et en vouloir venir aux mains.

LE MAITRE DE PHILOSOPHIE.

Hé quoi! messieurs, faut-il s'emporter de la sorte? Et n'avez-vous point lu le docte traité que Sénèque a composé de la colère? Y a-t-il rien de plus bas et de plus honteux que cette passion, qui fait d'un homme une bête féroce? et la raison ne doit-elle pas être maîtresse de tous nos mouvements?

LE MAITRE A DANSER.

Comment, monsieur! il vient nous dire des injures à tous deux, en méprisant la danse, que j'exerce, et la musique, dont il fait profession!

LE MAITRE DE PHILOSOPHIE.

Un homme sage est au-dessus de toutes les injures qu'on lui peut dire; et la grande réponse qu'on doit faire aux outrages, c'est la modération et la patience.

LE MAITRE D'ARMES.

Ils ont tous deux l'audace de vouloir comparer leurs professions à la mienne!

LE MAITRE DE PHILOSOPHIE.

Faut-il que cela vous émeuve? Ce n'est pas de

vaine gloire et de condition que les hommes doivent disputer entre eux ; et ce qui nous distingue parfaitement les uns des autres, c'est la sagesse et la vertu.

LE MAITRE A DANSER.

Je lui soutiens que la danse est une science à laquelle on ne peut faire assez d'honneur.

LE MAITRE DE MUSIQUE.

Et moi, que la musique en est une que tous les siècles ont révérée.

LE MAITRE D'ARMES.

Et moi, je leur soutiens à tous deux que la science de tirer des armes est la plus belle et la plus nécessaire de toutes les sciences.

LE MAITRE DE PHILOSOPHIE.

Et que sera donc la philosophie? Je vous trouve tous trois bien impertinents de parler devant moi avec cette arrogance, et de donner impudemment le nom de science à des choses que l'on ne doit pas même honorer du nom d'art, et qui ne peuvent être comprises que sous le nom de métier misérable de gladiateur, de chanteur, et de baladin.

LE MAITRE D'ARMES.

Allez, philosophe de chien?

LE MAITRE DE MUSIQUE.

Allez, belitre de pédant !

LE MAITRE A DANSER.

Allez, cuistre fieffé !

ACTE II, SCÈNE IV.

LE MAITRE DE PHILOSOPHIE.

Comment, marauds que vous êtes... (*Le philosophe se jette sur eux, et tous trois le chargent de coups.*)

M. JOURDAIN.

Monsieur le philosophe ?

LE MAITRE DE PHILOSOPHIE.

Infâmes ! coquins ! insolents !

M. JOURDAIN.

Monsieur le philosophe !

LE MAITRE D'ARMES.

La peste de l'animal !

M. JOURDAIN.

Messieurs !

LE MAITRE DE PHILOSOPHIE.

Impudents !

M. JOURDAIN.

Monsieur le philosophe !

LE MAITRE A DANSER.

Diantre soit de l'âne bâté !

M. JOURDAIN.

Messieurs !

LE MAITRE DE PHILOSOPHIE.

Scélérats !

M. JOURDAIN.

Monsieur le philosophe !

LE MAITRE DE MUSIQUE.

Au diable l'impertinent !

M. JOURDAIN.

Messieurs !

30 LE BOURGEOIS GENTILHOMME.

LE MAITRE DE PHILOSOPHIE.

Fripons ! gueux ! traîtres ! imposteurs !

M. JOURDAIN.

Monsieur le philosophe ! Messieurs ! Monsieur le philosophe ! Messieurs ! Monsieur le philosophe !
(Ils sortent en se battant.)

SCÈNE V.

M. JOURDAIN, UN LAQUAIS.

M. JOURDAIN.

Oh ! battez-vous tant qu'il vous plaira, je n'y saurois que faire, et je n'irai pas gâter ma robe pour vous séparer. Je serois bien fou de m'aller fourrer parmi eux, pour recevoir quelque coup qui me feroit mal.

SCÈNE VI.

LE MAITRE DE PHILOSOPHIE, M. JOURDAIN, UN LAQUAIS.

LE MAITRE DE PHILOSOPHIE, raccommodant son collet.

Venons à notre leçon.

M. JOURDAIN.

Ah ! monsieur ! je suis fâché des coups qu'ils vous ont donnés.

LE MAITRE DE PHILOSOPHIE.

Cela n'est rien. Un philosophe sait recevoir comme il faut les choses ; et je vais composer contre eux une satire du style de Juvénal, qui les déchirera de la belle façon. Laissons cela. Que voulez-vous apprendre ?

M. JOURDAIN.

Tout ce que je pourrai ; car j'ai toutes les envies du monde d'être savant ; et j'enrage que mon père et ma mère ne m'aient pas fait bien étudier dans toutes les sciences quand j'étois jeune.

LE MAITRE DE PHILOSOPHIE.

Ce sentiment est raisonnable ; *nam, sine doctrinâ, vita est quasi mortis imago.* Vous entendez cela, et vous savez le latin, sans doute ?

M. JOURDAIN.

Oui ; mais faites comme si je ne le savois pas : expliquez-moi ce que cela veut dire.

LE MAITRE DE PHILOSOPHIE.

Cela veut dire que, *sans la science, la vie est presque une image de la mort.*

M. JOURDAIN.

Ce latin-là a raison.

LE MAITRE DE PHILOSOPHIE.

N'avez-vous point quelques principes, quelques commencements des sciences ?

M. JOURDAIN.

Oh ! oui. Je sais lire et écrire.

LE MAITRE DE PHILOSOPHIE.

Par où vous plaît-il que nous commencions ? Voulez-vous que je vous apprenne la logique ?

M. JOURDAIN.

Qu'est-ce que c'est que cette logique ?

LE MAITRE DE PHILOSOPHIE.

C'est elle qui enseigne les trois opérations de l'esprit.

M. JOURDAIN.

Qui sont elles, ces trois opérations de l'esprit?

LE MAITRE DE PHILOSOPHIE.

La première, la seconde, et la troisième. La première est de bien concevoir, par le moyen des universaux; la seconde, de bien juger, par le moyen des catégories; et la troisième, de bien tirer une conséquence, par le moyen des figures, *Barbara, celarent, Darii, ferio, baralipton*, etc.

M. JOURDAIN.

Voilà des mots qui sont trop rébarbatifs. Cette logique-là ne me revient point. Apprenons autre chose qui soit plus joli.

LE MAITRE DE PHILOSOPHIE.

Voulez-vous apprendre la morale?

M. JOURDAIN.

La morale?

LE MAITRE DE PHILOSOPHIE.

Oui.

M. JOURDAIN.

Qu'est-ce qu'elle dit, cette morale?

LE MAITRE DE PHILOSOPHIE.

Elle traite de la félicité, enseigne aux hommes à modérer leurs passions, et...

M. JOURDAIN.

Non, laissons cela : je suis bilieux comme tous les diables, et il n'y a morale qui tienne; je me veux mettre en colère tout mon soul, quand il m'en prend envie.

ACTE II, SCÈNE VI.

LE MAITRE DE PHILOSOPHIE.

Est-ce la physique que vous voulez apprendre?

M. JOURDAIN.

Qu'est-ce qu'elle chante, cette physique?

LE MAITRE DE PHILOSOPHIE.

La physique est celle qui explique les principes des choses naturelles, et les propriétés du corps; qui discourt de la nature des éléments, des métaux, des minéraux, des pierres, des plantes et des animaux; et nous enseigne les causes de tous les météores, l'arc-en-ciel, les feux volants, les comètes, les éclairs, le tonnerre, la foudre, la pluie, la neige, la grêle, les vents et les tourbillons.

M. JOURDAIN.

Il y a trop de tintamarre là-dedans, trop de brouillamini.

LE MAITRE DE PHILOSOPHIE.

Que voulez-vous donc que je vous apprenne?

M. JOURDAIN.

Apprenez-moi l'orthographe.

LE MAITRE DE PHILOSOPHIE.

Très-volontiers.

M. JOURDAIN.

Après vous m'apprendrez l'almanach, pour savoir quand il y a de la lune, et quand il n'y en a point.

LE MAITRE DE PHILOSOPHIE.

Soit. Pour bien suivre votre pensée, et traiter cette matière en philosophe, il faut commencer, selon l'ordre des choses, par une exacte connoissance de la nature des lettres, et de la différente manière de les prononcer toutes. Et là-dessus j'ai à vous dire que les lettres sont divisées en voyelles, ainsi dites voyelles, parce qu'elles expriment les voix; et en consonnes, ainsi appelés consonnes, parce qu'elles sonnent avec les voyelles, et ne font que marquer les diverses articulations des voix. Il y a cinq voyelles, ou voix, A, E, I, O, U.

M. JOURDAIN.

J'entends tout cela.

LE MAITRE DE PHILOSOPHIE.

La voix A se forme en ouvrant fort la bouche, A.

M. JOURDAIN.

A, A. Oui.

LE MAITRE DE PHILOSOPHIE.

La voix E se forme en rapprochant la mâchoire d'en-bas de celle d'en-haut, A, E.

M. JOURDAIN.

A, E, A, E. Ma foi, oui. Ah! que cela est beau!

LE MAITRE DE PHILOSOPHIE.

Et la voix I, en rapprochant encore davantage les mâchoires l'une de l'autre, et écartant les deux coins de la bouche vers les oreilles, A, E, I.

M. JOURDAIN.

A, E, I, I, I, I. Cela est vrai. Vive la science!

LE MAITRE DE PHILOSOPHIE.

La voix O se forme en rouvrant les mâchoires et rapprochant les lèvres par les deux coins, le haut et le bas, O.

M. JOURDAIN.

O, O. Il n'y a rien de plus juste. A, E, I, O ; I, O. Cela est admirable ! I, O ; I, O.

LE MAITRE DE PHILOSOPHIE.

L'ouverture de la bouche fait justement comme un petit rond qui représente un O.

M. JOURDAIN.

O, O, O. Vous avez raison. O. Ah ! la belle chose que de savoir quelque chose !

LE MAITRE DE PHILOSOPHIE.

La voix U se forme en rapprochant les dents sans les joindre entièrement, et allongeant les deux lèvres en de hors, les approchant aussi l'une de l'autre sans les joindre tout-à-fait, U.

M. JOURDAIN.

U, U. Il n'y a rien de plus véritable. U.

LE MAITRE DE PHILOSOPHIE.

Vos deux lèvres s'allongent comme si vous faisiez la moue ; d'où vient que, si vous la voulez faire à quelqu'un, et vous moquer de lui, vous ne sauriez lui dire que U.

M. JOURDAIN.

U, U. Cela est vrai. Ah! que n'ai-je étudié plus tôt pour savoir tout cela !

LE MAITRE DE PHILOSOPHIE.

Demain nous verrons les autres lettres qui sont les consonnes.

M. JOURDAIN.

Est-ce qu'il y a des choses aussi curieuses qu'à celles-ci ?

LE MAITRE DE PHILOSOPHIE.

Sans doute. La consonne D, par exemple, se prononce en donnant du bout de la langue au-dessus des dents d'en-haut, DA.

M. JOURDAIN.

DA, DA. Oui. Ah! les belles choses! les belles choses!

LE MAITRE DE PHILOSOPHIE.

L'F, en appuyant les dents d'en-haut sur la lèvre de dessous, FA.

M. JOURDAIN.

FA, FA. C'est la vérité. Ah! mon père et ma mère, que je vous veux de mal!

LE MAITRE DE PHILOSOPHIE.

Et l'R, en portant le bout de la langue jusqu'au haut du palais; de sorte qu'étant frôlée par l'air qui sort avec force, elle lui cède, et revient toujours au même endroit, faisant une manière de tremblement, R, RA.

M. JOURDAIN.

R, R, RA; R, R, R, R, R, RA. Cela est vrai. Ah! l'habile homme que vous êtes! et que j'ai perdu de temps! R, R, R, RA.

LE MAITRE DE PHILOSOPHIE.

Je vous expliquerai à fond toutes ces curiosités.

M. JOURDAIN.

Je vous en prie. Au reste, il faut que je vous fasse une confidence. Je suis amoureux d'une personne de grande qualité, et je souhaiterois que vous m'aidassiez à lui écrire quelque chose dans un petit billet que je veux laisser tomber à ses pieds.

LE MAITRE DE PHILOSOPHIE.

Fort bien.

M. JOURDAIN.

Cela sera galant, oui.

LE MAITRE DE PHILOSOPHIE.

Sans doute. Sont-ce des vers que vous lui voulez écrire?

M. JOURDAIN.

Non, non, point de vers.

LE MAITRE DE PHILOSOPHIE.

Vous ne voulez que de la prose.

M. JOURDAIN.

Non, je ne veux ni prose ni vers.

LE MAITRE DE PHILOSOPHIE.

Il faut bien que ce soit l'un ou l'autre.

M. JOURDAIN.

Pourquoi?

LE MAITRE DE PHILOSOPHIE.

Par la raison, monsieur, qu'il n'y a pour s'exprimer que la prose ou les vers.

M. JOURDAIN.

Il n'y a que la prose ou les vers?

LE MAITRE DE PHILOSOPHIE.

Non, monsieur. Tout ce qui n'est point prose est vers, et tout ce qui n'est point vers est prose.

M. JOURDAIN.

Et comme l'on parle, qu'est-ce que c'est donc que cela?

LE MAITRE DE PHILOSOPHIE.

De la prose.

M. JOURDAIN.

Quoi! quand je dis, Nicole, apportez-moi mes pantoufles, et me donnez mon bonnet de nuit, c'est de la prose?

LE MAITRE DE PHILOSOPHIE.

Oui, monsieur.

M. JOURDAIN.

Par ma foi, il y a plus de quarante ans que je dis de la prose sans que j'en susse rien ; et je vous suis le plus obligé du monde de m'avoir appris cela. Je voudrois donc lui mettre dans un billet, *Belle marquise, vos beaux yeux me font mourir d'amour* ; mais je voudrois que cela fût mis d'une manière galante, que cela fût tourné gentiment.

LE MAITRE DE PHILOSOPHIE.

Mettre que les feux de ses yeux réduisent votre cœur en cendres ; que vous souffrez nuit et jour pour elle les violences d'un...

M. JOURDAIN.

Non, non, non ; je ne veux point tout cela. Je ne veux que ce que je vous ai dit : *Belle marquise, vos beaux yeux me font mourir d'amour.*

LE MAITRE DE PHILOSOPHIE.

Il faut bien étendre un peu la chose.

M. JOURDAIN.

Non, vous dis-je ; je ne veux que ces seules

paroles-là dans le billet, mais tournées à la mode, bien arrangées comme il faut. Je vous prie de me dire un peu, pour voir, les diverses manières dont on les peut mettre.

LE MAITRE DE PHILOSOPHIE.

On peut les mettre premièrement comme vous avez dit : *Belle marquise, vos beaux yeux me font mourir d'amour.* Ou bien : *D'amour mourir me font, belle marquise, vos beaux yeux.* Ou bien : *Vos yeux beaux d'amour me font, belle marquise, mourir.* Ou bien : *Mourir vos beaux yeux, belle marquise, d'amour me font.* Ou bien : *Me font vos yeux beaux mourir, belle marquise, d'amour.*

M. JOURDAIN.

Mais de toutes ces façons-là laquelle est la meilleure.

LE MAITRE DE PHILOSOPHIE.

Celle que vous avez dite : *Belle marquise, vos beaux yeux me font mourir d'amour.*

M. JOURDAIN.

Cependant je n'ai point étudié, et j'ai fait cela tout du premier coup. Je vous remercie de tout mon cœur, et je vous prie de venir demain de bonne heure.

LE MAITRE DE PHILOSOPHIE.

Je n'y manquerai pas.

SCÈNE VII.

M. JOURDAIN, UN LAQUAIS.

M. JOURDAIN, à son laquais.

COMMENT! mon habit n'est pas encore arrivé?

40 LE BOURGEOIS GENTILHOMME.

LE LAQUAIS.

Non, monsieur.

M. JOURDAIN.

Ce maudit tailleur me fait bien attendre pour un jour où j'ai tant d'affaires. J'enrage. Que la fièvre quartaine puisse serrer bien fort le bourreau de tailleur! Au diable! le tailleur! La peste étouffe le tailleur! Si je le tenois maintenant, ce tailleur détestable, ce chien de tailleur-là, ce traître de tailleur; je...

SCÈNE VIII.

M. JOURDAIN, UN MAITRE TAILLEUR; UN GARÇON TAILLEUR, PORTANT L'HABIT DE M. JOURDAIN; UN LAQUAIS.

M. JOURDAIN.

Ah! vous voilà! Je m'allois mettre en colère contre vous.

LE MAITRE TAILLEUR.

Je n'ai pas pu venir plus tôt, et j'ai mis vingt garçons après votre habit.

M. JOURDAIN.

Vous m'avez envoyé des bas de soie si étroits, que j'ai eu toutes les peines du monde à les mettre, et il y a déjà deux mailles de rompues.

LE MAITRE TAILLEUR.

Ils ne s'élargiront que trop.

M. JOURDAIN.

Oui, si je romps toujours des mailles. Vous

ACTE II, SCÈNE VIII.

m'avez aussi fait faire des souliers qui me blessent furieusement.

LE MAITRE TAILLEUR.

Point du tout, monsieur.

M. JOURDAIN.

Comment, point du tout!

LE MAITRE TAILLEUR.

Non, ils ne vous blessent point.

M. JOURDAIN.

Je vous dis qu'ils me blessent, moi.

LE MAITRE TAILLEUR.

Vous vous imaginez cela.

M. JOURDAIN.

Je me l'imagine parce que je le sens. Voyez la belle raison!

LE MAITRE TAILLEUR.

Tenez, voilà le plus bel habit de la cour, et le mieux assorti. C'est un chef-d'œuvre que d'avoir inventé un habit sérieux qui ne fût pas noir; et je le donne en six coups aux tailleurs les plus éclairés.

M. JOURDAIN.

Qu'est-ce que c'est que ceci? vous avez mis les fleurs en en-bas.

LE MAITRE TAILLEUR.

Vous ne m'aviez pas dit que vous les vouliez en en-haut.

M. JOURDAIN.

Est-ce qu'il faut dire cela?

LE MAITRE TAILLEUR.

Oui vraiment. Toutes les personnes de qualité les portent de la sorte.

M. JOURDAIN.

Les personnes de qualité portent les fleurs en en-bas ?

LE MAITRE TAILLEUR.

Oui, monsieur.

M. JOURDAIN.

Oh ! voilà qui est donc bien.

LE MAITRE TAILLEUR.

Si vous voulez, je les mettrai en en-haut.

M. JOURDAIN.

Non, non.

LE MAITRE TAILLEUR.

Vous n'avez qu'à dire.

M. JOURDAIN.

Non, vous dis-je ; vous avez bien fait. Croyez-vous que l'habit m'aille bien ?

LE MAITRE TAILLEUR.

Belle demande ! Je défie un peintre avec son pinceau de vous faire rien de plus juste. J'ai chez moi un garçon qui, pour monter un rhingrave, est le plus grand génie du monde ; et un autre qui, pour assembler un pourpoint, est le héros de notre temps.

M. JOURDAIN.

La perruque et les plumes sont-elles comme il faut ?

LE MAITRE TAILLEUR.

Tout est bien.

ACTE II, SCÈNE VIII.

M. JOURDAIN, *regardant l'habit du tailleur.*

Ah! ah! monsieur le tailleur, voilà de mon étoffe du dernier habit que vous m'avez fait. Je la reconnois bien.

LE MAITRE TAILLEUR.

C'est que l'étoffe me sembla si belle, que j'en ai voulu lever un habit pour moi.

M. JOURDAIN.

Oui ; mais il ne falloit pas le lever avec le mien.

LE MAITRE TAILLEUR.

Voulez-vous mettre votre habit ?

M. JOURDAIN.

Oui, donnez-le-moi.

LE MAITRE TAILLEUR.

Attendez ; cela ne va pas comme cela : j'ai amené des gens pour vous habiller en cadence ; et ces sortes d'habits se mettent avec cérémonie. Holà, entrez, vous autres.

SCÈNE IX.

M. JOURDAIN, LE MAITRE TAILLEUR, LE GARÇON TAILLEUR ; GARÇONS TAILLEURS DANSANTS ; UN LAQUAIS.

LE MAITRE TAILLEUR, *à ses garçons.*

METTEZ cet habit à monsieur de la manière que vous faites aux personnes de qualité.

PREMIÈRE ENTRÉE DE BALLET.

(Les quatre garçons tailleurs, en dansant, s'approchent de M. Jourdain. Deux lui arrachent le haut-de-chausses de ses exercices, les deux autres lui ôtent la camisole; après quoi, toujours en cadence, ils lui mettent son habit neuf.)
(M. Jourdain se promène au milieu d'eux, et leur montre son habit pour voir s'il est bien fait.)

GARÇON TAILLEUR.

Mon gentilhomme, donnez, s'il vous plaît, aux garçons quelque chose pour boire.

M. JOURDAIN.

Comment m'appelez-vous ?

GARÇON TAILLEUR.

Mon gentilhomme.

M. JOURDAIN.

Mon gentilhomme ! Voilà ce que c'est que de se mettre en personne de qualité. Allez-vous-en demeurer toujours habillé en bourgeois, on ne vous dira point mon gentilhomme. (Donnant de l'argent.) Tenez, voilà pour mon gentilhomme.

GARÇON TAILLEUR.

Monseigneur, nous vous sommes bien obligés.

M. JOURDAIN.

Monseigneur ! Oh ! ho ! monseigneur ! Attendez, mon ami, monseigneur mérite quelque chose; et ce n'est pas une petite parole que monseigneur. Tenez, voilà ce que monseigneur vous donne.

GARÇON TAILLEUR.

Monseigneur, nous allons boire tous à la santé de votre grandeur.

M. JOURDAIN.

Votre grandeur! Oh! oh! oh! Attendez; ne vous en allez pas. A moi, votre grandeur! (Bas, à part.) Ma foi, s'il va jusqu'à l'altesse, il aura toute la bourse. (Haut.) Tenez, voilà pour ma grandeur.

GARÇON TAILLEUR.

Monseigneur, nous la remercions très-humblement de ses libéralités.

M. JOURDAIN.

Il a bien fait, je lui allois tout donner.

SCÈNE X.

DEUXIÈME ENTRÉE DE BALLET.

(Les quatre garçons tailleurs se réjouissent, en dansant, de la libéralité de M. Jourdain.)

FIN DU SECOND ACTE.

ACTE TROISIÈME.

SCÈNE I.

M. JOURDAIN, DEUX LAQUAIS.

M. JOURDAIN.

Suivez-moi, que j'aille un peu montrer mon habit par la ville ; et surtout ayez soin tous deux de marcher immédiatement sur mes pas, afin qu'on voie bien que vous êtes à moi.

LAQUAIS.

Oui, monsieur.

M. JOURDAIN.

Appelez-moi Nicole, que je lui donne quelques ordres. Ne bougez, la voilà.

SCÈNE II.

M. JOURDAIN, NICOLE, DEUX LAQUAIS.

M. JOURDAIN.

Nicole.

NICOLE.

Plaît-il ?

ACTE III, SCÈNE II.

M. JOURDAIN.

Écoutez.

NICOLE, riant

Hi, hi, hi, hi, hi.

M. JOURDAIN.

Qu'as-tu à rire !

NICOLE.

Hi, hi, hi, hi, hi, hi.

M. JOURDAIN.

Que veut dire cette coquine-là ?

NICOLE.

Hi, hi, hi. Comme vous voilà bâti ! Hi, hi, hi.

M. JOURDAIN.

Comment donc ?

NICOLE.

Ah ! ah ! mon Dieu ! Hi, hi, hi, hi.

M. JOURDAIN.

Quelle friponne est-ce là ? Te moques-tu de moi ?

NICOLE.

Nenni, monsieur ; j'en serois bien fâchée. Hi, hi, hi, hi, hi, hi.

M. JOURDAIN.

Je te baillerai sur le nez, si tu ris davantage.

NICOLE.

Monsieur, je ne puis pas m'en empêcher. Hi, hi, hi, hi, hi, hi.

M. JOURDAIN.

Tu ne t'arrêteras pas ?

NICOLE.

Monsieur, je vous demande pardon; mais vous êtes si plaisant, que je ne me saurois tenir de rire. Hi, hi, hi.

M. JOURDAIN.

Mais voyez quelle insolence !

NICOLE.

Vous êtes tout-à-fait drôle comme cela. Hi, hi.

M. JOURDAIN.

Je te...

NICOLE.

Je vous prie de m'excuser. Hi, hi, hi, hi.

M. JOURDAIN.

Tiens, si tu ris encore le moins du monde, je te jure que je t'appliquerai sur la joue le plus grand soufflet qui se soit jamais donné.

NICOLE.

Hé bien, monsieur, voilà qui est fait, je ne rirai plus.

M. JOURDAIN.

Prends-y bien garde. Il faut que, pour tantôt, tu nettoies...

NICOLE.

Hi, hi.

M. JOURDAIN.

Que tu nettoies comme il faut...

NICOLE.

Hi, hi.

M. JOURDAIN.

Il faut, dis-je, que tu nettoies la salle, et...

ACTE III, SCÈNE II.

NICOLE.

Hi, hi.

M. JOURDAIN.

Encore ?

NICOLE, tombant à force de rire.

Tenez, monsieur, battez-moi plutôt, et me laissez rire tout mon soûl; cela me fera plus de bien. Hi, hi, hi, hi.

M. JOURDAIN.

J'enrage.

NICOLE.

De grâce, monsieur, je vous prie de me laisser rire. Hi, hi, hi.

M. JOURDAIN.

Si je te prends...

NICOLE.

Monsieur, eur, je crèverai, ai, si je ne ris. Hi, hi, hi.

M. JOURDAIN.

Mais a-t-on jamais vu une pendarde comme celle-là, qui me vient rire insolemment au nez, au lieu de recevoir mes ordres ?

NICOLE.

Que voulez-vous que je fasse, monsieur ?

M. JOURDAIN.

Que tu songes, coquine, à préparer ma maison pour la compagnie qui doit venir tantôt.

NICOLE, se relevant.

Ah! par ma foi, je n'ai plus envie de rire; et toutes vos compagnies font tant de désordre céans, que ce mot est assez pour me mettre en mauvaise humeur.

M. JOURDAIN.

Ne dois-je point, pour toi, fermer la porte à tout le monde?

NICOLE.

Vous devriez au moins la fermer à certaines gens.

SCÈNE III.

MADAME JOURDAIN, M. JOURDAIN, NICOLE, DEUX LAQUAIS.

MADAME JOURDAIN.

Ah! ah! voici une nouvelle histoire! Qu'est-ce que c'est donc, mon mari, que cet équipage-là? Vous moquez-vous du monde, de vous être fait enharnacher de la sorte? et avez-vous envie qu'on se raille partout de vous?

M. JOURDAIN.

Il n'y a que des sots et des sottes, ma femme, qui se railleront de moi.

MADAME JOURDAIN.

Vraiment, on n'a pas attendu jusqu'à cette heure; et il y a long-temps que toutes vos façons de faire donnent à rire à tout le monde.

M. JOURDAIN.

Qui est donc tout ce monde-là, s'il vous plaît?

MADAME JOURDAIN.

Tout ce monde-là est un monde qui a raison, et qui est plus sage que vous. Pour moi, je suis scandalisée de la vie que vous menez. Je ne sais plus ce que c'est que notre maison : on diroit qu'il est céans carême-prenant tous les jours ; et dès le matin, de peur d'y manquer, on y entend des vacarmes de violons et de chanteurs dont tout le voisinage se trouve incommodé.

NICOLE.

Madame parle bien. Je ne saurois plus voir mon ménage propre avec cet attirail de gens que vous faites venir chez vous. Ils ont des pieds qui vont chercher de la boue dans tous les quartiers de la ville pour l'apporter ici ; et la pauvre Françoise est presque sur les dents à frotter les planchers que vos biaux maîtres viennent crotter régulièrement tous les jours.

M. JOURDAIN.

Ouais ! notre servante Nicole, vous avez le caquet bien affilé pour une paysanne !

MADAME JOURDAIN.

Nicole a raison, et son sens est meilleur que le vôtre. Je voudrois bien savoir ce que vous pensez faire d'un maître à danser à l'âge que vous avez.

NICOLE.

Et d'un grand maître tireur d'armes qui vient, avec ses battements de pieds, ébranler toute la maison, et nous déraciner tous les carriaux de notre salle.

M. JOURDAIN.

Taisez-vous, ma servante, et ma femme.

MADAME JOURDAIN.

Est-ce que vous voulez apprendre à danser pour quand vous n'aurez plus de jambes ?

NICOLE.

Est-ce que vous avez envie de tuer quelqu'un?

M. JOURDAIN.

Taisez-vous, vous dis-je : vous êtes des ignorantes l'une et l'autre, et vous ne savez pas les prérogatives de tout cela.

MADAME JOURDAIN.

Vous devriez bien plutôt songer à marier votre fille, qui est en âge d'être pourvue.

M. JOURDAIN.

Je songerai à marier ma fille quand il se présentera un parti pour elle ; mais je veux songer aussi à apprendre les belles choses.

NICOLE.

J'ai encore ouï dire, madame, qu'il a pris aujourd'hui, pour renfort de potage, un maître de philosophie.

M. JOURDAIN.

Fort bien. Je veux avoir de l'esprit, et savoir raisonner des choses parmi les honnêtes gens.

MADAME JOURDAIN.

N'irez-vous pas l'un de ces jours au collége vous faire donner le fouet à votre âge?

M. JOURDAIN.

Pourquoi non? Plût à Dieu l'avoir tout à l'heure le fouet devant tout le monde, et savoir ce qu'on apprend au collége!

NICOLE.

Oui, ma foi, cela vous rendroit la jambe bien mieux faite.

ACTE III, SCÈNE III.

M. JOURDAIN.

Sans doute.

MADAME JOURDAIN.

Tout cela est fort nécessaire pour conduire votre maison.

M. JOURDAIN.

Assurément. Vous parlez toutes deux comme des bêtes, et j'ai honte de votre ignorance. Par exemple (à madame Jourdain), savez-vous, vous, ce que c'est que vous dites à cette heure ?

MADAME JOURDAIN.

Oui : je sais que ce que je dis est fort bien dit, et que vous devriez songer à vivre d'autre sorte.

M. JOURDAIN.

Je ne parle pas de cela. Je vous demande ce que c'est que les paroles que vous dites ici ?

MADAME JOURDAIN.

Ce sont des paroles bien sensées, et votre conduite ne l'est guère.

M. JOURDAIN.

Je ne parle pas de cela, vous dis-je ; je vous demande, ce que je parle avec vous, ce que je vous dis à cette heure, qu'est-ce que c'est ?

MADAME JOURDAIN.

Des chansons.

M. JOURDAIN.

Hé ! non, ce n'est pas cela. Ce que nous disons tous deux ? le langage que nous parlons à cette heure ?

MADAME JOURDAIN.

Hé bien ?

M. JOURDAIN.

Comment est-ce que cela s'appelle ?

MADAME JOURDAIN.

Cela s'appelle comme on veut l'appeler.

M. JOURDAIN.

C'est de la prose, ignorante.

MADAME JOURDAIN.

De la prose ?

M. JOURDAIN.

Oui, de la prose. Tout ce qui est prose n'est point vers ; et tout ce qui n'est point vers est prose. Et voilà ce que c'est que d'étudier ! (A Nicole.) Et toi, sais-tu bien comme il faut faire pour dire un U ?

NICOLE.

Comment ?

M. JOURDAIN.

Oui, qu'est-ce que tu fais quand tu dis un U ?

NICOLE.

Quoi ?

M. JOURDAIN.

Dis un peu U, pour voir.

NICOLE.

Hé bien, U.

M. JOURDAIN.

Qu'est-ce que tu fais ?

NICOLE.

Je dis U.

M. JOURDAIN.

Oui ; mais quand tu dis U, qu'est-ce que tu fais ?

NICOLE.

Je fais ce que vous me dites.

M. JOURDAIN.

Oh! l'étrange chose que d'avoir affaire à des bêtes! Tu allonges les lèvres en dehors, et approches la mâchoire d'en-haut de celle d'en-bas, U, vois-tu? U; je fais la moue, U.

NICOLE.

Oui; cela est biau!

MADAME JOURDAIN.

Voilà qui est admirable!

M. JOURDAIN.

C'est bien autre chose, si vous aviez vu O, et DA, DA, et FA, FA.

MADAME JOURDAIN.

Qu'est-ce que c'est donc que tout ce galimatias-là?

NICOLE.

De quoi est-ce que tout cela guérit?

M. JOURDAIN.

J'enrage, quand je vois des femmes ignorantes.

MADAME JOURDAIN.

Allez, vous devriez envoyer promener toutes ces gens-là avec leurs fariboles.

NICOLE.

Et surtout ce grand escogriffe de maître d'armes, qui remplit de poudre tout mon ménage.

M. JOURDAIN.

Ouais! ce maître d'armes vous tient bien au cœur! Je te veux faire voir ton impertinence tout à l'heure. (Après avoir fait apporter les fleurets, et en avoir donné un à Nicole.) Tiens; raison démonstrative; la ligne du corps. Quand on pousse en quarte on n'a qu'à faire cela; et, quand on pousse en tierce, on n'a qu'à faire cela. Voilà le moyen de n'être jamais tué; et cela n'est-il pas beau d'être assuré de son fait, quand on se bat contre quelqu'un? Là, pousse-moi un peu, pour voir.

NICOLE.

Hé bien, quoi? (Nicole pousse plusieurs bottes à M. Jourdain.)

M. JOURDAIN.

Tout beau. Holà! ho! doucement. Diantre soit la coquine!

NICOLE.

Vous me dites de pousser?

M. JOURDAIN.

Oui; mais tu me pousses en tierce, avant que de pousser en quarte, et tu n'as pas la patience que je pare.

MADAME JOURDAIN.

Vous êtes fou, mon mari, avec toutes vos fantaisies; et cela vous est venu depuis que vous vous mêlez de hanter la noblesse.

M. JOURDAIN,

Lorsque je hante la noblesse, je fais paroître mon jugement; et cela est plus beau que de hanter votre bourgeoisie.

MADAME JOURDAIN.

Ça mon vraiment! (*) il y a fort à gagner

(*) Ça mon est une corruption de c'est mon, ancienne expression, qui signifioit, cela est vraiment certain. C'étoit une affirmation très-forte. On en voit un exemple dans le 37e chap. du 2e liv. des Essais de Montaigne. Un médecin vante à Nicoclès la puissance de son art: « Vraiment c'est mon, répond celui-ci, qui peut impunément tuer » tant de gens. » Ce qui veut dire : Vraiment cela est certain, puisqu'il peut tuer tant de gens.

ACTE III, SCÈNE III.

à fréquenter vos nobles ! et vous avez bien opéré avec ce beau monsieur le comte dont vous vous êtes embéguiné.

M. JOURDAIN.

Paix, songez à ce que vous dites. Savez-vous bien, ma femme, que vous ne savez pas de qui vous parlez, quand vous parlez de lui ? C'est une personne d'importance plus que vous ne pensez, un seigneur que l'on considère à la cour, et qui parle au roi tout comme je vous parle. N'est-ce pas une chose qui m'est tout-à-fait honorable, que l'on voie venir chez moi si souvent une personne de cette qualité, qui m'appelle son cher ami et me traite comme si j'étois son égal ? Il a pour moi des bontés qu'on ne devineroit jamais ; et devant tout le monde il me fait des caresses dont je suis moi-même confus.

MADAME JOURDAIN.

Oui, il a des bontés pour vous, et vous fait des caresses ; mais il vous emprunte votre argent.

M. JOURDAIN.

Hé bien ! ne m'est-ce pas de l'honneur de prêter de l'argent à un homme de cette condition-là ? et puis-je faire moins pour un seigneur qui m'appelle son cher ami ?

MADAME JOURDAIN.

Et ce seigneur que fait-il pour vous ?

M. JOURDAIN.

Des choses dont on seroit étonné, si on les savoit.

MADAME JOURDAIN.

Et quoi?

M. JOURDAIN.

Baste, je ne puis pas m'expliquer. Il suffit que si je lui ai prêté de l'argent, il me le rendra bien, et avant qu'il soit peu.

MADAME JOURDAIN.

Oui, attendez-vous à cela.

M. JOURDAIN.

Assurément; ne me l'a-t-il pas dit?

MADAME JOURDAIN.

Oui, oui; il ne manquera pas d'y faillir.

M. JOURDAIN.

Il m'a juré sa foi de gentilhomme.

MADAME JOURDAIN.

Chansons.

M. JOURDAIN.

Ouais, vous êtes bien obstinée, ma femme. Je vous dis qu'il me tiendra sa parole, j'en suis sûr.

MADAME JOURDAIN.

Et moi, je suis sûre que non, et que toutes les caresses qu'il vous fait ne sont que pour vous enjôler.

M. JOURDAIN.

Taisez-vous. Le voici.

MADAME JOURDAIN.

Il ne nous faut plus que cela. Il vient peut-être encore vous faire quelque emprunt, et il me semble que j'ai dîné quand je le vois.

M. JOURDAIN.

Taisez-vous, vous dis-je.

SCÈNE IV.

DORANTE, M. JOURDAIN, MADAME JOURDAIN, NICOLE.

DORANTE.
Mon cher ami monsieur Jourdain, comment vous portez-vous ?

M. JOURDAIN.
Fort bien, monsieur, pour vous rendre mes petits services.

DORANTE.
Et madame Jourdain que voilà, comment se porte-t-elle ?

MADAME JOURDAIN.
Madame Jourdain se porte comme elle peut.

DORANTE.
Comment ! monsieur Jourdain, vous voilà le plus propre du monde.

M. JOURDAIN.
Vous voyez.

DORANTE.
Vous avez tout-à-fait bon air avec cet habit; nous n'avons point de jeunes gens à la cour qui soient mieux faits que vous.

M. JOURDAIN.
Hai, hai.

MADAME JOURDAIN, à part.
Il le gratte par où il se démange.

DORANTE.
Tournez-vous. Cela est tout-à-fait galant.

MADAME JOURDAIN, à part.

Oui, aussi sot par-derrière que par-devant.

DORANTE.

Ma foi, monsieur Jourdain, j'avois une impatience étrange de vous voir. Vous êtes l'homme du monde que j'estime le plus, et je parlois de vous encore ce matin dans la chambre du roi.

M. JOURDAIN.

Vous me faites beaucoup d'honneur, monsieur. (A madame Jourdain.) Dans la chambre du roi.

DORANTE.

Allons, mettez.

M. JOURDAIN.

Monsieur, je sais le respect que je vous dois.

DORANTE.

Mon Dieu! mettez. Point de cérémonies entre nous, je vous prie.

M. JOURDAIN.

Monsieur...

DORANTE.

Mettez, vous dis-je, monsieur Jourdain, vous êtes mon ami.

M. JOURDAIN.

Monsieur, je suis votre serviteur.

DORANTE.

Je ne me couvrirai point, si vous ne vous couvrez.

M. JOURDAIN, se couvrant.

J'aime mieux être incivil qu'importun.

DORANTE.

Je suis votre débiteur, comme vous le savez.

MADAME JOURDAIN, à part.

Oui, nous ne le savons que trop.

DORANTE.

Vous m'avez généreusement prêté de l'argent en plusieurs occasions ; et vous m'avez obligé de la meilleure grâce du monde, assurément.

M. JOURDAIN.

Monsieur, vous vous moquez.

DORANTE.

Mais je sais rendre ce qu'on me prête, et reconnoître les plaisirs qu'on me fait.

M. JOURDAIN.

Je n'en doute point, monsieur.

DORANTE.

Je veux sortir d'affaires avec vous ; et je viens ici pour faire nos comptes ensemble.

M. JOURDAIN, bas, à madame Jourdain.

Hé bien ! vous voyez votre impertinence, ma femme.

DORANTE.

Je suis homme qui aime à m'acquitter le plus tôt que je puis.

M. JOURDAIN, bas, à madame Jourdain.

Je vous le disois bien.

DORANTE.

Voyons un peu ce que je vous dois.

M. JOURDAIN, bas, à madame Jourdain.

Vous voilà avec vos soupçons ridicules !

DORANTE.

Vous souvenez-vous bien de tout l'argent que vous m'avez prêté ?

M. JOURDAIN.

Je crois que oui. J'en ai fait un petit mémoire. Le voici. Donné à vous une fois deux cents louis (*).

DORANTE.

Cela est vrai.

M. JOURDAIN.

Une autre fois, six vingts.

DORANTE.

Oui.

M. JOURDAIN.

Une autre fois, cent quarante.

DORANTE.

Vous avez raison.

M. JOURDAIN.

Ces trois articles font quatre cent soixante louis, qui valent cinq mille soixante livres.

DORANTE.

Le compte est fort bon. Cinq mille soixante livres.

M. JOURDAIN.

Mille huit cent trente-deux livres à votre plumassier.

(*) Le louis valoit alors 11 francs, ce qui est vérifié par le compte de 460 louis valant 5060 francs d'argent prêtés à Dorante par M. Jourdain.

ACTE III, SCÈNE IV.

DORANTE.

Justement.

M. JOURDAIN.

Deux mille sept cent quatre-vingt livres à votre tailleur.

DORANTE.

Il est vrai.

M. JOURDAIN.

Quatre mille trois cent septante-neuf livres douze sous huit deniers à votre marchand.

DORANTE.

Fort bien. Douze sous huit deniers, le compte est juste.

M. JOURDAIN.

Et mille sept cent quarante-huit livres sept sous quatre deniers à votre sellier.

DORANTE.

Tout cela est véritable. Qu'est-ce que cela fait?

M. JOURDAIN.

Somme totale, quinze mille huit cents livres.

DORANTE.

Somme totale est juste. Quinze mille huit cents livres. Mettez encore deux cents louis que vous m'allez donner; cela fera justement dix-huit mille francs, que je vous paierai au premier jour.

MADAME JOURDAIN, bas, à M. Jourdain.

Hé bien! ne l'avois-je pas bien deviné?

M. JOURDAIN, bas, à madame Jourdain.

Paix.

DORANTE.

Cela vous incommodera-t-il, de me donner ce que je vous dis?

M. JOURDAIN.

Hé! non.

MADAME JOURDAIN, bas, à M. Jourdain.

Cet homme-là fait de vous une vache à lait.

M. JOURDAIN, bas, à madame Jourdain.

Taisez-vous.

DORANTE.

Si cela vous incommode, j'en irai chercher ailleurs.

M. JOURDAIN.

Non, monsieur.

MADAME JOURDAIN, bas, à M. Jourdain.

Il ne sera pas content qu'il ne vous ait ruiné.

M. JOURDAIN, bas, à madame Jourdain.

Taisez-vous, vous dis-je.

DORANTE.

Vous n'avez qu'à me dire si cela vous embarrasse.

M. JOURDAIN.

Point, monsieur.

MADAME JOURDAIN, bas, à M. Jourdain.

C'est un vrai enjôleur.

M. JOURDAIN, bas, à madame Jourdain.

Taisez-vous donc.

MADAME JOURDAIN, bas, à M. Jourdain.

Il vous sucera jusqu'au dernier sou.

M. JOURDAIN, bas, à madame Jourdain.

Vous tairez-vous?

DORANTE.

J'ai force gens qui m'en prêteroient avec joie; mais, comme vous êtes mon meilleur ami, j'ai cru que je vous ferois tort si j'en demandois à quelque autre.

M. JOURDAIN.

C'est trop d'honneur, monsieur, que vous me faites. Je vous vais quérir votre affaire.

MADAME JOURDAIN, bas, à M. Jourdain.

Quoi! vous allez lui donner encore cela?

M. JOURDAIN, bas, à madame Jourdain.

Que faire? Voulez-vous que je refuse un homme de cette condition-là, qui a parlé de moi ce matin dans la chambre du roi?

MADAME JOURDAIN, bas, à M. Jourdain.

Allez, vous êtes une vraie dupe.

SCÈNE V.

DORANTE, MADAME JOURDAIN, NICOLE.

DORANTE.

Vous me semblez toute mélancolique: qu'avez-vous, madame Jourdain.

MADAME JOURDAIN.

J'ai la tête plus grosse que le poing, et si elle n'est pas enflée.

DORANTE.

Mademoiselle votre fille, où est-elle, que je ne la vois point?

MADAME JOURDAIN.

Mademoiselle ma fille est bien où elle est.

DORANTE.

Comment se porte-elle ?

MADAME JOURDAIN.

Elle se porte sur ses deux jambes.

DORANTE.

Ne voulez-vous point, un de ces jours, venir voir avec elle le ballet et la comédie que l'on fait chez le roi ?

MADAME JOURDAIN.

Oui vraiment, nous avons fort envie de rire; fort envie de rire nous avons.

DORANTE.

Je pense, madame Jourdain, que vous avez eu bien des amants dans votre jeune âge, belle et d'agréable humeur comme vous étiez.

MADAME JOURDAIN.

Tredame (*), monsieur, est-ce que madame Jourdain est décrépite ? et la tête lui grouille-t-elle déjà ?

DORANTE.

Ah ! ma foi, madame Jourdain, je vous demande pardon : je ne songeois pas que vous êtes jeune; et je rêve le plus souvent. Je vous prie d'excuser mon impertinence.

(*) *Tredame*, exclamation familière qui vient de *Notre-Dame*.

SCÈNE VI.

M. JOURDAIN, MADAME JOURDAIN, DORANTE, NICOLE.

M. JOURDAIN, à Dorante.

Voila deux cents louis bien comptés.

DORANTE.

Je vous assure, monsieur Jourdain, que je suis tout à vous, et que je brûle de vous rendre un service à la cour.

M. JOURDAIN.

Je vous suis trop obligé.

DORANTE.

Si madame Jourdain veut voir le divertissement royal, je lui ferai donner les meilleures places de la salle.

MADAME JOURDAIN.

Madame Jourdain vous baise les mains.

DORANTE, bas, à M. Jourdain.

Notre belle marquise, comme je vous ai mandé par mon billet, viendra tantôt ici pour le ballet et le repas ; et je l'ai fait consentir enfin au cadeau que vous lui voulez donner.

M. JOURDAIN.

Tirons-nous un peu plus loin, pour cause.

DORANTE.

Il y a huit jours que je ne vous ai vu, et je ne vous ai point mandé de nouvelles du diamant que vous me mîtes entre les mains pour lui en faire présent de votre part : mais c'est que j'ai eu toutes les peines du monde à vaincre son scrupule : et ce n'est qu'aujourd'hui qu'elle s'est résolue à l'accepter.

M. JOURDAIN.

Comment l'a-t-elle trouvé ?

DORANTE.

Merveilleux ; et je me trompe fort, ou la beauté de ce diamant fera pour vous sur son esprit un effet admirable.

M. JOURDAIN.

Plût au ciel !

MADAME JOURDAIN, à Nicole.

Quand il est une fois avec lui, il ne peut le quitter.

DORANTE.

Je lui ai fait valoir comme il faut la richesse de ce présent et la grandeur de votre amour.

M. JOURDAIN.

Ce sont, monsieur, des bontés qui m'accablent ; et je suis dans une confusion la plus grande du monde de voir une personne de votre qualité s'abaisser pour moi à ce que vous faites.

DORANTE.

Vous moquez-vous ? est-ce qu'entre amis on s'arrête à ces sortes de scrupules ? et ne feriez-vous pas pour moi la même chose si l'occasion s'en offroit ?

M. JOURDAIN.

Oh ! assurément, et de très-grand cœur.

MADAME JOURDAIN, bas, à Nicole.

Que sa présence me pèse sur les épaules !

ACTE III, SCÈNE VI.

DORANTE.

Pour moi, je ne regarde rien quand il faut servir un ami ; et lorsque vous me fîtes confidence de l'ardeur que vous aviez prise pour cette marquise agréable chez qui j'avois commerce, vous vîtes que d'abord je m'offris de moi-même à servir votre amour.

M. JOURDAIN.

Il est vrai. Ce sont des bontés qui me confondent.

MADAME JOURDAIN, à Nicole.

Est-ce qu'il ne s'en ira point ?

NICOLE.

Ils se trouvent bien ensemble.

DORANTE.

Vous avez pris le bon biais pour toucher son cœur. Les femmes aiment surtout les dépenses qu'on fait pour elles ; et vos fréquentes sérénades, et vos bouquets continuels, ce superbe feu d'artifice qu'elle trouva sur l'eau, le diamant qu'elle a reçu de votre part, et le cadeau que vous lui préparez, tout cela lui parle bien mieux en faveur de votre amour que toutes les paroles que vous auriez pu lui dire vous-même.

M. JOURDAIN.

Il n'y a pas de dépense que je ne fisse, si par-là je pouvois trouver le chemin de son cœur. Une femme de qualité a pour moi des charmes ravissants ; et c'est un honneur que j'achèterois au prix de toutes choses.

MADAME JOURDAIN, bas, à Nicole.

Que peuvent-ils tant dire ensemble ? Va-t'en un peu tout doucement prêter l'oreille.

DORANTE.

Ce sera tantôt que vous jouirez à votre plaisir de sa vue ; et vos yeux auront tout le temps de se satisfaire.

M. JOURDAIN.

Pour être en pleine liberté, j'ai fait en sorte que ma femme ira dîner chez ma sœur, où elle passera toute l'après-dînée.

DORANTE.

Vous avez fait prudemment, et votre femme auroit pu nous embarrasser. J'ai donné pour vous l'ordre qu'il faut au cuisinier, et à toutes les choses qui sont nécessaires pour le ballet. Il est de mon invention ; et pourvu que l'exécution puisse répondre à l'idée, je suis sûr qu'il sera trouvé...

M. JOURDAIN, s'apercevant que Nicole écoute, et lui donnant un soufflet.

Ouais ! vous êtes bien impertinente ! (A Dorante.) Sortons, s'il vous plaît.

SCÈNE VII.

MADAME JOURDAIN, NICOLE.

NICOLE.

Ma foi, madame, la curiosité m'a coûté quelque chose : mais je crois qu'il y a quelque anguille sous roche ; et ils parlent de quelque affaire où ils ne veulent pas que vous soyez.

ACTE III, SCÈNE VII.

MADAME JOURDAIN.

Ce n'est pas d'aujourd'hui, Nicole, que j'ai conçu des soupçons de mon mari. Je suis la plus trompée du monde, ou il y a quelque amour en campagne ; et je travaille à découvrir ce que ce peut être. Mais songeons à ma fille. Tu sais l'amour que Cléonte a pour elle : c'est un homme qui me revient, et je veux aider sa recherche, et lui donner Lucile, si je puis.

NICOLE.

En vérité, madame, je suis la plus ravie du monde de vous voir dans ces sentiments : car si le maître vous revient, le valet ne me revient pas moins : et je souhaiterois que notre mariage se pût faire à l'ombre du leur.

MADAME JOURDAIN.

Va-t'en lui parler de ma part ; et lui dire que tout à l'heure il me vienne trouver, pour faire ensemble à mon mari la demande de ma fille.

NICOLE.

J'y cours, madame, avec joie, et je ne pouvois recevoir une commission plus agréable. (Seule.) Je vais, je pense, bien réjouir les gens.

SCÈNE VIII.

CLÉONTE, COVIELLE, NICOLE.

NICOLE, à Cléonte.

Ah ! vous voilà tout à propos. Je suis une ambassadrice de joie, et je viens...

CLÉONTE.

Retire-toi, perfide, et ne me viens pas amuser avec tes traîtresses paroles.

NICOLE.

Est-ce ainsi que vous recevez...

CLÉONTE.

Retire-toi, te dis-je, et va-t'en de ce pas dire à ton infidèle maîtresse qu'elle n'abusera de sa vie le trop simple Cléonte.

NICOLE.

Quel vertigo est-ce donc là? Mon pauvre Covielle, dis-moi un peu ce que cela veut dire.

COVIELLE.

Ton pauvre Covielle, petite scélérate! Allons, vite, ôte-toi de mes yeux, vilaine, et me laisse en repos.

NICOLE.

Quoi! tu me viens aussi...

COVIELLE.

Ôte-toi de mes yeux, te dis-je; et ne me parle de ta vie.

NICOLE, à part.

Ouais! quelle mouche les a piqués tous deux? Allons de cette belle histoire informer ma maîtresse.

SCÈNE IX.
CLÉONTE, COVIELLE.

CLÉONTE.

Quoi! traiter un amant de la sorte! et un amant le plus fidèle et le plus passionné de tous les amants!

COVIELLE.

C'est une chose épouvantable que ce qu'on nous fait à tous deux.

CLÉONTE.

Je fais voir pour une personne toute l'ardeur et toute la tendresse qu'on peut imaginer, je n'aime rien au monde qu'elle, et je n'ai qu'elle dans l'esprit ; elle fait tous mes soins, tous mes désirs, toute ma joie ; je ne parle que d'elle, je ne pense qu'à elle ; je ne fais des songes que d'elle, je ne respire que par elle, mon cœur vit tout en elle : et voilà de tant d'amitié la digne récompense ! Je suis deux jours sans la voir, qui sont pour moi deux siècles effroyables ; je la rencontre, par hasard, mon cœur à cette vue se sent tout transporté, ma joie éclate sur mon visage, je vole avec ravissement vers elle ; et l'infidèle détourne de moi ses regards, et passe brusquement, comme si de sa vie elle ne m'avoit vu !

COVIELLE.

Je dis les mêmes choses que vous.

CLÉONTE.

Peut-on rien voir d'égal, Covielle, à cette perfidie de l'ingrate Lucile ?

COVIELLE.

Et à celle, monsieur, de la pendarde de Nicole ?

CLÉONTE.

Après tant de sacrifices ardents, de soupirs et de vœux que j'ai faits à ses charmes !

COVIELLE.

Après tant d'assidus hommages, de soins et de services que je lui ai rendus dans sa cuisine !

CLÉONTE.

Tant de larmes que j'ai versées à ses genoux !

COVIELLE.

Tant de seaux d'eau que j'ai tirés au puits pour elle !

CLÉONTE.

Tant d'ardeur que j'ai fait paroître à la chérir plus que moi-même !

COVIELLE.

Tant de chaleur que j'ai soufferte à tourner la broche à sa place.

CLÉONTE.

Elle me fuit avec mépris !

COVIELLE.

Elle me tourne le dos avec effronterie !

CLÉONTE.

C'est une perfidie digne des plus grands châtimens.

COVIELLE.

C'est une trahison à mériter mille soufflets.

CLÉONTE.

Ne t'avise point, je te prie, de me jamais parler pour elle.

COVIELLE.

Moi, monsieur ? Dieu m'en garde !

CLÉONTE.

Ne viens point m'excuser l'action de cette infidèle.

ACTE III, SCÈNE IX.

COVIELLE.

N'ayez pas peur.

CLÉONTE.

Non, vois-tu, tous tes discours pour la défendre ne serviront de rien.

COVIELLE.

Qui songe à cela ?

CLÉONTE.

Je veux contre elle conserver mon ressentiment, et rompre ensemble tout commerce.

COVIELLE.

J'y consens.

CLÉONTE.

Ce monsieur le comte qui va chez elle lui donne peut-être dans la vue; et son esprit, je le vois bien, se laisse éblouir à la qualité. Mais il me faut, pour mon honneur, prévenir l'éclat de son inconstance. Je veux faire autant de pas qu'elle au changement où je la vois courir, et ne lui laisser pas toute la gloire de me quitter.

COVIELLE.

C'est fort bien dit, et j'entre pour mon compte dans tous vos sentiments.

CLÉONTE.

Donne la main à mon dépit; et soutiens ma résolution contre tous les restes d'amour qui me pourraient parler pour elle. Dis-m'en, je t'en conjure, tout le mal que tu pourras; fais-moi de sa personne une peinture qui me la rende méprisable, et marque-moi bien, pour m'en dégoûter, tous les défauts que tu peux voir en elle.

COVIELLE.

Elle, monsieur? voilà une belle mijaurée (*), une pimpesouée (**) bien bâtie, pour vous donner tant d'amour! Je ne lui vois rien que de très-médiocre; et vous trouverez cent personnes qui seront plus dignes de vous. Premièrement elle a les yeux petits.

CLÉONTE.

Cela est vrai, elle a les yeux petits; mais elle les a pleins de feu, les plus brillants, les plus perçants du monde, les plus touchants qu'on puisse voir.

COVIELLE.

Elle a la bouche grande.

CLÉONTE.

Oui; mais on y voit des grâces qu'on ne voit point aux autres bouches; et cette bouche, en la voyant, inspire des désirs; elle est la plus attrayante, la plus amoureuse du monde.

COVIELLE.

Pour sa taille, elle n'est pas grande.

CLÉONTE.

Non; mais elle est aisée et bien prise.

COVIELLE.

Elle affecte une nonchalance dans son parler et dans ses actions...

(*) *Mijaurée*, terme familier dont on se servoit pour désigner une femme dont les manières sont affectées et ridicules.

(**) *Pimpesouée*, vieille expression que l'on employoit pour dire qu'une femme faisoit la délicate, la précieuse. *Souée* vient de l'ancien mot *souef*, du latin *suavis*.

ACTE III, SCÈNE IX.

CLÉONTE.

Il est vrai, mais elle a grâce à tout cela ; et ses manières sont engageantes, ont je ne sais quel charme à s'insinuer dans les cœurs.

COVIELLE.

Pour de l'esprit...

CLÉONTE.

Ah! elle en a, Covielle, du plus fin, du plus délicat.

COVIELLE.

Sa conversation...

CLÉONTE.

Sa conversation est charmante.

COVIELLE.

Elle est toujours sérieuse.

CLÉONTE.

Veux-tu de ces enjouements épanouis, de ces joies toujours ouvertes ? Et vois-tu rien de plus impertinent que des femmes qui rient à tout propos ?

COVIELLE.

Mais enfin, elle est capricieuse autant que personne du monde.

CLÉONTE.

Oui, elle est capricieuse, j'en demeure d'accord : mais tout sied bien aux belles, on souffre tout des belles.

COVIELLE.

Puisque cela va comme cela, je vois bien que vous avez envie de l'aimer toujours.

CLÉONTE.
Moi ? j'aimerois mieux mourir ; et je vais la haïr autant que je l'ai aimée.

COVIELLE.
Le moyen, si vous la trouvez si parfaite ?

CLÉONTE.
C'est en quoi ma vengeance sera plus éclatante, en quoi je veux faire mieux voir la force de mon cœur à la haïr, à la quitter, toute belle, toute pleine d'attraits, toute aimable que je la trouve. La voici.

SCÈNE X.
LUCILE, CLÉONTE, COVIELLE, NICOLE.

NICOLE, à Lucile.
Pour moi, j'en ai été toute scandalisée.

LUCILE.
Ce ne peut être, Nicole, que ce que je dis. Mais le voilà.

CLÉONTE, à Covielle.
Je ne veux pas seulement lui parler.

COVIELLE.
Je veux vous imiter.

LUCILE.
Qu'est-ce donc, Cléonte ? Qu'avez-vous ?

NICOLE.
Qu'as-tu donc, Covielle ?

LUCILE.
Quel chagrin vous possède ?

ACTE III, SCÈNE X.

NICOLE.

Quelle mauvaise humeur te tient ?

LUCILE.

Êtes-vous muet, Cléonte ?

NICOLE.

As-tu perdu la parole, Covielle ?

CLÉONTE.

Que voilà qui est scélérat !

COVIELLE.

Que cela est Judas !

LUCILE.

Je vois bien que la rencontre de tantôt a troublé votre esprit.

CLÉONTE, à Covielle.

Ah ! ah ! on voit ce qu'on a fait.

NICOLE.

Notre accueil de ce matin t'a fait prendre la chèvre (*).

COVIELLE, à Cléonte.

On a deviné l'enclouure.

LUCILE.

N'est-il pas vrai, Cléonte, que c'est là le sujet de votre dépit ?

CLÉONTE.

Oui, perfide, ce l'est, puisqu'il faut parler ; et j'ai à vous dire que vous ne triompherez pas, comme vous le pensez, de votre infidélité, que je

---

(*) *Prendre la chèvre*, se fâcher, se mettre en colère. C'est, suivant Ménage, imiter la chèvre, qui est impatiente.

veux être le premier à rompre avec vous, et que vous n'aurez pas l'avantage de me chasser. J'aurai de la peine, sans doute, à vaincre l'amour que j'ai pour vous ; cela me causera des chagrins ; je souffrirai un temps : mais j'en viendrai à bout, et je me percerai plutôt le cœur, que d'avoir la foiblesse de retourner à vous.

COVIELLE, à Nicole.

Queussi queumi (*).

LUCILE.

Voilà bien du bruit pour un rien. Je veux vous dire, Cléonte, le sujet qui m'a fait ce matin éviter votre abord.

CLÉONTE, voulant s'en aller pour éviter Lucile.

Non, je ne veux rien écouter.

NICOLE, à Covielle.

Je te veux apprendre la cause qui nous a fait passer si vite.

COVIELLE, voulant aussi s'en aller pour éviter Nicole.

Je ne veux rien entendre.

LUCILE, suivant Cléonte.

Sachez que ce matin...

CLÉONTE, marchant toujours sans regarder Lucile.

Non, vous dis-je.

NICOLE, suivant Covielle.

Apprends que...

COVIELLE, marchant aussi sans regarder Nicole.

Non, traîtresse.

(*) Queussi queumi, expression paysanne qui signifie *tout de même*, sans aucune différence.

ACTE III, SCÈNE X.

LUCILE.

Écoutez.

CLÉONTE.

Point d'affaire.

NICOLE.

Laisse-moi dire.

COVIELLE.

Je suis sourd.

LUCILE.

Cléonte !

CLÉONTE.

Non.

NICOLE.

Covielle !

COVIELLE.

Point.

LUCILE.

Arrêtez.

CLÉONTE.

Chansons.

NICOLE.

Entends-moi.

COVIELLE.

Bagatelle.

LUCILE.

Un moment.

CLÉONTE.

Point du tout.

NICOLE.

Un peu de patience.

COVIELLE.

Tarare.

LUCILE.

Deux paroles.

CLÉONTE.

Non, c'en est fait.

NICOLE.

Un mot.

COVIELLE.

Plus de commerce.

LUCILE, s'arrêtant.

Hé bien! puisque vous ne voulez pas m'écouter, demeurez dans votre pensée, et faites ce qu'il vous plaira.

NICOLE, s'arrêtant aussi.

Puisque tu fais comme cela, prends-le tout comme tu voudras.

CLÉONTE, se retournant vers Lucile.

Sachons donc le sujet d'un si bel accueil.

LUCILE, s'en allant à son tour pour éviter Cléonte.

Il ne me plaît plus de le dire.

COVIELLE, se retournant vers Nicole.

Apprends-nous un peu cette histoire.

NICOLE, s'en allant aussi pour éviter Covielle.

Je ne veux plus, moi, te l'apprendre.

CLÉONTE, suivant Lucile.

Dites-moi...

LUCILE, marchant toujours sans regarder Cléonte.

Non, je ne veux rien dire.

COVIELLE, suivant Nicole.

Conte-moi...

ACTE III, SCÈNE X.

NICOLE, marchant aussi sans regarder Covielle.

Non, je ne conte rien.

CLÉONTE.

De grâce.

LUCILE.

Non, vous dis-je.

COVIELLE.

Par charité.

NICOLE.

Point d'affaire.

CLÉONTE.

Je vous en prie.

LUCILE.

Laissez-moi.

COVIELLE.

Je t'en conjure.

NICOLE.

Ote-toi de là.

CLÉONTE.

Lucile !

LUCILE.

Non.

COVIELLE.

Nicole !

NICOLE.

Point.

CLÉONTE.

Au nom des dieux !

LUCILE.

Je ne veux pas.

COVIELLE.

Parle-moi.

NICOLE.

Point du tout.

CLÉONTE.

Éclaircissez mes doutes.

LUCILE.

Non, je n'en ferai rien.

COVIELLE.

Guéris-moi l'esprit.

NICOLE.

Non, il ne me plaît pas.

CLÉONTE.

Hé bien ! puisque vous vous souciez si peu de me tirer de peine, et de vous justifier du traitement indigne que vous avez fait à ma flamme, vous me voyez, ingrate, pour la dernière fois ; et je vais, loin de vous, mourir de douleur et d'amour.

COVIELLE, à Nicole.

Et moi, je vais suivre ses pas.

LUCILE, à Cléonte, qui veut sortir.

Cléonte !

NICOLE, à Covielle, qui suit son maître.

Covielle !

CLÉONTE, s'arrêtant.

Hé ?

COVIELLE, s'arrêtant aussi.

Plaît-il ?

LUCILE.

Où allez-vous ?

CLÉONTE.

Où je vous ai dit.

ACTE III, SCÈNE X.

COVIELLE.

Nous allons mourir.

LUCILE.

Vous allez mourir, Cléonte ?

CLÉONTE.

Oui, cruelle, puisque vous le voulez.

LUCILE.

Moi, je veux que vous mouriez ?

CLÉONTE.

Oui, vous le voulez.

LUCILE.

Qui vous le dit ?

CLÉONTE, s'approchant de Lucile.

N'est-ce pas le vouloir, que de ne vouloir pas éclaircir mes soupçons ?

LUCILE.

Est-ce ma faute, et si vous aviez voulu m'écouter, ne vous aurois-je pas dit que l'aventure dont vous vous plaignez a été causée ce matin par la présence d'une vieille tante qui veut à toute force que la seule approche d'un homme déshonore une fille, qui perpétuellement nous sermonne sur ce chapitre, et nous figure tous les hommes comme des diables qu'il faut fuir ?

NICOLE, à Covielle.

Voilà le secret de l'affaire.

CLÉONTE.

Ne me trompez-vous point, Lucile ?

COVIELLE, à Nicole.

Ne m'en donnes-tu point à garder ?

LUCILE, à Cléonte.

Il n'est rien de plus vrai.

NICOLE, à Covielle.

C'est la chose comme elle est.

COVIELLE, à Cléonte.

Nous rendrons-nous à cela ?

CLÉONTE.

Ah ! Lucile, qu'avec un mot de votre bouche vous savez apaiser de choses dans mon cœur ! et que facilement on se laisse persuader aux personnes qu'on aime !

COVIELLE.

Qu'on est aisément amadoué par ces diantres d'animaux-là !

SCÈNE XI.

MADAME JOURDAIN, CLÉONTE, LUCILE, COVIELLE, NICOLE.

MADAME JOURDAIN.

Je suis bien aise de vous voir, Cléonte, et vous voilà tout à propos. Mon mari vient, prenez vite votre temps pour lui demander Lucile en mariage.

CLÉONTE.

Ah ! madame, que cette parole m'est douce, et qu'elle flatte mes désirs ! Pouvois-je recevoir un ordre plus charmant, une faveur plus précieuse ?

SCÈNE XII.

CLÉONTE, M. JOURDAIN, MADAME JOURDAIN, LUCILE, COVIELLE, NICOLE.

CLÉONTE.

Monsieur, je n'ai voulu prendre personne pour vous faire une demande que je médite il y a long-temps. Elle me touche assez pour m'en charger moi-même ; et, sans autre détour, je vous dirai que l'honneur d'être votre gendre est une faveur glorieuse que je vous prie de m'accorder.

M. JOURDAIN.

Avant que de vous rendre réponse, monsieur, je vous prie de me dire si vous êtes gentilhomme.

CLÉONTE.

Monsieur, la plupart des gens sur cette question n'hésitent pas beaucoup : on tranche le mot aisément. Ce nom ne fait aucun scrupule à prendre ; et l'usage aujourd'hui semble en autoriser le vol. Pour moi, je vous l'avoue, j'ai les sentiments sur cette matière un peu plus délicats. Je trouve que toute imposture est indigne d'un honnête homme, et qu'il y a de la lâcheté à déguiser ce que le ciel nous a fait naître, à se parer aux yeux du monde d'un titre dérobé, à se vouloir donner pour ce qu'on n'est pas. Je suis né de parents, sans doute, qui ont tenu des charges honorables ; je me suis acquis dans les armes l'honneur de six ans de service, et je me trouve assez de bien pour tenir dans le monde un rang assez passable : mais, avec tout cela, je ne veux pas me donner un nom où d'autres en ma place croiroient pouvoir prétendre ; et je vous dirai franchement que je ne suis point gentilhomme.

M. JOURDAIN.

Touchez là, monsieur ; ma fille n'est pas pour vous.

CLÉONTE.

Comment ?

M. JOURDAIN.

Vous n'êtes point gentilhomme, vous n'aurez point ma fille.

MADAME JOURDAIN.

Que voulez-vous donc dire avec votre gentilhomme ? Est-ce que nous sommes, nous autres, de la côte de Saint-Louis ?

M. JOURDAIN.

Taisez-vous, ma femme ; je vous vois venir.

MADAME JOURDAIN.

Descendons-nous tous deux que de bonne bourgeoisie ?

M. JOURDAIN.

Voilà pas le coup de langue ?

MADAME JOURDAIN.

Et votre père n'étoit-il pas marchand aussi bien que le mien ?

M. JOURDAIN.

Peste soit de la femme ! elle n'y a jamais manqué. Si votre père a été marchand, tant pis pour lui ; mais, pour le mien, ce sont des malavisés qui disent cela. Tout ce que j'ai à vous dire, moi, c'est que je veux avoir un gendre gentilhomme.

MADAME JOURDAIN.

Il faut à votre fille un mari qui lui soit propre ; et il vaut mieux pour elle un honnête homme riche et bien fait, qu'un gentilhomme gueux et malbâti.

NICOLE.

Cela est vrai. Nous avons le fils du gentilhomme de notre village qui est le plus grand malitorne et le plus sot dadais que j'aie jamais vu.

M. JOURDAIN, à Nicole.

Taisez-vous, impertinente : vous vous fourrez toujours dans la conversation. J'ai du bien assez pour ma fille, je n'ai besoin que d'honneurs ; et je la veux faire marquise.

MADAME JOURDAIN.

Marquise ?

M. JOURDAIN.

Oui, marquise.

MADAME JOURDAIN.

Hélas ! Dieu m'en garde !

M. JOURDAIN.

C'est une chose que j'ai résolue.

MADAME JOURDAIN.

C'est une chose, moi, où je ne consentirai point. Les alliances avec plus grand que soi sont sujettes toujours à de fâcheux inconvénients. Je ne veux point qu'un gendre puisse à ma fille reprocher ses parents, et qu'elle ait des enfants qui aient honte de m'appeler leur grand'maman. S'il falloit qu'elle me vînt visiter en équipage de grand'dame, et qu'elle manquât par mégarde à saluer quelqu'un du quartier, on ne manqueroit pas aussitôt de dire cent sottises. « Voyez-vous, » diroit-on, cette madame la marquise qui fait tant » la glorieuse? c'est la fille de monsieur Jourdain, » qui étoit trop heureuse, étant petite, de jouer » à la madame (*) avec nous. Elle n'a pas toujours » été si relevée que la voilà, et ses deux grands- » pères vendoient du drap auprès de la porte » Saint-Innocent. Ils ont amassé du bien à leurs » enfants, qu'ils payent maintenant peut-être » bien cher en l'autre monde; et l'on ne devient » guère si riche à être honnêtes gens. » Je ne veux point tous ces caquets; et je veux un homme, en un mot, qui m'ait obligation de ma fille, et à qui je puisse dire : Mettez-vous là, mon gendre, et dînez avec moi.

M. JOURDAIN.

Voilà bien des sentiments d'un petit esprit, de vouloir demeurer toujours dans la bassesse. Ne me répliquez pas davantage : ma fille sera marquise en dépit de tout le monde; et si vous me mettez en colère, je la ferai duchesse.

SCÈNE XIII.

MADAME JOURDAIN, LUCILE, CLÉONTE, NICOLE, COVIELLE.

MADAME JOURDAIN.

CLÉONTE, ne perdez point courage encore.

(*) *Jouer à la madame.* Jeu de petites filles qui s'amusent à contrefaire les dames, à se faire des compliments, des visites.

(A Lucile.) Suivez-moi, ma fille ; et venez dire résolument à votre père que, si vous ne l'avez, vous ne voulez épouser personne.

SCÈNE XIV.

CLÉONTE, COVIELLE.

COVIELLE.

Vous avez fait de belles affaires avec vos beaux sentiments !

CLÉONTE.

Que veux-tu ? j'ai un scrupule là-dessus que l'exemple ne sauroit vaincre.

COVIELLE.

Vous moquez vous de le prendre sérieusement avec un homme comme cela ? Ne voyez-vous pas qu'il est fou ? Et vous coûtoit-il quelque chose de vous accommoder à ses chimères ?

CLÉONTE.

Tu as raison, mais je ne croyois pas qu'il fallût faire ses preuves de noblesse pour être gendre de monsieur Jourdain.

COVIELLE, riant.

Ah ! ah ! ah !

CLÉONTE.

De quoi ris-tu ?

COVIELLE.

D'une pensée qui me vient pour jouer notre homme, et vous faire obtenir ce que vous souhaitez.

CLÉONTE.

Comment ?

COVIELLE.
L'idée est tout-à-fait plaisante.
CLÉONTE.
Quoi donc ?
COVIELLE.
Il s'est fait depuis peu une certaine mascarade qui vient le mieux du monde ici, et que je prétends faire entrer dans une bourde (*) que je veux faire à notre ridicule. Tout cela sent un peu sa comédie : mais avec lui on peut hasarder toute chose, il n'y faut point chercher tant de façons; il est homme à jouer son rôle à merveille, et à donner aisément dans toutes les fariboles qu'on s'avisera de lui dire. J'ai les acteurs, j'ai les habits tout prêts ; laissez-moi faire seulement.
CLÉONTE.
Mais apprends-moi...
COVIELLE.
Je vais vous instruire de tout. Retirons-nous ; le voilà qui revient.

SCÈNE XV.
M. JOURDAIN.

Que diable est-ce là ? ils n'ont rien que les grands seigneurs à me reprocher ; et moi, je ne vois rien de si beau que de hanter les grands sei-

---

(*) *Bourde*, mensonge dont on se sert pour se divertir de la crédulité d'un autre.

gneurs; il n'y a rien qu'honneur et civilité avec eux; et je voudrois qu'il m'eût coûté deux doigts de la main, et être né comte ou marquis.

SCÈNE XVI.

M. JOURDAIN, UN LAQUAIS.

LE LAQUAIS.

Monsieur, voici monsieur le comte, et une dame qu'il mène par la main.

M. JOURDAIN.

Hé! mon Dieu! j'ai quelques ordres à donner. Dis-leur que je vais venir ici tout à l'heure.

SCÈNE XVII.

DORIMÈNE, DORANTE, UN LAQUAIS.

LE LAQUAIS.

Monsieur dit comme cela qu'il va venir ici tout à l'heure.

DORANTE.

Voilà qui est bien.

SCÈNE XVIII.

DORIMÈNE, DORANTE.

DORIMÈNE.

Je ne sais pas, Dorante; je fais encore ici une étrange démarche, de me laisser amener par vous dans une maison où je ne connois personne.

DORANTE.

Quel lieu voulez-vous donc, madame, que mon

amour choisisse pour vous régaler, puisque, pour fuir l'éclat, vous ne voulez ni votre maison ni la mienne?

DORIMÈNE.

Mais vous ne dites pas que je m'engage insensiblement chaque jour à recevoir de trop grands témoignages de votre passion. J'ai beau me défendre des choses, vous fatiguez ma résistance, et vous avez une civile opiniâtreté qui me fait venir doucement à tout ce qu'il vous plaît. Les visites fréquentes ont commencé; les déclarations sont venues ensuite, qui, après elles, ont entraîné les sérénades et les cadeaux, que les présents ont suivis. Je me suis opposée à tout cela; mais vous ne vous rebutez point, et, pied à pied, vous gagnerez mes résolutions. Pour moi, je ne puis plus répondre de rien; et je crois qu'à la fin vous me ferez venir au mariage, dont je me suis tant éloignée.

DORANTE.

Ma foi, madame, vous y devriez déjà être. Vous êtes veuve, et ne dépendez que de vous; je suis maître de moi, et vous aime plus que ma vie : à quoi tient-il que dès aujourd'hui vous ne fassiez tout mon bonheur?

DORIMÈNE.

Mon Dieu! Dorante, il faut des deux parts bien des qualités pour vivre heureusement ensemble; et les deux plus raisonnables personnes du monde ont souvent peine à composer une union dont ils soient satisfaits.

ACTE III, SCÈNE XVIII.

DORANTE.

Vous vous moquez, madame, de vous y figurer tant de difficultés ; et l'expérience que vous avez faite ne conclut rien pour tous les autres.

DORIMÈNE.

Enfin, j'en reviens toujours là. Les dépenses que je vous vois faire pour moi m'inquiètent par deux raisons : l'une, qu'elles m'engagent plus que je ne voudrois ; et l'autre, que je suis sûre, sans vous déplaire, que vous ne les faites point que vous ne vous incommodiez ; et je ne veux point cela.

DORANTE.

Ah ! madame, ce sont des bagatelles ; et ce n'est pas par-là...

DORIMÈNE.

Je sais ce que je dis ; et, entre autres, le diamant que vous m'avez forcée à prendre est d'un prix...

DORANTE.

Hé ! madame, de grâce, ne faites point tant valoir une chose que mon amour trouve indigne de vous ; et souffrez... Voici le maître du logis.

SCÈNE XIX.

M. JOURDAIN, DORIMÈNE, DORANTE.

M. JOURDAIN, *après avoir fait deux révérences, se trouvant trop près de Dorimène.*

Un peu plus loin, madame.

DORIMÈNE.

Comment?

M. JOURDAIN.

Un pas, s'il vous plaît.

DORIMÈNE.

Quoi donc ?

M. JOURDAIN.

Reculez un peu pour la troisième.

DORANTE.

Madame, monsieur Jourdain sait son monde.

M. JOURDAIN.

Madame, ce m'est une gloire bien grande de me voir assez fortuné pour être si heureux que d'avoir le bonheur que vous ayez eu la bonté de m'accorder la grâce de me faire l'honneur de m'honorer de la faveur de votre présence ; et, si j'avois aussi le mérite pour mériter un mérite comme le vôtre, et que le ciel... envieux de mon bien... m'eût accordé... l'avantage de me voir digne... des...

DORANTE.

Monsieur Jourdain, en voilà assez. Madame n'aime pas les grands complimens ; et elle sait que vous êtes homme d'esprit. (Bas, à Dorimène) C'est un bon bourgeois assez ridicule, comme vous voyez, dans toutes ses manières.

DORIMÈNE, bas, à Dorante.

Il n'est pas malaisé de s'en apercevoir.

DORANTE.

Madame, voilà le meilleur de mes amis.

ACTE III, SCÈNE XIX.

M. JOURDAIN.

C'est trop d'honneur que vous me faites.

DORANTE.

Galant homme tout-à-fait.

DORIMÈNE.

J'ai beaucoup d'estime pour lui.

M. JOURDAIN.

Je n'ai rien fait encore, madame, pour mériter cette grâce.

DORANTE, bas, à M. Jourdain.

Prenez bien garde au moins à ne lui point parler du diamant que vous lui avez donné.

M. JOURDAIN, bas, à Dorante.

Ne pourrai-je pas seulement lui demander comment elle le trouve?

DORANTE, bas, à M. Jourdain.

Comment! gardez-vous-en bien. Cela seroit vilain à vous; et, pour agir en galant homme, il faut que vous fassiez comme si ce n'étoit pas vous qui lui eussiez fait ce présent. (Haut) M. Jourdain, madame, dit qu'il est ravi de vous voir chez lui.

DORIMÈNE.

Il m'honore beaucoup.

M. JOURDAIN, bas, à Dorante.

Que je vous suis obligé, monsieur, de lui parler ainsi pour moi!

DORANTE, bas, à M. Jourdain.

J'ai eu une peine effroyable à la faire venir ici.

M. JOURDAIN, bas, à Dorante.

Je ne sais quelles grâces vous en rendre.

DORANTE.

Il dit, madame, qu'il vous trouve la plus belle personne du monde.

DORIMÈNE.

C'est bien de la grâce qu'il me fait...

M. JOURDAIN.

Madame, c'est vous qui faites les grâces, et...

DORANTE.

Songeons à manger.

SCÈNE XX.

M. JOURDAIN, DORIMÈNE, DORANTE, UN LAQUAIS.

LE LAQUAIS, à M. Jourdain.

Tout est prêt, monsieur.

DORANTE.

Allons donc nous mettre à table; et qu'on fasse venir venir les musiciens.

SCÈNE XXI.

ENTRÉE DE BALLET.

(Six cuisiniers, qui ont préparé le festin, dansent ensemble; après quoi ils apportent une table couverte de plusieurs mets.)

FIN DU TROISIÈME ACTE.

ACTE QUATRIÈME.

SCÈNE I.

DORIMÈNE, M. JOURDAIN, DORANTE, TROIS MUSICIENS, UN LAQUAIS.

DORIMÈNE.

Comment ! Dorante, voilà un repas tout-à-fait magnifique !

M. JOURDAIN.

Vous vous moquez, madame ; et je voudrois qu'il fût plus digne de vous être offert.

(Dorimène, M. Jourdain, Dorante, et les trois musiciens, se mettent à table.)

DORANTE.

Monsieur Jourdain a raison, madame, de parler de la sorte ; et m'oblige de vous faire si bien les honneurs de chez lui. Je demeure d'accord avec lui que le repas n'est pas digne de vous. Comme c'est moi qui l'ai ordonné, et que je n'ai pas, sur cette matière, les lumières de nos amis, vous n'avez pas ici un repas fort savant, et vous y trouverez des incongruités de bonne chère et des barbarismes de bon goût. Si Damis s'en étoit mêlé, tout seroit dans les règles; il y auroit partout de l'élégance et de l'érudition : et il ne manqueroit pas de vous exagérer lui-même toutes les pièces du repas qu'il vous donneroit, et de vous faire tomber d'accord de sa haute capacité dans la science des bons morceaux; de vous parler d'un pain de rive à biseau doré, relevé de croûte partout, croquant tendrement sous la dent; d'un vin à sève veloutée, armé d'un vert qui n'est point trop commandant; d'un carré de mouton gourmandé de persil; d'une longe de veau de rivière, longue comme cela, blanche, délicate, et qui, sous les dents, est une vraie pâte d'amande; de perdrix relevées d'un fumet surprenant; et pour son opéra, d'une soupe à bouillon perlé, soutenue d'un jeune gros dindon, cantonnée de pigeonneaux, et couronnée d'oignons blancs mariés avec de la chicorée. Mais, pour moi! je vous avoue mon ignorance; et, comme M. Jourdain a fort bien dit, je voudrois que le repas fût plus digne de vous être offert.

DORIMÈNE.

Je ne réponds à ce compliment qu'en mangeant comme je fais.

M. JOURDAIN.

Ah! que voilà de belles mains!

DORIMÈNE.

Les mains sont médiocres, M. Jourdain ; mais vous voulez parler du diamant, qui est fort beau.

M. JOURDAIN.

Moi, madame, Dieu me garde d'en vouloir

ACTE IV, SCÈNE I.

parler ! Ce ne seroit pas agir en galant homme ; et le diamant est fort peu de chose.

DORIMÈNE.

Vous êtes bien dégoûté.

M. JOURDAIN.

Vous avez trop de bonté...

DORANTE, *après avoir fait signe à M. Jourdain.*

Allons, qu'on donne du vin à monsieur Jourdain, et à ces messieurs, qui nous feront la grâce de nous chanter un air à boire.

DORIMÈNE.

C'est merveilleusement assaisonner la bonne chère, que d'y mêler la musique, et je me vois ici admirablement régalée.

M. JOURDAIN.

Madame, ce n'est pas...

DORANTE.

Monsieur Jourdain, prêtons silence à ces messieurs ; ce qu'ils nous diront vaudra mieux que tout ce que nous pourrions dire.

PREMIER ET SECOND MUSICIENS ensemble, *un verre à la main.*

Un petit doigt, Philis, pour commencer le tour.
Ah ! qu'un verre en vos mains a d'agréables charmes !
   Vous et le vin, vous vous prêtez des armes,
Et je sens pour tous deux redoubler mon amour.
Entre lui, vous et moi, jurons, jurons, ma belle,
   Une ardeur éternelle.
Qu'en mouillant votre bouche il en reçoit d'attraits,
Et que l'on voit par lui votre bouche embellie !
   Ah ! l'un de l'autre ils me donnent envie ;
Et de vous et de lui je m'enivre à longs traits.
Entre lui, vous et moi, jurons, jurons, ma belle,
   Une ardeur éternelle.

SECOND ET TROISIÈME MUSICIENS ensemble.

 Buvons, chers amis, buvons :
 Le temps qui fuit nous y convie.
  Profitons de la vie
  Autant que nous pouvons.
 Quand on a passé l'onde noire,
 Adieu le bon vin, nos amours.
  Dépêchons-nous de boire ;
  On ne boit pas toujours.
 Laissons raisonner les sots
 Sur le vrai bonheur de la vie ;
  Notre philosophie
  Le met parmi les pots.
 Les biens, le savoir et la gloire
 N'ôtent point les soucis fâcheux ;
  Et ce n'est qu'à bien boire
  Que l'on peut être heureux.

TOUS TROIS ENSEMBLE.

Sus, sus, du vin partout, versez, garçon, versez ;
Versez, versez toujours, tant qu'on vous dise assez.

DORIMÈNE.

Je ne crois pas qu'on puisse mieux chanter ; et cela est tout-à-fait beau.

M. JOURDAIN.

Je vois encore ici, madame, quelque chose de plus beau.

DORIMÈNE.

Ouais, monsieur Jourdain est galant plus que je ne pensois.

DORANTE.

Comment ! madame, pour qui prenez-vous monsieur Jourdain.

M. JOURDAIN.

Je voudrois bien qu'elle me prît pour ce que je dirois.

ACTE IV, SCÈNE I.

DORIMÈNE.

Encore !

DORANTE, à Dorimène.

Vous ne le connoissez pas.

M. JOURDAIN.

Elle me connoîtra quand il lui plaira.

DORIMÈNE.

Oh ! je le quitte.

DORANTE.

Il est homme qui a toujours la riposte en main. Mais vous ne voyez pas que monsieur Jourdain, madame, mange tous les morceaux que vous avez touchés.

DORIMÈNE.

Monsieur Jourdain est un homme qui me ravit.

M. JOURDAIN.

Si je pouvois ravir votre cœur, je serois...

SCÈNE II.

MADAME JOURDAIN, M. JOURDAIN, DORIMÈNE, DORANTE, MUSICIENS, LAQUAIS.

MADAME JOURDAIN.

Ah ! ah ! je trouve ici bonne compagnie, et je vois bien qu'on ne m'y attendoit pas. C'est donc pour cette belle affaire-ci, monsieur mon mari, que vous avez eu tant d'empressement à m'envoyer dîner chez ma sœur ! Je viens de voir un théâtre là-bas, et je vois ici un banquet à faire noces. Voilà comme vous dépensez votre bien !

c'est ainsi que vous festinez les dames en mon absence, et que vous leur donnez la musique et la comédie, tandis que vous m'envoyez promener !

DORANTE.

Que voulez-vous dire, madame Jourdain ? et quelles fantaisies sont les vôtres, de vous aller mettre en tête que votre mari dépense son bien, et que c'est lui qui donne ce régal à madame ? Apprenez que c'est moi, je vous prie ; qu'il ne fait seulement que me prêter sa maison ; et que vous devriez un peu mieux regarder aux choses que vous dites.

M. JOURDAIN.

Oui, impertinente, c'est monsieur le comte qui donne tout ceci à madame, qui est une personne de qualité. Il me fait l'honneur de prendre ma maison, et de vouloir que je sois avec lui.

MADAME JOURDAIN.

Ce sont des chansons que cela, je sais ce que je sais.

DORANTE.

Prenez, madame Jourdain, prenez de meilleures lunettes.

MADAME JOURDAIN.

Je n'ai que faire de lunettes, monsieur, et je vois assez clair ; il y a long-temps que je sens les choses, et je ne suis pas une bête. Cela est fort vilain à vous, pour un grand seigneur, de prêter la main, comme vous faites, aux sottises

ACTE IV, SCÈNE II.

de mon mari. Et vous, madame, pour une grande dame, cela n'est ni beau ni honnête à vous de mettre la dissension dans un ménage, et de souffrir que mon mari soit amoureux de vous.

DORIMÈNE.

Que veut donc dire tout ceci ? Allez, Dorante, vous vous moquez de m'exposer aux sottes visions de cette extravagante.

DORANTE, suivant Dorimène qui sort.

Madame, holà ! madame, où courez-vous ?

M. JOURDAIN.

Madame... Monsieur le comte, faites-lui mes excuses, et tâchez de la ramener.

SCÈNE III.

MADAME JOURDAIN, M. JOURDAIN, LAQUAIS.

M. JOURDAIN.

Ah ! impertinente que vous êtes, voilà de vos beaux faits, vous me venez faire des affronts devant tout le monde ; et vous chassez de chez moi des personnes de qualité.

MADAME JOURDAIN.

Je me moque de leur qualité.

M. JOURDAIN.

Je ne sais qui me tient, maudite, que je ne vous fende la tête avec les pièces du repas que vous êtes venue troubler.

(Les laquais emportent la table.)

MADAME JOURDAIN, sortant.

Je me moque de cela : ces sont mes droits que je défends ; et j'aurai pour moi toutes les femmes.

M. JOURDAIN.

Vous faites bien d'éviter ma colère.

SCÈNE IV.

M. JOURDAIN.

Elle est arrivée là bien malheureusement ! j'étois en humeur de dire de jolies choses, et jamais je ne m'étois senti tant d'esprit... Qu'est-ce que c'est que cela ?

SCÈNE V.

M. JOURDAIN ; COVIELLE, DÉGUISÉ.

COVIELLE.

Monsieur, je ne sais pas si j'ai l'honneur d'être connu de vous.

M. JOURDAIN.

Non, monsieur.

COVIELLE, étendant la main à un pied de terre.

Je vous ai vu que vous n'étiez pas plus grand que cela.

M. JOURDAIN.

Moi ?

COVIELLE.

Oui. Vous étiez le plus bel enfant du monde et toutes les dames vous prenoient dans leurs bras pour vous baiser ?

ACTE IV, SCÈNE V.

M. JOURDAIN.

Pour me baiser ?

COVIELLE.

Oui. J'étois grand ami de feu monsieur votre père.

M. JOURDAIN.

De feu monsieur mon père ?

COVIELLE.

Oui. C'étoit un fort honnête gentilhomme.

M. JOURDAIN.

Comment dites-vous ?

COVIELLE.

Je dis que c'étoit un fort honnête gentilhomme.

M. JOURDAIN.

Mon père ?

COVIELLE.

Oui.

M. JOURDAIN.

Vous l'avez fort connu ?

COVIELLE.

Assurément.

M. JOURDAIN.

Et vous l'avez connu pour gentilhomme ?

COVIELLE.

Sans doute.

M. JOURDAIN.

Je ne sais donc pas comment le monde est fait.

COVIELLE.

Comment ?

M. JOURDAIN.

Il y a de sottes gens qui me veulent dire qu'il a été marchand.

COVIELLE.

Lui, marchand ? c'est pure médisance, il ne l'a jamais été. Tout ce qu'il faisoit, c'est qu'il étoit fort obligeant, fort officieux ; et comme il se connoissoit fort bien en étoffes, il en alloit choisir de tous les côtés, les faisoit apporter chez lui, et en donnoit à ses amis pour de l'argent.

M. JOURDAIN.

Je suis ravi de vous connoître, afin que vous me rendiez ce témoignage-là, que mon père étoit gentilhomme.

COVIELLE.

Je le soutiendrai devant tout le monde.

M. JOURDAIN.

Vous m'obligerez. Quel sujet vous amène ?

COVIELLE.

Depuis avoir connu feu monsieur votre père, honnête gentilhomme, comme je vous ai dit, j'ai voyagé par tout le monde.

M. JOURDAIN.

Par tout le monde ?

COVIELLE.

Oui.

M. JOURDAIN.

Je pense qu'il y a bien loin en ce pays-là.

COVIELLE.

Assurément. Je ne suis revenu de tous mes

longs voyages que depuis quatre jours ; et, par l'intérêt que je prends à tout ce qui vous touche, je viens vous annoncer la meilleure nouvelle du monde.

M. JOURDAIN.

Quelle ?

COVIELLE.

Vous savez que le fils du grand Turc est ici ?

M. JOURDAIN.

Moi ? non.

COVIELLE.

Comment ! il a un train tout-à-fait magnifique ; tout le monde le va voir, et il a été reçu en ce pays comme un seigneur d'importance.

M. JOURDAIN.

Par ma foi, je ne savois pas cela.

COVIELLE.

Ce qu'il y a d'avantageux pour vous, c'est qu'il est amoureux de votre fille.

M. JOURDAIN.

Le fils du grand Turc ?

COVIELLE.

Oui ; et il veut être votre gendre.

M. JOURDAIN.

Mon gendre, le fils du grand Turc ?

COVIELLE.

Le fils du grand Turc votre gendre. Comme je le fus voir, et que j'entends parfaitement sa langue, il s'entretint avec moi ; et, après quelques autres discours, il me dit : *Acciam croc soler onch alla moustaphgidélum amanahem varahini oussere carbulath;* c'est-à-dire : N'as-tu point vu une jeune belle personne, qui est la fille de monsieur Jourdain, gentilhomme parisien?

M. JOURDAIN.

Le fils du grand Turc dit cela de moi?

COVIELLE.

Oui. Comme je lui eus répondu que je vous connoissois particulièrement, et que j'avois vu votre fille : *Ah!* me dit-il, *marababa sahem!* c'est-à-dire : Ah! que je suis amoureux d'elle!

M. JOURDAIN.

Marababa sahem veut dire. Ah! que je suis amoureux d'elle?

COVIELLE.

Oui.

M. JOURDAIN.

Par ma foi, vous faites bien de me le dire, car, pour moi, je n'aurois jamais cru que *marababa sahem* eût voulu dire : Ah! que je suis amoureux d'elle! Voilà une langue admirable que ce turc!

COVIELLE.

Plus admirable qu'on ne peut croire. Savez-vous bien ce que veut dire *cacaracamouchen?*

M. JOURDAIN.

Cacaracamouchen? non.

COVIELLE.

C'est-à-dire, ma chère âme.

M. JOURDAIN.

Cacaracamouchen veut dire. Ma chère âme?

ACTE IV, SCÈNE V.

COVIELLE.

Oui.

M. JOURDAIN.

Voilà qui est merveilleux ? *Cacaracamouchen*, ma chère âme ! Diroit-on jamais cela ! Voilà qui me confond.

COVIELLE.

Enfin, pour achever mon ambassade, il vient vous demander votre fille en mariage; et, pour avoir un beau-père qui soit digne de lui, il veut vous faire *mamamouchi*, qui est une certaine grande dignité de son pays.

M. JOURDAIN.

Mamamouchi ?

COVIELLE.

Oui, *mamamouchi*, c'est-à-dire, en notre langue, paladin. Paladin, ce sont de ces anciens... Paladin enfin. Il n'y a rien de plus noble que cela dans le monde ; et vous irez de pair avec les plus grands seigneurs de la terre.

M. JOURDAIN.

Le fils du grand Turc m'honore beaucoup ; et je vous prie de me mener chez lui pour lui en faire mes remercîments.

COVIELLE.

Comment ! le voilà qui va venir ici.

M. JOURDAIN.

Il va venir ici ?

COVIELLE.

Oui, et il amène toutes choses pour la cérémonie de votre dignité.

M. JOURDAIN.

Voilà qui est bien prompt.

COVIELLE.

Son amour ne peut souffrir aucun retardement.

M. JOURDAIN.

Tout ce qui m'embarrasse ici, c'est que ma fille est une opiniâtre, qui s'est allée mettre dans la tête un certain Cléonte; et elle jure de n'épouser personne que celui-là.

COVIELLE.

Elle changera de sentiment, quand elle verra le fils du grand Turc; et puis il se rencontre ici une aventure merveilleuse, c'est que le fils du grand Turc ressemble à ce Cléonte, à peu de chose près. Je viens de le voir, on me l'a montré; et l'amour qu'elle a pour l'un pourra passer aisément à l'autre, et... Je l'entends venir; le voilà.

SCÈNE VI.

CLÉONTE, EN TURC; TROIS PAGES, PORTANT LA VESTE DE CLÉONTE; M. JOURDAIN, COVIELLE.

CLÉONTE.

Ambousahim oqui boraf, Giourdina, salamaléqui.

COVIELLE, à M. Jourdain.

C'est-à-dire : Monsieur Jourdain, votre cœur soit toute l'année comme un rosier fleuri! Ce sont façons de parler obligeantes de ce pays-là.

M. JOURDAIN.

Je suis très-humble serviteur de son altesse turque.

ACTE IV, SCÈNE VI.

COVIELLE.

Carigar camboto oustin moraf.

CLÉONTE.

Oustin yoc catamaléqui basum base alla moram!

COVIELLE.

Il dit : Que le ciel vous donne la force des lions et la prudence des serpents.

M. JOURDAIN.

Son altesse turque m'honore trop ; et je lui souhaite toutes sortes de prospérités.

COVIELLE.

Ossa binamen sadoc baballi oracaf ourama

CLÉONTE.

Bel-men.

COVIELLE.

Il dit que vous alliez vite avec lui vous préparer pour la cérémonie, afin de voir ensuite votre fille, et de conclure le mariage.

M. JOURDAIN.

Tant de choses en deux mots ?

COVIELLE.

Oui. La langue turque est comme cela, elle dit beaucoup en peu de paroles. Allez vite où il souhaite.

SCÈNE VII.

COVIELLE.

Ah! ah! ah! ma foi, cela est tout-à-fait drôle. Quelle dupe ! Quand il auroit appris son rôle par cœur, il ne pourroit pas le mieux jouer. Ah! ah!

SCÈNE VIII.

DORANTE, COVIELLE.

COVIELLE.

Je vous prie, monsieur, de nous vouloir aider céans dans une affaire qui s'y passe.

DORANTE.

Ah! ah! Covielle, qui t'auroit reconnu? Comme te voilà ajusté!

COVIELLE.

Vous voyez. Ah! ah! ah!

DORANTE.

De quoi ris-tu?

COVIELLE.

D'une chose, monsieur, qui le mérite bien.

DORANTE.

Comment?

COVIELLE.

Je vous le donnerois en bien des fois, monsieur, à deviner le stratagème dont nous nous servons auprès de M. Jourdain, pour porter son esprit à donner sa fille à mon maître.

DORANTE.

Je ne devine point le stratagème; mais je devine qu'il ne manquera pas de faire son effet, puisque tu l'entreprends.

COVIELLE.

Je sais, monsieur, que la bête vous est connue.

DORANTE.

Apprends-moi ce que c'est.

COVIELLE.

Prenez la peine de vous tirer un peu plus loin, pour faire place à ce que j'aperçois venir. Vous pourrez voir une partie de l'histoire, tandis que je vous conterai le reste.

SCÈNE IX.

CÉRÉMONIE TURQUE.

LE MUFTI; DERVIS, TURCS ASSISTANTS DU MUFTI, CHANTANTS ET DANSANTS.

PREMIÈRE ENTRÉE DE BALLET.

(Six Turcs entrent gravement, deux à deux, au son des instruments. Ils portent trois tapis, qu'ils lèvent fort haut, après en avoir fait, en dansant, plusieurs figures. Les Turcs chantants passent par-dessous ces tapis pour s'aller ranger aux deux côtés du théâtre. Le mufti, accompagné des dervis, ferme cette marche.)

(Alors les Turcs étendent les tapis par terre, et se mettent dessus à genoux. Le mufti et les dervis restent debout au milieu d'eux; et pendant que le mufti invoque Mahomet en faisant beaucoup de contorsions et de grimaces sans proférer une seule parole, les Turcs assistants se prosternent jusqu'à terre, en chantant *alli*, lèvent les bras au ciel en chantant *alla*, ce qu'ils continuent jusqu'à la fin de l'invocation, après laquelle ils se lèvent tous en chantant *alla ekber*; et deux dervis vont chercher M. Jourdain.)

SCÈNE X.

LE MUFTI; DERVIS, TURCS CHANTANTS ET DANSANTS; **M. JOURDAIN**, VÊTU A LA TURQUE, LA TÊTE RASÉE, SANS TURBAN ET SANS SABRE.

LE MUFTI, à M. Jourdain.

Si ti sabir,
Ti respondir;
Se non sabir,
Tazir, tazir.

Mi star mufti ;
Ti qui star ti ?
Noir intendir ;
Tazir, tazir.
(Deux dervis font retirer M. Jourdain.)

SCÈNE XI.

LE MUFTI ; DERVIS, TURCS, CHANTANTS ET DANSANTS.

LE MUFTI.

Dice, Turque, qui star quista,
Anabatista ? Anabatista ?

LES TURCS.

Ioc.

LE MUFTI.

Zuinglista ?

LES TURCS.

Ioc.

LE MUFTI.

Coffita ?

LES TURCS.

Ioc.

LE MUFTI.

Hussita ? Moristu ? Fronista ?

LES TURCS.

Ioc, ioc, ioc.

LE MUFTI.

Ioc, ioc, ioc. Star pagana ?

LES TURCS.

Ioc.

LE MUFTI.

Luterana ?

LES TURCS.

Ioc.

LE MUFTI.

Puritana ?

LES TURCS.

Ioc.

ACTE IV, SCÈNE XI.

LE MUFTI.

Bramina ? Moffina ? Zurina ?

LES TURCS.

Ioc, ioc, ioc.

LE MUFTI.

Ioc, ioc, ioc. Mahamétana ? mahamétana ?

LES TURCS.

Hi valla, hi valla.

LE MUFTI.

Como chamara ? como chamara ?

LES TURCS.

Giourdina, Giourdina.

LE MUFTI, *soutant*.

Giourdina, Giourdina.

LES TURCS.

Giourdina, Giourdina.

LE MUFTI.

Mahaméta, per Giourdina,
Mi prégar, séra é matina,
Voler far un paladina
De Giourdina, de Giourdina;
Dar turbanta é dar scarrina,
Con galéra é brigantina,
Per deffender Palestina.
Mahaméta, per Giourdina,
Mi prégar, séra é matina.

(Aux Turcs.)

Star bon Turca Giourdina.

LES TURCS.

Hi valla, hi valla.

LE MUFTI, *chantant et dansant*.

Ha la ba, ba la chou, ba la ba, ba la da.

LES TURCS.

Ha la ba, ba la chou, ba la ba, ba la da.

SCÈNE XII.

TURCS CHANTANTS ET DANSANTS.
DEUXIÈME ENTRÉE DE BALLET.

SCÈNE XIII.

LE MUFTI, DERVIS, M. JOURDAIN;
TURCS CHANTANTS ET DANSANTS.

(Le mufti revient coiffé avec son turban de cérémonie, qui est d'une grosseur démesurée, et garni de bougies allumées à quatre ou cinq rangs; il est accompagné de deux dervis qui portent l'alcoran, et qui ont des bonnets pointus, garnis aussi de bougies allumées.)

(Les deux autres dervis amènent M. Jourdain, et le font mettre à genoux les mains par terre, de façon que son dos, sur lequel est mis l'alcoran, sert de pupitre au mufti, qui fait une seconde invocation burlesque, fronçant le sourcil, frappant de temps en temps sur l'alcoran, et tournant les feuillets avec précipitation; après quoi, en levant les bras au ciel, le mufti crie à haute voix, hou.)

(Pendant cette seconde invocation, les Turcs assistants, s'inclinant et se relevant alternativement, chantent aussi, hou, hou, hou.)

M. JOURDAIN, après qu'on lui a ôté l'alcoran de dessus le dos.
Ouf.

LE MUFTI, à M. Jourdain.
Ti non star furba?

LES TURCS.
No, no, no.

LE MUFTI.
Non star forfanta?

LES TURCS.
No, no, no.

LE MUFTI, aux Turcs.
Dona turbanta.

LES TURCS.
Ti non star furba?
No, no, no.
Non star forfanta?
No, no, no.
Donar turbanta.

ACTE IV, SCÈNE XIII.

TROISIÈME ENTRÉE DE BALLET.

(Les Turcs dansants mettent le turban sur la tête de M. Jourdain au son des instruments.)

LE MUFTI, donnant le sabre à M. Jourdain.

Ti star nobile, non star fabbola.
Pigliar sciabbola.

LES TURCS, mettant le sabre à la main.

Ti star nobile, non star fabbola.
Pigliar sciabbola.

QUATRIÈME ENTRÉE DE BALLET.

(Les Turcs dansants donnent, en cadence, plusieurs coups de sabre à M. Jourdain.)

LE MUFTI.

Dara, dara
Bastonara.

LES TURCS.

Dara, dara
Bastonara.

CINQUIÈME ENTRÉE DE BALLET.

(Les Turcs dansants donnent à M. Jourdain des coups de bâton en cadence.)

LE MUFTI.

Non tener honta,
Questa star l'ultima affronta.

LES TURCS.

Non tener honta,
Questa star l'ultima affronta.

(Le mufti commence une troisième invocation. Les dervis le soutiennent par-dessous les bras avec respect; après quoi les Turcs chantants et dansants, sautant autour du mufti, se retirent avec lui, et emmènent M. Jourdain.)

FIN DU QUATRIÈME ACTE.

ACTE CINQUIÈME.

SCÈNE I.

MADAME JOURDAIN, M. JOURDAIN.

MADAME JOURDAIN.

Ah! mon Dieu! miséricorde! qu'est-ce que c'est donc que cela? quelle figure! Est-ce un momon (*) que vous allez porter? Est-il temps d'aller en masque? Parlez donc, et qu'est-ce que c'est que ceci? Qui vous a fagoté comme cela?

M. JOURDAIN.

Voyez l'impertinente, de parler de la sorte à un *mamamouchi!*

MADAME JOURDAIN.

Comment donc?

M. JOURDAIN.

Oui, il me faut porter du respect maintenant, et l'on vient de me faire *mamamouchi.*

MADAME JOURDAIN.

Que voulez-vous dire avec votre *mamamouchi?*

M. JOURDAIN.

Mamamouchi, vous dis-je. Je suis *mamamouchi.*

(*) *Momon,* pour *momerie, mascarade.*

ACTE V, SCÈNE I.

MADAME JOURDAIN.

Quelle bête est-ce là ?

M. JOURDAIN.

Mamamouchi, c'est-à-dire, en notre langue, paladin.

MADAME JOURDAIN.

Baladin ? Êtes-vous en âge de danser dans des ballets ?

M. JOURDAIN.

Quelle ignorante ! je dis paladin ; c'est une dignité dont on vient de me faire la cérémonie.

MADAME JOURDAIN.

Quelle cérémonie donc ?

M. JOURDAIN.

Mahaméta per Giourdina.

MADAME JOURDAIN.

Qu'est-ce que cela veut dire.

M. JOURDAIN.

Giourdina, c'est-à-dire Jourdain.

MADAME JOURDAIN.

Hé bien, quoi, Jourdain ?

M. JOURDAIN.

Voler far un paladina dé Giourdina.

MADAME JOURDAIN.

Comment ?

M. JOURDAIN.

Dar turbanta con galéra.

MADAME JOURDAIN.

Qu'est-ce à dire cela ?

M. JOURDAIN.

Per deffender Palestina.

MADAME JOURDAIN.

Que voulez-vous donc dire ?

M. JOURDAIN.

Dara, dara bastonara.

MADAME JOURDAIN.

Qu'est-ce donc que ce jargon-là ?

M. JOURDAIN.

Non tener honta, questa star l'ultima affronta.

MADAME JOURDAIN.

Qu'est-ce donc que tout cela ?

M. JOURDAIN, *chantant et dansant.*

Hou la ba, ba la chou, ba la ba, ba la da.
(Il tombe par terre.)

MADAME JOURDAIN.

Hélas ! mon Dieu ! mon mari est devenu fou.

M. JOURDAIN, *se relevant et s'en allant.*

Paix, insolente ! Portez respect à monsieur le *mamamouchi*.

MADAME JOURDAIN, *seule.*

Où est-ce donc qu'il a perdu l'esprit ? Courons l'empêcher de sortir. (Apercevant Dorimène et Dorante.) Ah ! ah ! voici justement le reste de notre écu. Je ne vois que chagrins de tous côtés.

SCÈNE II.

DORANTE, DORIMÈNE.

DORANTE.

Oui, madame, vous verrez la plus plaisante

chose qu'on puisse voir; et je ne crois pas que dans tout le monde il soit possible de trouver encore un homme aussi fou que celui-là. Et puis, madame, il faut tâcher de servir l'amour de Cléonte, et d'appuyer toute sa mascarade. C'est un fort galant homme, et qui mérite que l'on s'intéresse pour lui.

DORIMÈNE.

J'en fais beaucoup de cas, et il est digne d'une bonne fortune.

DORANTE.

Outre cela, nous avons ici, madame, un ballet qui nous revient, que nous ne devons pas laisser perdre; et il faut bien voir si mon idée pourra réussir.

DORIMÈNE.

J'ai vu là des apprêts magnifiques; et ce sont des choses, Dorante, que je ne puis plus souffrir. Oui, je veux enfin vous empêcher vos profusions; et, pour rompre le cours à toutes les dépenses que je vous vois faire pour moi, j'ai résolu de me marier promptement avec vous. C'en est le vrai secret; et toutes ces choses finissent avec le mariage.

DORANTE.

Ah! madame, est-il possible que vous ayez pu prendre pour moi une si douce résolution!

DORIMÈNE.

Ce n'est que pour vous empêcher de vous ruiner; et, sans cela, je vois bien qu'avant qu'il fût peu vous n'auriez pas un sou.

DORANTE.

Que j'ai d'obligation, madame, aux soins que vous avez de conserver mon bien ! Il est entièrement à vous, aussi-bien que mon cœur ; et vous en userez de la façon qu'il vous plaira.

ORIMÈNE.

J'userai bien de tous les deux. Mais voici votre homme ; la figure en est admirable.

SCÈNE III.

M. JOURDAIN, DORIMÈNE, DORANTE.

DORANTE.

Monsieur, nous venons rendre hommage, madame et moi, à votre nouvelle dignité, et nous réjouir avec vous du mariage que vous faites de votre fille avec le fils du grand Turc.

M. JOURDAIN, *après avoir fait les révérences à la turque.*

Monsieur, je vous souhaite la force des serpents et la prudence des lions.

DORIMÈNE.

J'ai été bien aise d'être des premières, monsieur, à venir vous féliciter du haut degré de gloire où vous êtes monté.

M. JOURDAIN.

Madame, je vous souhaite toute l'année votre rosier fleuri. Je vous suis infiniment obligé de prendre part aux honneurs qui m'arrivent ; et j'ai beaucoup de joie de vous voir revenue ici,

ACTE V, SCÈNE III.

pour vous faire les très-humbles excuses de l'extravagance de ma femme.

DORIMÈNE.

Cela n'est rien, j'excuse en elle un pareil mouvement : votre cœur lui doit être précieux, et il n'est pas étrange que la possession d'un homme comme vous puisse inspirer quelques alarmes.

M. JOURDAIN.

La possession de mon cœur est une chose qui vous est tout acquise.

DORANTE.

Vous voyez, madame, que monsieur Jourdain n'est pas de ces gens que les prospérités aveuglent, et qu'il sait, dans sa grandeur, connoître encore ses amis.

DORIMÈNE.

C'est la marque d'une âme tout-à-fait généreuse.

DORANTE.

Où est donc son altesse turque? Nous voudrions bien, comme vos amis, lui rendre nos devoirs.

M. JOURDAIN.

Le voilà qui vient ; et j'ai envoyé quérir ma fille pour lui donner la main.

SCÈNE IV.

M. JOURDAIN, DORIMÈNE, DORANTE ; CLÉONTE, HABILLÉ EN TURC.

DORANTE, à Cléonte.

Monsieur, nous venons faire la révérence à

votre altesse comme amis de monsieur votre beau-père, et l'assurer, avec respect, de nos très-humbles services.

M. JOURDAIN.

Où est le truchement, pour lui dire qui vous êtes, et lui faire entendre ce que vous dites? Vous verrez qu'il vous répondra, et il parle turc à merveille. Holà! où diantre est-il allé? (A Cléonte.) *Strouf, strif, strof, straf*: monsieur est un *grande ségnore*, *grande ségnore*, *grande ségnore*; et madame, une *granda dama*, *granda dama*. (Voyant qu'il ne se fait point entendre.) Ah! (A Cléonte, montrant Dorante.) Monsieur, lui *mamamouchi* français; et madame, *mamamouchi* française. Je ne puis pas parler plus clairement. Bon, voici l'interprète.

SCÈNE V.

M. JOURDAIN, DORIMÈNE, DORANTE; CLÉONTE, HABILLÉ EN TURC; COVIELLE, DÉGUISÉ.

M. JOURDAIN.

Où allez-vous donc? nous ne saurions rien dire sans vous. (Montrant Cléonte.) Dites-lui un peu que monsieur et madame sont des personnes de grande qualité, qui lui viennent faire la révérence, comme mes amis, et l'assurer de leurs services. (A Dorimène et à Dorante.) Vous allez voir comme il va répondre.

COVIELLE.
Alabala crociam acci boram alabamen.

ACTE V, SCÈNE V.

CLÉONTE.

Cataléqui tubal ourin soter amalouchan!

M. JOURDAIN, à Dorimène et à Dorante.

Voyez-vous?

COVIELLE.

Il dit : Que la pluie des prospérités arrose en tout temps le jardin de votre famille.

M. JOURDAIN.

Je vous l'avois bien dit qu'il parle turc.

DORANTE.

Cela est admirable.

SCÈNE VI.

LUCILE, CLÉONTE, M. JOURDAIN, DORIMÈNE, DORANTE, COVIELLE.

M. JOURDAIN.

Venez, ma fille, approchez-vous, et venez donner la main à monsieur, qui vous fait l'honneur de vous demander en mariage.

LUCILE.

Comment, mon père, comme vous voilà fait? Est-ce une comédie que vous jouez?

M. JOURDAIN.

Non, non, ce n'est pas une comédie, c'est une affaire fort sérieuse, et la plus pleine d'honneur pour vous qui se peut souhaiter. (Montrant Cléonte.) Voilà le mari que je vous donne.

LUCILE.

A moi, mon père?

LE BOURGEOIS GENTILHOMME.

M. JOURDAIN.

Oui, à vous, Allons, touchez-lui dans la main, et rendez grâce au ciel de votre bonheur.

LUCILE.

Je ne veux point me marier.

M. JOURDAIN.

Je le veux, moi, qui suis votre père.

LUCILE.

Je n'en ferai rien.

M. JOURDAIN.

Ah! que de bruit! Allons, vous dis-je; çà, votre main.

LUCILE.

Non, mon père, je vous l'ai dit, il n'est point de pouvoir qui me puisse obliger à prendre un autre mari que Cléonte; et je me résoudrai plutôt à toutes les extrémités, que de... (Reconnoissant Cléonte.) Il est vrai que vous êtes mon père, je vous dois entière obéissance; et c'est à vous à disposer de moi selon vos volontés.

M. JOURDAIN.

Ah! je suis ravi de vous voir si promptement revenue dans votre devoir; et voilà qui me plaît, d'avoir une fille obéissante.

SCÈNE VII.

MADAME JOURDAIN, CLÉONTE, M. JOURDAIN, LUCILE, DORANTE, DORIMÈNE, COVIELLE.

MADAME JOURDAIN.

Comment donc! qu'est-ce que c'est que ceci?

ACTE V, SCÈNE VII.

On dit que vous voulez donner votre fille en mariage à un carême-prenant.

M. JOURDAIN.

Voulez-vous vous taire, impertinente ? Vous venez toujours mêler vos extravagances à toutes choses, et il n'y a pas moyen de vous apprendre à être raisonnable.

MADAME JOURDAIN.

C'est vous qu'il n'y a pas moyen de rendre sage ; et vous allez de folie en folie. Quel est votre dessein ? et que voulez-vous faire avec cet assemblage.

M. JOURDAIN.

Je veux marier notre fille avec le fils du grand Turc.

MADAME JOURDAIN.

Avec le fils du grand Turc ?

M. JOURDAIN.

Oui. (Montrant Covielle.) Faites-lui faire vos compliments par le truchement que voilà.

MADAME JOURDAIN.

Je n'ai que faire du truchement ; et je lui dirai bien moi-même, à son nez, qu'il n'aura point ma fille.

M. JOURDAIN.

Voulez-vous vous taire, encore une fois ?

DORANTE.

Comment ! madame Jourdain, vous vous opposez à un bonheur comme celui-là ? Vous refusez son altesse turque pour gendre ?

MADAME JOURDAIN.

Mon Dieu, monsieur, mêlez-vous de vos affaires.

DORIMÈNE.

C'est une grande gloire qui n'est pas à rejeter.

MADAME JOURDAIN.

Madame, je vous prie aussi de ne vous point embarrasser de ce qui ne vous touche pas.

DORANTE.

C'est l'amitié que nous avons pour vous qui nous fait intéresser dans vos avantages.

MADAME JOURDAIN.

Je me passerai bien de votre amitié.

DORANTE.

Voilà votre fille qui consent aux volontés de son père.

MADAME JOURDAIN.

Ma fille consent à épouser un Turc?

DORANTE.

Sans doute.

MADAME JOURDAIN.

Elle peut oublier Cléonte?

DORANTE.

Que ne fait-on pas pour être grande dame?

MADAME JOURDAIN.

Je l'étranglerois de mes mains, si elle avoit fait un coup comme celui-là.

M. JOURDAIN.

Voilà bien du caquet. Je vous dis que ce mariage-là se fera.

MADAME JOURDAIN.

Je vous dis, moi, qu'il ne se fera point,

ACTE V, SCÈNE VII.

M. JOURDAIN.

Ah ! que de bruit !

LUCILE.

Ma mère...

MADAME JOURDAIN.

Allez, vous êtes une coquine.

M. JOURDAIN, à madame Jourdain.

Quoi ! vous la querellez de ce qu'elle m'obéit ?

MADAME JOURDAIN.

Oui. Elle est à moi aussi-bien qu'à vous.

COVIELLE, à madame Jourdain.

Madame...

MADAME JOURDAIN.

Que me voulez-vous conter, vous ?

COVIELLE.

Un mot.

MADAME JOURDAIN.

Je n'ai que faire de votre mot.

COVIELLE, à M. Jourdain.

Monsieur, si elle veut écouter une parole en particulier, je vous promets de la faire consentir à ce que vous voulez.

MADAME JOURDAIN.

Je n'y consentirai point.

COVIELLE.

Écoutez-moi, seulement.

MADAME JOURDAIN.

Non.

M. JOURDAIN, à madame Jourdain.

Écoutez-le.

MADAME JOURDAIN.

Non, je ne veux pas l'écouter.

M. JOURDAIN.

Il vous dira...

MADAME JOURDAIN.

Je ne veux point qu'il me dise rien.

M. JOURDAIN.

Voilà une grande obstination de femme ! Cela vous feroit-il mal de l'entendre ?

COVIELLE.

Ne faites que m'écouter, vous ferez après ce qu'il vous plaira.

MADAME JOURDAIN.

Hé bien, quoi ?

COVIELLE, bas, à madame Jourdain.

Il y a une heure, madame, que nous vous faisons signe. Ne voyez-vous pas bien que tout ceci n'est fait que pour nous ajuster aux visions de votre mari, que nous l'abusons sous ce déguisement, et que c'est Cléonte lui-même qui est le fils du grand Turc ?

MADAME JOURDAIN, bas, à Covielle.

Ah ! ah !

COVIELLE, bas, à madame Jourdain.

Et moi, Covielle, qui suis le truchement ?

MADAME JOURDAIN, bas, à Covielle.

Ah ! comme cela, je me rends.

COVIELLE, bas, à madame Jourdain.

Ne faites pas semblant de rien.

ACTE V, SCÈNE VII.

MADAME JOURDAIN, haut.

Oui, voilà qui est fait; je consens au mariage.

M. JOURDAIN.

Ah! voilà tout le monde raisonnable. (A madame Jourdain.) Vous ne vouliez pas l'écouter. Je savois bien qu'il vous expliqueroit ce que c'est que le fils du grand Turc.

MADAME JOURDAIN.

Il me l'a expliqué comme il faut; et j'en suis satisfaite. Envoyons quérir un notaire.

DORANTE.

C'est fort bien dit. Et afin, madame Jourdain, que vous puissiez avoir l'esprit tout-à-fait content, et que vous perdiez aujourd'hui toute la jalousie que vous pourriez avoir conçue de monsieur votre mari, c'est que nous nous servirons du même notaire pour nous marier, madame et moi.

MADAME JOURDAIN.

Je consens aussi à cela.

M. JOURDAIN, bas, à Dorante.

C'est pour lui faire accroire.

DORANTE, bas, à M. Jourdain.

Il faut bien l'amuser avec cette feinte.

M. JOURDAIN, bas.

Bon, bon. (Haut.) Qu'on aille quérir le notaire.

DORANTE.

Tandis qu'il viendra, et qu'il dressera les contrats, voyons notre ballet, et donnons-en le divertissement à son altesse turque.

M. JOURDAIN.

C'est fort bien avisé. Allons prendre nos places.

MADAME JOURDAIN.

Et Nicole ?

M. JOURDAIN.

Je la donne au truchement ; et ma femme, à qui la voudra.

COVIELLE.

Monsieur, je vous remercie. (A part.) Si l'on en peut voir un plus fou, je l'irai dire à Rome.

FIN DU CINQUIÈME ACTE.

BALLET DES NATIONS.

PREMIÈRE ENTRÉE.

UN DONNEUR DE LIVRES, DANSANT; IMPORTUNS, DANSANTS; DEUX HOMMES DU BEL AIR, DEUX FEMMES DU BEL AIR, DEUX GASCONS, UN SUISSE, UN VIEUX BOURGEOIS BABILLARD, UNE VIEILLE BOURGEOISE BABILLARDE; TROUPE DE SPECTATEURS CHANTANTS.

CHOEUR DE SPECTATEURS, au donneur de livres.

A moi, monsieur, à moi; de grâce, à moi, monsieur;
Un livre, s'il vous plaît, à votre serviteur.

PREMIER HOMME du bel air.

Monsieur, distinguez-nous parmi les gens qui crient;
Quelques livres ici, les dames vous en prient.

SECOND HOMME du bel air.

Holà! monsieur; monsieur, ayez la charité
D'en jeter de notre côté.

PREMIÈRE FEMME du bel air.

Mon Dieu! qu'aux personnes bien faites
On sait peu rendre honneur céans!

SECONDE FEMME du bel air.

Ils n'ont des livres et des bancs
Que pour mesdames les grisettes.

PREMIER GASCON.

Ah! l'homme aux libres, qu'on m'en vaille!
J'ai déjà lé poulmon usé.

Bous boyez qué chacun mé raille,
Et jé suis escandalisé
Dé boir és mains dé la canaille
Cé qui m'est par bous réfusé.

SECOND GASCON.

Hé! cadédis, monseu, boyez qui l'on put être,
Un libret, jé bous prie, au varon d'Asbarat.
Je pense, mordi, qué lé fat
N'a pas l'honneur dé mé connoître.

UN SUISSE.

Montsir le donnair de papieir,
Que vuel dir' sti façon de sifre?
Moi, l'écorchair tout mon gosieir
    A crieir,
Sans que je pouvre afoir ein lifre :
Pardi, mon foi, montsir, je pense vous l'être ifre!

(Le donneur de livres, fatigué par les importuns qu'il trouve toujours sur ses pas, se retire en colère.)

UN VIEUX BOURGEOIS babillard.

De tout ceci, franc et net,
Je suis mal satisfait.
Et cela, sans doute, est laid
    Que votre fille,
Si bien faite et si gentille,
De tant d'amoureux l'objet,
    N'ait pas à son souhait
    Un livre de ballet,
    Pour lire le sujet
Du divertissement qu'on fait;
Et que toute notre famille
    Si proprement s'habille
Pour être placée au sommet
    De la salle, où l'on met
    Les gens de l'intriguet.
De tout ceci, franc et net,
Je suis mal satisfait;
Et cela, sans doute, est laid.

UNE VIEILLE BOURGEOISE babillarde.

Il est vrai que c'est une honte,
Le sang au visage me monte;

BALLET DES NATIONS.

Et ce jeteur de vers, qui manque au capital,
L'entend fort mal.
C'est un brutal,
Un vrai cheval,
Franc animal,
De faire si peu de compte
D'une fille qui fait l'ornement principal
Du quartier du Palais-Royal,
Et que ces jours passés un comte
Fut prendre la première au bal.
Il l'entend mal:
C'est un brutal,
Un vrai cheval,
Franc animal.

HOMMES du bel air.
Ah! quel bruit!

FEMMES du bel air.
Quel fracas! quel chaos! quel mélange!

HOMMES du bel air.
Quelle confusion! quelle cohue étrange!
Quel désordre! Quel embarras!

PREMIÈRE FEMME du bel air.
On y sèche.

SECONDE FEMME du bel air.
L'on n'y tient pas.

PREMIER GASCON.
Bentré, jé suis à vout.

SECOND GASCON.
J'enragé, Dieu mé damne.

LE SUISSE.
Ah! que li faire saif dans sti sal' de ciansl

PREMIER GASCON.
Jé murs.

SECOND GASCON.
Jé perds la tramontane.

LE SUISSE.
Mon foi, moi, le foudrois être hors de dedans!

LE VIEUX BOURGEOIS babillard.
Allons, ma mie,
Suivez mes pas,
Je vous en prie,
Et ne me quittez pas.
On fait de nous trop peu de cas;
Et je suis las
De ce tracas.
Tout ce fracas,
Cet embarras.
Me pèse par trop sur les bras.
S'il me prend jamais envie
De retourner de ma vie
A ballet ni comédie,
Je veux bien qu'on m'estropie.
Allons, ma mie,
Suivez mes pas,
Je vous en prie,
Et ne me quittez pas:
On fait de nous trop peu de cas.

LA VIEILLE BOURGEOISE babillarde.
Allons, mon mignon, mon fils,
Regagnons notre logis,
Et sortons de ce taudis
Où l'on ne peut être assis.
Ils seront bien ébaubis
Quand ils nous verront partis.
Trop de confusion règne dans cette salle,
Et j'aimerois mieux être au milieu de la halle.
Si jamais je reviens à semblable régale,
Je veux bien recevoir des soufflets plus de six.
Allons, mon mignon, mon fils,
Regagnons notre logis,
Et sortons de ce taudis
Où l'on ne peut être assis.

(Le donneur de livres revient avec les importuns qui l'ont suivi.)

CHOEUR DE SPECTATEURS.
A moi, monsieur, à moi; de grâce, à moi, monsieur;
Un livre, s'il vous plaît, à votre serviteur.

(Les importuns, ayant pris des livres des mains de celui qui les donne, les distribuent aux spectateurs, pendant que le donneur de livres danse; après quoi ils se joignent à lui, et forment la première entrée.)

DEUXIÈME ENTRÉE.
ESPAGNOLS.

TROIS ESPAGNOLS CHANTANTS; ESPA-
GNOLS DANSANTS.

PREMIER ESPAGNOL.

Sé que me muero de amor,
Y solicito el dolor.

Aun muriendo de querer,
De tan buen ayre adolezco,
Que es mas de lo que padezco,
Lo que quiero padecer;
Y no pudiendo exceder
A mi deseo el rigor.

Sé que me muero de amor,
Y solicito el dolor.

Lisonjea me la suerte
Con piedad tan advertida,
Que me asegura la vida
En el riesgo de la muerte.
Vivir del golpe fuerte
Es de mi salud primor.

Sé que me muero de amor,
Y solicito el dolor.

(Danse de six Espagnols, après laquelle deux autres Espagnols dansent
ensemble.)

PREMIER ESPAGNOL.

Ay! que locura, con tanto rigor
Quexarse de amor,
Del niño bonito
Que todo es dulzura!
Ay! que locura!
Ay! que locura!

SECOND ESPAGNOL.

El dolor solicita
El que al dolor se da :
Y nadie de amor muere,
Sino quien no sabe amar.

PREMIER ET SECOND ESPAGNOL.

Dulce muerte es el amor
Con correspondencia igual;
Y si esta gozamos hoy,
Porque la quieres turbar?

TROISIÈME ESPAGNOL.

Alegrese enamorado
Y tome mi parecer
Que en aquesto de querer
Todo es hallar el vado.

TOUS TROIS ENSEMBLE.

Vaya, vaya de fiesta,
Vaya de bayle
Alegria, alegria, alegria.
Que esto de dolor es fantasia.

TROISIÈME ENTRÉE.

ITALIENS.

UNE ITALIENNE CHANTANTE ; UN ITALIEN CHANTANT ; ARLEQUIN, TRIVELINS ET SCARAMOUCHES DANSANTS.

L'ITALIENNE.

Di rigori armata il seno
Contro amor mi ribellai,
Ma fui vinta in un baleno
Al mirar duo vaghi rai.
Ahi! che resiste poco
Cor di gelo a stral di fuoco!
Ma si caro è 'l mio tormento,
Dolce è si la piaga mia,

BALLET DES NATIONS.

Ch' il penare è mio contento,
E 'l sanarmi è tirannia;
Ahi! che più giova e pace!
Quanto amor è più vivace!

(Deux Scaramouches et deux trivelins représentent avec Arlequin une nuit à la manière des comédiens italiens.)

L'ITALIEN.

Bel tempo che vola
Rapisce il contento:
D'amor nella scuola
Si coglie il momento.

L'ITALIENNE.

Insin che florida
  Ride l'età:
Che pur tropp' horrida,
  Da noi sen va.

TOUS DEUX ENSEMBLE.

Sù cantiamo,
Sù godiamo,
Ne' bei dì di gioventù:
Perduto ben non si racquista più.

L'ITALIEN.

Pupilla ch' è vaga
Mill' alme incatena,
Fà dolce la piaga,
Felice la pena.

L'ITALIENNE.

Ma poichè frigida
  Langue l'età,
Più l'alma rigida
  Fiamme non ha.

TOUS DEUX ENSEMBLE.

Sù cantiamo,
Sù godiamo,
Ne' bei dì di gioventù:
Perduto ben non si racquista più.

(Les scaramouches et les trivelins finissent l'entrée par une danse.)

QUATRIÈME ENTRÉE.
FRANÇAIS.
DEUX POITEVINS CHANTANTS ET DANSANTS ;
POITEVINS ET **POITEVINES** DANSANTS.

PREMIER POITEVIN.

Ah ! qu'il fait beau dans ces bocages !
Ah ! que le ciel donne un beau jour !

SECOND POITEVIN.

Le rossignol, sous ces tendres feuillages,
Chante aux échos son doux retour ;
 Ce beau séjour,
 Ces doux ramages,
 Ce beau séjour
Nous invite à l'amour.

TOUS DEUX ENSEMBLE.

 Vois, ma Climène,
 Vois, sous ce chêne,
S'entre-baiser ces oiseaux amoureux ;
Ils n'ont rien dans leurs vœux
 Qui les gêne ;
 De leurs doux feux
 Leur âme est pleine :
 Qu'ils sont heureux !
Nous pouvons tous deux,
 Si tu le veux,
 Être comme eux.

(Trois Poitevins et trois Poitevines dansent ensemble.)

CINQUIÈME ET DERNIÈRE ENTRÉE.

(Les Espagnols, les Italiens et les Français se mêlent ensemble, et forment la dernière entrée.)

CŒUR DE SPECTATEURS.

Quels spectacles charmants ! quels plaisirs goûtons-nous !
Les dieux mêmes, les dieux, n'en ont point de plus doux.

FIN DU BALLET DES NATIONS.

RÉFLEXIONS

SUR

LE BOURGEOIS GENTILHOMME.

Si l'on excepte LE MISANTHROPE et LE TARTUFE, aucune pièce de Molière n'offre de plus grandes vues que celle-ci. L'avarice, le pédantisme, la jalousie, ne sont que des travers particuliers, au lieu que celui de M. Jourdain est commun à presque tous les hommes, soit sous le rapport du rang, soit sous celui des richesses, soit sous celui des talents : il n'y en a pas qui ne cherche à s'élever, et qui ne veuille paroître plus grand qu'il n'est :

>Tout prince a des ambassadeurs,
>Tout marquis veut avoir des pages.

« Cette foiblesse, dit M. de Voltaire, est précisément la même que celle d'un bourgeois qui veut être homme de qualité. Mais la folie du bourgeois est la seule qui soit comique, et qui puisse faire rire au théâtre : ce sont les extrêmes disproportions des manières et du langage d'un homme avec les airs et les discours qu'il veut affecter qui font un ridicule plaisant. Cette espèce de ridicule ne se trouve point dans des princes ou dans des hommes élevés à la cour, qui couvrent toutes leurs sottises du même air

» et du même langage ; mais ce ridicule se montre
» tout entier dans un bourgeois élevé et gros-
» sièrement, et dont le naturel fait à tout mo-
» ment un contraste avec l'art dont il veut se
» parer. C'est ce naturel grossier qui fait le
» plaisant de la comédie ; et voilà pourquoi ce
» n'est jamais que dans la vie commune qu'on
» prend des personnages comiques. »

Ce jugement de M. de Voltaire est plein de raison et de goût : ce grand poëte avoit en vue les comédies qu'on représentoit de son temps ; il blâmoit la manie de ne plus mettre de bourgeois sur le théâtre, et de ne faire que ce qu'on appeloit des pièces de *bon ton*, genre absolument opposé au but que doit se proposer la véritable comédie.

Il est bien à regretter que Molière, ayant trouvé un si beau sujet, possédant au plus haut degré les moyens d'en tirer tout le parti possible, n'ait fait en quelque sorte que l'esquisser. Boileau lui en faisoit souvent les reproches les plus vifs ; mais Molière répondoit qu'il ne pouvoit soutenir son théâtre que par un grand nombre de nouveautés, et que, pour les multiplier, il falloit nécessairement travailler vite. Cependant il se proposoit de faire par la suite une revue de toutes ses pièces, de corriger celles qui lui paroîtroient défectueuses, et de développer celles dont les idées comiques n'étoient qu'indiquées. Quel trésor ne possèderions-nous pas, si Molière, aidé de Boileau, eût pu se livrer à ce travail ! Mais on sait qu'une mort prématurée l'enleva au milieu de sa carrière. Il est probable qu'il auroit rectifié le plan du BOURGEOIS GENTILHOMME, dont les actes sont disproportionnés; et qu'en conservant dans leur entier les excellentes conceptions des trois premiers et de la moitié du quatrième, il auroit substitué à la farce du Mufti, qui est d'un autre ton que le reste, de nouveaux développements des ridicules de M. Jourdain, et un dénoûment plus heureusement combiné.

Cette pièce excita, dans le dix-huitième siècle, la censure du philosophe qui s'étoit déjà élevé contre LE MISANTROPE et L'AVARE. « Quel est le plus
» blâmable, dit J.-J. Rousseau, d'un bourgeois
» sans esprit et vain, qui fait sottement le gen-
» tilhomme ou du gentilhomme fripon qui le
» dupe? Dans cette pièce, ce dernier n'est-il pas
» honnête homme? N'a-t-il pas pour lui l'intérêt?
» et le public n'applaudit-il pas à tous les tours
» qu'il fait à l'autre? »

On va voir combien il y a d'erreurs dans ce peu de mots. Un homme du caractère de M. Jourdain ne peut être entouré que de fripons : cela est indubitable. Quels sont les honnêtes gens qui voudroient avoir des liaisons avec un fou si ridicule, et près duquel on ne peut réussir qu'à l'aide de la plus basse flatterie? Aussi Molière a-t-il fait de même que dans L'AVARE : il n'a point mis auprès de M. Jourdain un de ces amis raisonnables qu'il place si heureusement dans ses autres pièces. L'avare et le prodigue n'ont pas plus d'amis l'un que l'autre : ces deux excès excluent nécessairement toute liaison de ce genre. Molière, en faisant tromper le Bourgeois gentilhomme, n'a laissé aucun doute sur celui qui est le plus blâmable, ou de la dupe, ou du fripon. Dorante n'est pas l'honnête homme de la pièce, il n'attire pas tout l'intérêt, le public n'applaudit pas à ses ruses ; rien n'est plus facile à démontrer. Ce gentilhomme n'a aucun des agréments que donne ordinairement la vie de la cour : son adresse se borne à flatter bassement un sot pour lui escroquer de l'argent. On ne peut donc le considérer ni comme homme d'esprit, ni comme honnête homme ; et l'on ne peut applaudir à des ruses si grossières. C'est plutôt au sens droit de madame Jourdain et de Nicole que le public se plaît à applaudir : ni l'une ni l'autre ne sont dupes des fourberies de ceux qui entourent M. Jourdain ; elles les devinent parfaitement. On rit, il est vrai, de leurs expressions bourgeoises, mais on partage leurs sentiments, on se met de leur côté, et elles déploient plus d'esprit que Dorante et Dorimène. Une preuve certaine que Molière n'a point cherché à modifier le caractère odieux de Dorante, c'est qu'à la première représentation de la pièce tous les courtisans s'élevèrent contre l'impertinence de l'auteur, qui, disoient-ils, avoit osé faire jouer un rôle si odieux à un gentilhomme. Il fallut que Louis XIV parlât pour faire cesser cette rumeur. Rousseau, en attaquant sans réflexion cette conception si heureuse n'a pas aperçu l'art que l'auteur a employé pour ne pas tomber dans l'inconvénient qu'il lui reproche. Si, dans les farces du quatrième et du cinquième acte, M. Jourdain eût été bafoué par Dorante et par Dorimène, peut-être auroit-on été fondé à dire que la dupe étoit trop sacrifiée au fripon. Mais c'est le véritable honnête homme de la pièce, c'est Cléonte, dont les sentiments sont pleins de noblesse et de générosité, c'est lui qui imagine et exécute cette plaisanterie. Trop forte dans tout autre sujet, elle devient excusable dans celui-ci, parce que c'est l'unique moyen qui reste à Cléonte pour obtenir la main de sa maîtresse.

L'exposition du BOURGEOIS GENTILHOMME est digne des meilleures pièces de Molière. Le maître de danse et le maître de musique donnent l'idée la plus juste du caractère de M. Jourdain : leur vanité et leurs prétentions sont développées avec beaucoup d'art; et l'on remarque, ce qui est un excellent trait de comédie, que celui dont la profession est la plus frivole, le maître de danse, a beaucoup plus d'orgueil que l'autre : il affecte un désintéressement très-comique, et se met au rang des premiers artistes.

Molière ne manque pas de suivre et de développer cette idée féconde. Le maître d'armes a autant d'orgueil que le maître de musique et le maître de danse : il est, malheureusement pour eux, beaucoup plus brutal; et leurs prétentions voulant lutter contre les siennes, il s'emporte en menaçant l'un de le *faire chanter*, et l'autre de le *faire danser*. Il paroîtroit ici que la plaisanterie est épuisée, et qu'il est impossible de la pousser plus loin ; mais Molière la prolonge en grand maître, et lui donne une force comique qui n'appartenoit qu'à lui. Le maître de philosophie arrive au milieu de la dispute, il cherche à rétablir la paix en citant LE TRAITÉ DE LA COLÈRE de Sénèque : mais bientôt, voulant soutenir que la science qu'il professe est supérieure aux arts qu'enseignent les trois autres maîtres, il les met tous contre lui : son opiniâtreté les irrite ; et, malgré la présence et les prières de M. Jourdain, il est maltraité par eux. Rien de plus plaisant, rien en même temps de plus conforme aux caractères et à la situation des personnages.

Il faudroit parcourir en détail les trois premiers actes de cette pièce pour en faire sentir toutes les beautés. Nous nous bornerons à indiquer quelques-unes des plus frappantes. Les leçons que reçoit M. Jourdain, et qu'il répète avec sa femme et sa servante, sont des tableaux qui, sans aucune charge, présentent dans tout leur jour les travers du Bourgeois gentilhomme. Ses manières avec ses domestiques et ses tailleurs, ses galanteries avec la marquise Dorimène, sa facilité excessive avec Dorante, ses brusqueries avec Nicole et madame Jourdain, sont des traits charmants qui restent dans la mémoire de ceux qui ont vu jouer la pièce ou qui l'ont lue.

On remarque dans cette comédie une preuve de l'amour extrême de Molière pour sa femme : il en fait le portrait détaillé, en peignant le dépit de Cléonte ; et ce tableau est d'autant plus délicat, qu'il est tracé par un amant qui croit avoir à se plaindre de sa maîtresse.

On auroit pu croire que Molière avoit eu l'intention de se moquer des bourgeois en général, en couvrant le bon sens de Nicole et de madame Jourdain du vernis grossier d'une mauvaise éducation, s'il n'avoit, avec beaucoup de sagesse, relevé cette condition dans le rôle de Cléonte. Il le fait parler de la manière la plus noble et la plus mesurée, lorsqu'il demande à M. Jourdain sa fille en mariage : la première question que lui fait le père, est s'il a le rang de gentilhomme.

« Monsieur, lui répond Cléonte, la plupart
» des gens, sur cette question, n'hésitent pas
» beaucoup. On tranche le mot aisément. Ce
» nom ne fait aucun scrupule à prendre : et
» l'usage aujourd'hui semble en autoriser le vol.
» Pour moi, je vous l'avoue, j'ai les sentiments,
» sur cette matière, un peu plus délicats. Je
» trouve que toute imposture est indigne d'un
» honnête homme, et qu'il y a de la lâcheté à
» déguiser ce que le ciel nous a fait naître, à
» se parer aux yeux du monde d'un titre dérobé,
» à se vouloir donner pour ce qu'on n'est pas.
» Je suis né de parents, sans doute, qui ont
» tenu des charges honorables ; je me suis acquis dans les armes l'honneur de six ans de
» service, et je me trouve assez de bien pour tenir dans le monde un rang assez passable ;
» mais avec tout cela, je ne veux point me

» donner un nom où d'autres à ma place croi-
» roient pouvoir prétendre ; et je vous dirai
» franchement que je ne suis pas gentilhomme. »

On doit regretter, comme on l'a dit au commencement, que Molière n'ait pas soutenu dans les derniers actes de cette comédie le ton qu'il avoit pris dans les premiers. S'il avoit eu le temps de la perfectionner, il y a lieu de présumer qu'elle auroit figuré au rang de ses chefs-d'œuvre. Telle qu'elle est, elle peut passer pour une des pièces les plus agréables de son théâtre : toute l'originalité et toute la profondeur de son génie s'y font remarquer ; les farces mêmes qui la terminent sont pleines d'agrément et de sel.

LES FOURBERIES DE SCAPIN,

COMÉDIE

EN TROIS ACTES ET EN PROSE,

Représentée à Paris, sur le théâtre du Palais-Royal, le 24 mai 1671.

PERSONNAGES.

ARGANTE, père d'Octave et de Zerbinette.
GÉRONTE, père de Léandre et d'Hyacinthe.
OCTAVE, fils d'Argante et amant d'Hyacinthe.
LÉANDRE, fils de Géronte et amant de Zerbinette.
ZERBINETTE, crue Égyptienne, et reconnue fille d'Argante, amante de Léandre.
HYACINTHE, fille de Géronte et amante d'Octave.
SCAPIN, valet de Léandre.
SILVESTRE, valet d'Octave.
NÉRINE, nourrice d'Hyacinthe.
CARLE, ami de Scapin.
DEUX PORTEURS.

La scène est à Naples.

LES FOURBERIES DE SCAPIN.

ACTE PREMIER.

SCÈNE I.

OCTAVE, SILVESTRE.

OCTAVE.

Ah! fâcheuses nouvelles pour un cœur amoureux! Dures extrémités où je me vois réduit! Tu viens, Silvestre, d'apprendre au port que mon père revient?

SILVESTRE.

Oui.

OCTAVE.

Qu'il arrive ce matin même?

SILVESTRE.

Ce matin même.

OCTAVE.

Et qu'il revient dans la résolution de me marier?

SILVESTRE.

Oui.

OCTAVE.

Avec une fille du seigneur Géronte?

SILVESTRE.

Du seigneur Géronte.

OCTAVE.

Et que cette fille est mandée de Tarente ici pour cela ?

SILVESTRE.

Oui.

OCTAVE.

Et tu tiens ces nouvelles de mon oncle.

SILVESTRE.

De votre oncle.

OCTAVE.

A qui mon père les a mandées par une lettre ?

SILVESTRE.

Par une lettre.

OCTAVE.

Et cet oncle, dis-tu, sait toutes nos affaires ?

SILVESTRE.

Toutes nos affaires.

OCTAVE.

Ah ! parle si tu veux, et ne te fais point, de la sorte, arracher les mots de la bouche.

SILVESTRE.

Qu'ai-je à parler davantage ? Vous n'oubliez aucune circonstance ; et vous dites les choses tout justement comme elles sont.

OCTAVE.

Conseille-moi du moins, et me dis ce que je dois faire dans ces cruelles conjonctures.

SILVESTRE.

Ma foi, je m'y trouve autant embarrassé que vous; et j'aurois bon besoin que l'on me conseillât moi-même.

OCTAVE.

Je suis assassiné par ce maudit retour.

SILVESTRE.

Je ne le suis pas moins.

OCTAVE.

Lorsque mon père apprendra les choses, je vais voir fondre sur moi un orage soudain d'impétueuses réprimandes.

SILVESTRE.

Les réprimandes ne sont rien; et plût au ciel que j'en fusse quitte à ce prix! Mais j'ai bien la mine, pour moi, de payer plus cher vos folies; et je vois se former de loin un nuage de coups de bâton qui crèvera sur mes épaules.

OCTAVE.

O ciel! par où sortir de l'embarras où je me trouve?

SILVESTRE.

C'est à quoi vous deviez songer avant que de vous y jeter.

OCTAVE.

Ah! tu me fais mourir par tes leçons hors de saison.

SILVESTRE.

Vous me faites bien plus mourir par vos actions étourdies.

OCTAVE.

Que dois-je faire ? Quelle résolution prendre ? A quel remède recourir ?

SCÈNE II.

OCTAVE, SCAPIN, SILVESTRE.

SCAPIN.

Qu'est-ce, seigneur Octave ? Qu'avez-vous ? Qu'y a-t-il ? Quel désordre est-ce là ? je vous vois tout troublé !

OCTAVE.

Ah ! mon pauvre Scapin, je suis perdu, je suis désespéré, je suis le plus infortuné de tous les hommes.

SCAPIN.

Comment ?

OCTAVE.

N'as-tu rien appris de ce qui me regarde ?

SCAPIN.

Non.

OCTAVE.

Mon père arrive avec le seigneur Géronte ; et ils me veulent marier.

SCAPIN.

Hé bien ! qu'y a-t-il là de si funeste ?

OCTAVE.

Hélas ! tu ne sais pas la cause de mon inquiétude ?

SCAPIN.

Non : mais il ne tiendra qu'à vous que je ne

la sache bientôt ; et je suis homme consolatif, homme à m'intéresser aux affaires des jeunes gens.

OCTAVE.

Ah ! Scapin, si tu pouvois trouver quelque invention, forger quelque machine, pour me tirer de la peine où je suis, je croirois t'être redevable de plus que de la vie.

SCAPIN.

A vous dire la vérité, il y a peu de choses qui me soient impossibles, quand je m'en veux mêler. J'ai sans doute reçu du ciel un génie assez beau pour toutes les fabriques de ces gentillesses d'esprit, de ces galanteries ingénieuses, à qui le vulgaire ignorant donne le nom de fourberies ; et je puis dire, sans vanité, qu'on n'a guère vu d'homme qui fût plus habile ouvrier de ressorts et d'intrigues, qui ait acquis plus de gloire que moi dans ce noble métier. Mais, ma foi, le mérite est trop maltraité aujourd'hui ; et j'ai renoncé à toutes choses, depuis certain chagrin d'une affaire qui m'arriva.

OCTAVE.

Comment ! quelle affaire, Scapin ?

SCAPIN.

Une aventure où je me brouillai avec la justice.

OCTAVE.

La justice ?

SCAPIN.

Oui : nous eûmes un petit démêlé ensemble.

SILVESTRE.

Toi et la justice ?

SCAPIN.

Oui. Elle en usa fort mal avec moi ; et je me dépitai de telle sorte contre l'ingratitude du siècle, que je résolus de ne plus rien faire. Baste : ne laissez pas de me conter votre aventure.

OCTAVE.

Tu sais, Scapin, qu'il y a deux mois que le seigneur Géronte et mon père s'embarquèrent ensemble pour un voyage qui regarde certain commerce où leurs intérêts sont mêlés.

SCAPIN.

Je sais cela.

OCTAVE.

Et que Léandre et moi nous fûmes laissés par nos pères, moi sous la conduite de Silvestre, et Léandre sous ta direction.

SCAPIN.

Oui. Je me suis fort bien acquitté de ma charge.

OCTAVE.

Quelque temps après, Léandre fit rencontre d'une jeune Égyptienne, dont il devint amoureux.

SCAPIN.

Je sais cela encore.

OCTAVE.

Comme nous sommes grands amis, il me fit aussitôt confidence de son amour, et me mena voir cette fille, que je trouvai belle, à la vérité, mais non pas tant qu'il vouloit que je la trouvasse. Il ne m'entretenoit que d'elle chaque jour, m'exagéroit à tous moments sa beauté et sa grâce, me louoit son esprit, et me parloit avec transport des charmes de son entretien, dont il me rapportoit jusqu'aux moindres paroles, qu'il s'efforçoit toujours de me faire trouver les plus spirituelles du monde. Il me querelloit quelquefois de n'être pas assez sensible aux choses qu'il me venoit dire, et me blâmoit sans cesse de l'indifférence où j'étois pour les feux de l'amour.

SCAPIN.

Je ne vois pas encore où ceci veut aller.

OCTAVE.

Un jour que je l'accompagnois pour aller chez les gens qui gardent l'objet de ses vœux, nous entendîmes, dans une petite maison d'une rue écartée, quelques plaintes mêlées de beaucoup de sanglots. Nous demandons ce que c'est : une femme nous dit en soupirant que nous pouvions voir là quelque chose de pitoyable en des personnes étrangères, et qu'à moins que d'être insensibles, nous en serions touchés.

SCAPIN.

Où est-ce que cela nous mène ?

OCTAVE.

La curiosité me fit presser Léandre de voir ce que c'étoit. Nous entrons dans une salle, où nous voyons une vieille femme mourante, assistée d'une servante qui faisoit des regrets, et d'une jeune fille toute fondante en larmes, la plus belle et la plus touchante qu'on puisse jamais voir.

SCAPIN.
Ah! ah!

OCTAVE.
Une autre auroit paru effroyable en l'état où elle étoit ; car elle n'avoit pour habillement qu'une méchante petite jupe, avec des brassières de nuit qui étoient de simple futaine ; et sa coiffure étoit une cornette jaune, retroussée au haut de sa tête, qui laissoit tomber en désordre ses cheveux sur ses épaules : et cependant, faite comme cela, elle brilloit de mille attraits, et ce n'étoit qu'agréments et que charmes que toute sa personne.

SCAPIN.
Je sens venir les choses.

OCTAVE.
Si tu l'avois vue, Scapin, en l'état que je dis, tu l'aurois trouvée admirable.

SCAPIN.
Oh! je n'en doute point ; et, sans l'avoir vue, je vois bien qu'elle étoit tout-à-fait charmante.

OCTAVE.
Ses larmes n'étoient point de ces larmes désagréables qui défigurent un visage ; elle avoit à pleurer une grâce touchante, et sa douleur étoit la plus belle du monde.

SCAPIN.
Je vois tout cela.

OCTAVE.
Elle faisoit fondre chacun en larmes, en se jetant amoureusement sur le corps de cette

mourante, qu'elle appeloit sa chère mère; et il n'y avoit personne qui n'eût l'âme percée de voir un si bon naturel.

SCAPIN.

En effet, cela est touchant; et je vois bien que ce bon naturel-là vous la fit aimer.

OCTAVE.

Ah! Scapin, un barbare l'auroit aimée!

SCAPIN.

Assurément. Le moyen de s'en empêcher!

OCTAVE.

Après quelques paroles dont je tâchai d'adoucir la douleur de cette charmante affligée, nous sortîmes de là; et demandant à Léandre ce qu'il lui sembloit de cette personne, il me répondit froidement qu'il la trouvoit assez jolie. Je fus piqué de la froideur avec laquelle il m'en parloit, et je ne voulus point lui découvrir l'effet que ses beautés avoient fait sur mon âme.

SILVESTRE, à Octave.

Si vous n'abrégez ce récit, nous en voilà pour jusqu'à demain. Laissez-le moi finir en deux mots. (A Scapin.) Son cœur prend feu dès ce moment; il ne sauroit plus vivre qu'il n'aille consoler son aimable affligée. Ses fréquentes visites sont rejetées de la servante, devenue la gouvernante par le trépas de la mère. Voilà mon homme au désespoir. Il presse, supplie, conjure; point d'affaire. On lui dit que la fille, quoique sans bien et sans appui, est de famille honnête, et qu'à moins que de l'épouser on ne peut souffrir ses poursuites. Voilà son amour augmenté par les difficultés. Il consulte dans sa tête, agite, raisonne, balance, prend sa résolution ; le voilà marié avec elle depuis trois jours.

SCAPIN.

J'entends.

SILVESTRE.

Maintenant, mets avec cela le retour imprévu du père, qu'on n'attendoit que dans deux mois, la découverte que l'oncle a faite du secret de notre mariage, et l'autre mariage qu'on veut faire de lui avec la fille que le seigneur Géronte a eue d'une seconde femme qu'on dit qu'il a épousée à Tarente.

OCTAVE.

Et, par-dessus tout cela, mets encore l'indigence où se trouve cette aimable personne, et l'impuissance où je me vois d'avoir de quoi la secourir.

SCAPIN.

Est-ce là tout? Vous voilà bien embarrassés tous deux pour une bagatelle! C'est bien là de quoi se tant alarmer! n'as-tu point de honte, toi, de demeurer court à si peu de choses ? Que diable ! te voilà grand et gros comme père et mère, et tu ne saurois trouver dans ta tête, forger dans ton esprit, quelque ruse galante, quelque honnête petit stratagème, pour ajuster vos affaires ! Fi ! peste soit du butor ! Je voudrois bien que l'on m'eût donné autrefois nos vieillards à duper, je les aurois joués tous deux par-dessous la jambe ; et je n'étois pas plus grand que cela, que je me signalois déjà par cent tours d'adresse jolis.

SILVESTRE.

J'avoue que le ciel ne m'a pas donné tes talents, et que je n'ai pas l'esprit, comme toi, de me brouiller avec la justice.

OCTAVE.

Voici mon aimable Hyacinthe.

SCÈNE III.

HYACINTHE, OCTAVE, SCAPIN, SILVESTRE.

HYACINTHE.

Ah! Octave, est-il vrai ce que Silvestre vient de dire à Nérine, que votre père est de retour, et et qu'il veut vous marier?

OCTAVE.

Oui, belle Hyacinthe, et ces nouvelles m'ont donné une atteinte cruelle. Mais que vois-je? vous pleurez! Pourquoi ces larmes? me soupçonnez-vous, dites-moi, de quelque infidélité? et n'êtes-vous pas assurée de l'amour que j'ai pour vous?

HYACINTHE.

Oui, Octave, je suis sûre que vous m'aimez, mais je ne le suis pas que vous m'aimiez toujours.

OCTAVE.

Hé! peut-on vous aimer qu'on ne vous aime toute sa vie?

HYACINTHE.

J'ai ouï dire, Octave, que votre sexe aime moins long-temps que le nôtre; et que les ardeurs que les hommes font voir sont des feux qui s'éteignent aussi facilement qu'ils naissent.

OCTAVE.

Ah ! ma chère Hyacinthe, mon cœur n'est donc pas fait comme celui des autres hommes ; et je sens bien, pour moi, que je vous aimerai jusqu'au tombeau.

HYACINTHE.

Je veux croire que vous sentez ce que vous dites, et je ne doute point que vos paroles ne soient sincères ; mais je crains un pouvoir qui combattra dans votre cœur les sentiments que vous pouvez avoir pour moi. Vous dépendez d'un père qui veut vous marier à une autre personne ; et je suis sûre que je mourrai si ce malheur m'arrive.

OCTAVE.

Non, belle Hyacinthe, il n'y a point de père qui puisse me contraindre à vous manquer de foi ; et je me résoudrai à quitter mon pays et le jour même, s'il est besoin, plutôt qu'à vous quitter. J'ai déjà pris, sans l'avoir vue, une aversion effroyable pour celle que l'on me destine ; et, sans être cruel, je souhaiterois que la mer l'écartât d'ici pour jamais. Ne pleurez donc point, je vous prie, mon aimable Hyacinthe ; car vos larmes me tuent, et je ne les puis voir sans me sentir percer le cœur.

HYACINTHE.

Puisque vous le voulez, je veux bien essuyer mes pleurs ; et j'attendrai, d'un œil constant, ce qu'il plaira au ciel de résoudre de moi.

OCTAVE.

Le ciel nous sera favorable.

HYACINTHE.

Il ne sauroit m'être contraire, si vous m'êtes fidèle.

OCTAVE.

Je le serai assurément.

HYACINTHE.

Je serai donc heureuse.

SCAPIN, à part.

Elle n'est point tant sotte, ma foi; et je la trouve assez passable.

OCTAVE, montrant Scapin.

Voici un homme qui pourroit bien, s'il le vouloit, nous être, dans tous nos besoins, d'un secours merveilleux.

SCAPIN.

J'ai fait de grands sermens de ne me mêler plus du monde; mais si vous m'en priez bien fort tous deux, peut-être...

OCTAVE.

Ah! s'il ne tient qu'à te prier bien fort pour obtenir ton aide, je te conjure de tout mon cœur de prendre la conduite de notre barque.

SCAPIN, à Hyacinthe.

Et vous, ne dites-vous rien?

HYACINTHE.

Je vous conjure, à son exemple, par tout ce qui vous est le plus cher au monde, de vouloir servir notre amour.

SCAPIN.

Il faut se laisser vaincre, et avoir de l'humanité. Allez, je veux m'employer pour vous.

OCTAVE.

Crois que...

SCAPIN, à Octave.

Chut. (A Hyacinthe.) Allez-vous-en, vous; et soyez en repos.

SCÈNE IV.

OCTAVE, SCAPIN, SILVESTRE.

SCAPIN, à Octave.

Et vous, préparez-vous à soutenir avec fermeté l'abord de votre père.

OCTAVE.

Je t'avoue que cet abord me fait trembler par avance, et j'ai une timidité naturelle que je ne saurois vaincre.

SCAPIN.

Il faut pourtant paroître ferme au premier choc, de peur que, sur votre foiblesse, il ne prenne le pied de vous mener comme un enfant. Là, tâchez de vous composer par étude. Un peu de hardiesse; et songez à répondre résolument sur tout ce qu'il pourra vous dire.

OCTAVE.

Je ferai du mieux que je pourrai.

SCAPIN.

Çà, essayons un peu, pour vous accoutumer. Répétons un peu votre rôle, et voyons si vous ferez bien. Allons, la mine résolue, la tête haute, les regards assurés.

OCTAVE.

Comme cela ?

SCAPIN.

Encore un peu davantage.

OCTAVE.

Ainsi ?

SCAPIN.

Bon. Imaginez-vous que je suis votre père qui arrive, et répondez-moi fermement, comme si c'étoit à lui-même... Comment, pendard, vaurien, infâme, fils indigne d'un père comme moi, oses-tu bien paroître devant mes yeux après tes bons déportements, après le lâche tour que tu m'as joué pendant mon absence ? Est-ce là le fruit de mes soins ? le respect qui m'est dû, le respect que tu me conserves ? (Allons donc.) Tu as l'insolence, fripon, de t'engager sans le consentement de ton père ! de contracter un mariage clandestin ! réponds-moi, coquin, réponds-moi. Voyons un peu tes belles raisons.... Oh ! que diable ! vous demeurez interdit.

OCTAVE.

C'est que je m'imagine que c'est mon père que j'entends.

SCAPIN.

Hé, oui. C'est par cette raison qu'il ne faut pas être comme un innocent.

OCTAVE.

Je m'en vais prendre plus de résolution, et je répondrai fermement.

SCAPIN.

Assurément?

OCTAVE.

Assurément.

SILVESTRE.

Voilà votre père qui vient.

OCTAVE.

O ciel! je suis perdu.

SCÈNE V.

SCAPIN, SILVESTRE.

SCAPIN.

Hola, Octave. Demeurez, Octave. Le voilà enfui! Quel pauvre espèce d'homme! Ne laissons pas d'attendre le vieillard.

SILVESTRE.

Que lui dirai-je?

SCAPIN.

Laisse-moi dire, moi; et ne fais que me suivre.

SCÈNE VI.

ARGANTE, SCAPIN et SILVESTRE,

DANS LE FOND DU THÉATRE.

ARGANTE, se croyant seul.

A-t-on jamais ouï parler d'une action pareille à celle-là?

SCAPIN, à Silvestre.

Il a déjà appris l'affaire; et elle lui tient si fort en tête, que, tout seul, il parle haut.

ARGANTE, se croyant seul.

Voilà une témérité bien grande!

ACTE I, SCÈNE VI,

SCAPIN, à Silvestre.

Écoutons-le un peu.

ARGANTE, se croyant seul.

Je voudrois bien savoir ce qu'ils me pourront dire sur ce beau mariage.

SCAPIN, à part.

Nous y avons songé.

ARGANTE, se croyant seul.

Tâcheront-ils de me nier la chose.

SCAPIN, à part.

Nous, nous n'y pensons pas.

ARGANTE, se croyant seul.

Ou s'ils entreprendront de l'excuser ?

SCAPIN, à part.

Celui-là se pourra faire.

ARGANTE, se croyant seul.

Prétendront-ils m'amuser par des contes en l'air ?

SCAPIN, à part.

Peut-être.

ARGANTE, se croyant seul.

Tous leurs discours seront inutiles.

SCAPIN, à part.

Nous allons voir.

ARGANTE, se croyant seul.

Ils ne m'en donneront point à garder.

SCAPIN, à part.

Ne jurons de rien.

ARGANTE, se croyant seul.

Je saurai mettre mon pendard de fils en lieu de sûreté.

SCAPIN, à part.

Nous y pourvoirons.

ARGANTE, se croyant seul.

Et pour le coquin de Silvestre, je le rouerai de coups.

SILVESTRE, à Scapin.

J'étois bien étonné s'il m'oublioit.

ARGANTE, apercevant Silvestre.

Ah! ah! vous voilà donc, sage gouverneur de famille, beau directeur de jeunes gens!

SCAPIN.

Monsieur, je suis ravi de vous voir de retour.

ARGANTE.

Bonjour, Scapin. (A Silvestre.) Vous avez suivi mes ordres, vraiment d'une belle manière, et mon fils s'est comporté sagement pendant mon absence!

SCAPIN.

Vous vous portez bien, à ce que je vois.

ARGANTE.

Assez bien. (A Silvestre.) Tu ne dis mot, coquin, tu ne dis mot!

SCAPIN.

Votre voyage a-t-il été bon?

ARGANTE.

Mon Dieu! fort bon. Laissez-moi un peu quereller en repos.

SCAPIN.

Vous voulez quereller?

ARGANTE.

Oui, je veux quereller.

ACTE I, SCÈNE VI.

SCAPIN.

Et qui, monsieur?

ARGANTE, montrant Silvestre;

Ce maraud-là.

SCAPIN.

Pourquoi?

ARGANTE.

Tu n'as pas ouï parler de ce qui s'est passé dans mon absence?

SCAPIN.

J'ai bien ouï parler de quelque petite chose.

ARGANTE.

Comment! quelque petite chose! une action de cette nature!

SCAPIN.

Vous avez quelque raison.

ARGANTE.

Une hardiesse pareille à celle-là!

SCAPIN.

Cela est vrai.

ARGANTE.

Un fils qui se marie sans le consentement de son père!

SCAPIN.

Oui, il y a quelque chose à dire à cela. Mais je serois d'avis que vous ne fissiez point de bruit.

ARGANTE.

Je ne suis pas de cet avis, moi; et je veux faire du bruit tout mon soûl. Quoi! tu ne trouves pas que j'aie tous les sujets du monde d'être en colère?

SCAPIN.

Si fait. J'y ai d'abord été, moi, lorsque j'ai su la chose; et je me suis intéressé pour vous, jusqu'à quereller votre fils. Demandez-lui un peu quelles belles réprimandes je lui ai faites, et comme je l'ai chapitré sur le peu de respect qu'il gardoit à un père dont il devoit baiser les pas. On ne peut pas lui mieux parler, quand ce seroit vous-même. Mais quoi! je me suis rendu à la raison, et j'ai considéré que, dans le fond, il n'a pas tant de tort qu'on pourroit croire.

ARGANTE.

Que me viens-tu conter? Il n'a pas tant de tort de s'aller marier de but en blanc avec une inconnue?

SCAPIN.

Que voulez-vous? il y a été poussé par sa destinée.

ARGANTE.

Ah! ah! voici une raison la plus belle du monde. On n'a plus qu'à commettre tous les crimes imaginables, tromper, voler, assassiner, et dire pour excuse qu'on y a été poussé par sa destinée.

SCAPIN.

Mon Dieu! vous prenez mes paroles trop en philosophe. Je veux dire qu'il s'est trouvé fatalement engagé dans cette affaire.

ARGANTE.

Et pourquoi s'y engageoit-il?

SCAPIN.

Voulez-vous qu'il soit aussi sage que vous ? Les jeunes gens sont jeunes, et n'ont pas toute la prudence qu'il leur faudroit pour ne rien faire que de raisonnable : témoin notre Léandre, qui, malgré toutes mes leçons, malgré toutes mes remontrances, est allé faire de son côté pis encore que votre fils. Je voudrois bien savoir si vous-même n'avez pas été jeune, et n'avez pas dans votre temps fait des fredaines comme les autres. J'ai ouï dire, moi, que vous avez été autrefois un bon compagnon parmi les femmes, que vous faisiez de votre drôle avec les plus galantes de ce temps-là, et que vous n'en approchiez point que vous ne poussassiez à bout.

ARGANTE.

Cela est vrai, j'en demeure d'accord ; mais je m'en suis toujours tenu à la galanterie, et je n'ai point été jusqu'à faire ce qu'il a fait.

SCAPIN.

Que vouliez-vous qu'il fît ? Il voit une jeune personne qui lui veut du bien (car il tient cela de vous d'être aimé de toutes les femmes) ; il la trouve charmante, il lui rend des visites, lui conte des douceurs, soupire galamment, fait le passionné. Elle se rend à sa poursuite. Il pousse sa fortune. Le voilà surpris avec elle par ses parents, qui, la force à la main, le contraignent de l'épouser.

SILVESTRE, à part.

L'habile fourbe que voilà !

SCAPIN.

Eussiez-vous voulu qu'il se fût laissé tuer? Il vaut mieux encore être marié qu'être mort.

ARGANTE.

On ne m'a pas dit que l'affaire se soit ainsi passée.

SCAPIN, montrant Silvestre.

Demandez-lui plutôt ; il ne vous dira pas le contraire.

ARGANTE, à Silvestre.

C'est par force qu'il a été marié?

SILVESTRE.

Oui, monsieur.

SCAPIN.

Voudrois-je vous mentir?

ARGANTE.

Il devoit donc aller tout aussitôt protester de violence chez un notaire.

SCAPIN.

C'est ce qu'il n'a pas voulu faire.

ARGANTE.

Cela m'auroit donné plus de facilité à rompre ce mariage.

SCAPIN.

Rompre ce mariage?

ARGANTE.

Oui.

SCAPIN.

Vous ne le romprez point.

ARGANTE.

Je ne le romprai point?

ACTE I, SCÈNE VI.

SCAPIN.

Non.

ARGANTE.

Quoi! je n'aurai pas pour moi les droits de père, et la raison de la violence qu'on a faite à mon fils?

SCAPIN.

C'est une chose dont il ne demeurera pas d'accord.

ARGANTE.

Il n'en demeurera pas d'accord?

SCAPIN.

Non.

ARGANTE.

Mon fils?

SCAPIN.

Votre fils. Voulez-vous qu'il confesse qu'il ait été capable de crainte, et que ce soit par force qu'on lui ait fait faire les choses? Il n'a garde d'aller avouer cela : ce seroit se faire tort, et se montrer indigne d'un père comme vous.

ARGANTE.

Je me moque de cela.

SCAPIN.

Il faut, pour son honneur et pour le vôtre, qu'il dise dans le monde que c'est de bon gré qu'il l'a épousée.

ARGANTE.

Et je veux, moi, pour mon honneur et pour le sien, qu'il dise le contraire.

SCAPIN.

Non, je suis sûr qu'il ne le fera pas.

ARGANTE.

Je l'y forcerai bien.

SCAPIN.

Il ne le fera pas, vous dis-je.

ARGANTE.

Il le fera, ou je le déshériterai.

SCAPIN.

Vous?

ARGANTE.

Moi.

SCAPIN.

Bon!

ARGANTE.

Comment, bon?

SCAPIN.

Vous ne le déshériterez point.

ARGANTE.

Je ne le déshériterai point?

SCAPIN.

Non.

ARGANTE.

Non?

SCAPIN.

Non.

ARGANTE.

Ouais! voici qui est plaisant. Je ne déshériterai point mon fils?

SCAPIN.

Non, vous dis-je.

ARGANTE.

Qui m'en empêchera?

ACTE I, SCÈNE VI.

SCAPIN.

Vous-même.

ARGANTE.

Moi ?

SCAPIN.

Oui ; vous n'aurez pas ce cœur-là.

ARGANTE.

Je l'aurai.

SCAPIN.

Vous vous moquez.

ARGANTE.

Je ne me moque point.

SCAPIN.

La tendresse paternelle fera son office.

ARGANTE.

Elle ne fera rien.

SCAPIN.

Oui, oui.

ARGANTE.

Je vous dis que cela sera.

SCAPIN.

Bagatelles.

ARGANTE.

Il ne faut point dire bagatelles.

SCAPIN.

Mon Dieu! je vous connois, vous êtes bon naturellement.

ARGANTE.

Je ne suis point bon, et je suis méchant quand je veux. Finissons ce discours qui m'échauffe la bile. (A Silvestre.) Va-t'en, pendard, va-t'en me chercher mon fripon, tandis que j'irai rejoindre le seigneur Géronte pour lui conter ma disgrâce.

SCAPIN.

Monsieur, si je vous puis être utile en quelque chose, vous n'avez qu'à me commander.

ARGANTE.

Je vous remercie. (A part.) Ah! pourquoi faut-il qu'il soit fils unique! et que n'ai-je à cette heure la fille que le ciel m'a ôtée pour la faire mon héritière!

SCÈNE VII.

SCAPIN, SILVESTRE.

SILVESTRE.

J'AVOUE que tu es un grand homme, et voilà l'affaire en bon train : mais l'argent d'autre part nous presse pour notre subsistance ; et nous avons de tous côtés des gens qui aboient après nous.

SCAPIN.

Laisse-moi faire, la machine est trouvée. Je cherche seulement dans ma tête un homme qui me soit affidé, pour jouer un personnage dont j'ai besoin... Attends. Tiens-toi un peu, enfonce ton bonnet en méchant garçon, campe-toi sur un pied, mets la main au côté, fais les yeux furibonds, marche un peu en roi de thâtre... Voilà qui est bien. Suis-moi. J'ai des secrets pour déguiser ton visage et ta voix.

SILVESTRE.

Je te conjure au moins de ne m'aller point brouiller avec la justice.

SCAPIN.

Va, va, nous partagerons les périls en frères ; et trois ans de galère de plus ou de moins ne sont pas pour arrêter un noble cœur.

FIN DU PREMIER ACTE.

ACTE SECOND.

SCÈNE I.
GÉRONTE, ARGANTE.

GÉRONTE.

Oui, sans doute, par le temps qu'il fait, nous aurons ici nos gens aujourd'hui ; et un matelot qui vient de Tarente m'a assuré qu'il avoit vu mon homme qui étoit près de s'embarquer. Mais l'arrivée de ma fille trouvera les choses mal disposées à ce que nous nous proposions ; et ce que vous venez de m'apprendre de votre fils rompt étrangement les mesures que nous avions prises ensemble.

ARGANTE.

Ne vous mettez pas en peine, je vous réponds de renverser tout cet obstacle, et j'y vais travailler de ce pas.

GÉRONTE.

Ma foi, seigneur Argante, voulez-vous que je vous dise ? l'éducation des enfants est une chose à quoi il faut s'attacher fortement.

ARGANTE.

Sans doute. A quel propos cela ?

GÉRONTE.

A propos de ce que les mauvais déportements

ACTE II, SCÈNE I.

des jeunes gens viennent le plus souvent de la mauvaise éducation que leurs pères leur donnent.

ARGANTE.

Cela arrive parfois. Mais que voulez-vous dire par-là ?

GÉRONTE.

Ce que je veux dire par-là ?

ARGANTE.

Oui.

GÉRONTE.

Que si vous aviez, en brave père, bien morigéné votre fils, il ne vous auroit pas joué le tour qu'il vous a fait.

ARGANTE.

Fort bien. De sorte donc que vous avez bien mieux morigéné le vôtre ?

GÉRONTE.

Sans doute ; et je serois bien fâché qu'il m'eût rien fait approchant de cela.

ARGANTE.

Et si ce fils, que vous avez en brave père si bien morigéné, avoit fait pis encore que le mien ? Hé ?

GÉRONTE.

Comment ?

ARGANTE.

Comment ?

GÉRONTE.

Qu'est-ce que cela veut dire ?

ARGANTE.

Cela veut dire, seigneur Géronte, qu'il ne faut pas être si prompt à condamner la conduite des autres, et que ceux qui veulent gloser doivent bien regarder chez eux s'il n'y a rien qui cloche.

GÉRONTE.

Je n'entends point cette énigme.

ARGANTE.

On vous l'expliquera.

GÉRONTE.

Est-ce que vous auriez ouï dire quelque chose de mon fils ?

ARGANTE.

Cela se peut faire.

GÉRONTE.

Et quoi encore ?

ARGANTE.

Votre Scapin, dans mon dépit, ne m'a dit la chose qu'en gros ; et vous pourrez de lui, ou de quelque autre, être instruit du détail. Pour moi, je vais vite consulter un avocat, et aviser des biais que j'ai à prendre. Jusqu'au revoir.

SCÈNE II.

GÉRONTE.

Que pourroit-ce être que cette affaire-ci ? Pis encore que le sien ! Pour moi, je ne vois pas ce que l'on peut faire de pis ; et je trouve que se marier sans le consentement de son père est une action qui passe tout ce qu'on peut s'imaginer.

SCÈNE III.

GÉRONTE, LÉANDRE.

GÉRONTE.

Ah! vous voilà!

LÉANDRE, *courant à Géronte, pour l'embrasser.*

Ah! mon père, que j'ai de joie de vous voir de retour!

GÉRONTE, *refusant d'embrasser Léandre.*

Doucement; parlons un peu d'affaire.

LÉANDRE.

Souffrez que je vous embrasse, et que...

GÉRONTE, *le repoussant encore.*

Doucement, vous dis-je.

LÉANDRE.

Quoi! vous me refusez, mon père, de vous exprimer mon transport par mes embrassements?

GÉRONTE.

Oui. Nous avons quelque chose à démêler ensemble.

LÉANDRE.

Et quoi?

GÉRONTE.

Tenez-vous, que je vous voie en face.

LÉANDRE.

Comment?

GÉRONTE.

Regardez-moi entre deux yeux.

LÉANDRE.

Hé bien?

GÉRONTE.

Qu'est-ce donc qui s'est passé ici ?

LÉANDRE.

Ce qui s'est passé ?

GÉRONTE.

Oui. Qu'avez-vous fait pendant mon absence ?

LÉANDRE.

Que voulez-vous, mon père, que j'aie fait ?

GÉRONTE.

Ce n'est pas moi qui veux que vous ayez fait, mais qui demande ce que c'est que vous avez fait.

LÉANDRE.

Moi ! je n'ai fait aucune chose dont vous ayez lieu de vous plaindre.

GÉRONTE.

Aucune chose ?

LÉANDRE.

Non.

GÉRONTE.

Vous êtes bien résolu.

LÉANDRE.

C'est que je suis sûr de mon innocence.

GÉRONTE.

Scapin pourtant a dit de vos nouvelles.

LÉANDRE.

Scapin ?

GÉRONTE.

Ah ! ah ! ce mot vous fait rougir.

LÉANDRE.

Il vous a dit quelque chose de moi ?

ACTE II, SCÈNE III.

GÉRONTE.

Ce lieu n'est pas tout-à-fait propre à vider cette affaire, et nous allons l'examiner ailleurs. Qu'on se rende au logis ; j'y vais revenir tout à l'heure. Ah ! traître, s'il faut que tu me déshonores, je te renonce pour mon fils, et tu peux bien, pour jamais, te résoudre à fuir de ma présence.

SCÈNE IV.

LÉANDRE.

Me trahir de cette manière ! Un coquin qui doit, par cent raisons, être le premier à cacher les choses que je lui confie, est le premier à les aller découvrir à mon père ! Ah ! je jure le ciel que cette trahison ne demeurera pas impunie.

SCÈNE V.

OCTAVE, LÉANDRE, SCAPIN.

OCTAVE.

Mon cher Scapin, que ne dois-je point à tes soins ! Que tu es un homme admirable ! et que le ciel m'est favorable de t'envoyer à mon secours ?

LÉANDRE.

Ah ! ah ! vous voilà ! je suis ravi de vous trouver, monsieur le coquin.

SCAPIN.

Monsieur, votre serviteur. C'est trop d'honneur que vous me faites.

LÉANDRE, mettant l'épée à la main.

Vous faites le méchant plaisant. Ah ! je vous apprendrai...

SCAPIN, se mettant à genoux.

Monsieur.

OCTAVE, se mettant entre eux deux, pour empêcher Léandre de frapper Scapin.

Ah ! Léandre.

LÉANDRE.

Non, Octave, ne me retenez point, je vous prie.

SCAPIN, à Léandre.

Hé ! monsieur.

OCTAVE, retenant Léandre.

De grâce.

LÉANDRE, voulant frapper Scapin.

Laissez-moi contenter mon ressentiment.

OCTAVE.

Au nom de l'amitié, Léandre, ne le maltraitez point.

SCAPIN.

Monsieur, que vous ai-je fait ?

LÉANDRE, voulant frapper Scapin.

Ce que tu m'as fait, traître !

OCTAVE, retenant encore Léandre.

Hé ! doucement.

LÉANDRE.

Non, Octave ; je veux qu'il me confesse lui-même tout à l'heure la perfidie qu'il m'a faite. Oui, coquin, je sais le trait que tu m'as joué, on vient de me l'apprendre ; et tu ne croyois

ACTE II, SCÈNE V.

pas peut-être que l'on me dût révéler ce secret; mais je veux en avoir la confession de ta propre bouche, ou je vais te passer cette épée au travers du corps.

SCAPIN.

Ah! monsieur, auriez-vous bien ce cœur-là!

LÉANDRE.

Parle donc.

SCAPIN.

Je vous ai fait quelque chose, monsieur?

LÉANDRE.

Oui, coquin; et ta conscience ne te dit que trop ce que c'est.

SCAPIN.

Je vous assure que je l'ignore.

LÉANDRE, *s'avançant pour frapper Scapin.*

Tu l'ignores?

OCTAVE, *retenant Léandre.*

Léandre.

SCAPIN.

Hé bien, monsieur, puisque vous le voulez, je vous confesse que j'ai bu avec mes amis ce petit quartaut de vin d'Espagne dont on vous fit présent il y a quelques jours, et que c'est moi qui fis une fente au tonneau, et répandis de l'eau autour, pour faire croire que le vin s'étoit échappé.

LÉANDRE.

C'est toi, pendard, qui m'as bu mon vin d'Espagne, et qui as été cause que j'ai tant querellé la servante, croyant que c'étoit elle qui m'avoit fait le tour?

SCAPIN.

Oui, monsieur. Je vous en demande pardon.

LÉANDRE.

Je suis bien aise d'apprendre cela : mais ce n'est pas l'affaire dont il est question maintenant.

SCAPIN.

Ce n'est pas cela, monsieur ?

LÉANDRE.

Non ; c'est une autre affaire qui me touche bien plus ; et je veux que tu me la dises.

SCAPIN.

Monsieur, je ne me souviens pas d'avoir fait autre chose.

LÉANDRE, voulant frapper Scapin.

Tu ne veux pas parler ?

SCAPIN.

Hé !

OCTAVE, retenant Léandre.

Tout doux.

SCAPIN.

Oui, monsieur, il est vrai qu'il y a trois semaines que vous m'envoyâtes porter le soir une petite montre à la jeune Égyptienne que vous aimez ; je revins au logis, mes habits tout couverts de boue, et le visage plein de sang, et vous dis que j'avois trouvé des voleurs qui m'avoient bien battu et m'avoient dérobé la montre. C'étoit moi, monsieur, qui l'avois retenue.

LÉANDRE.

C'est toi qui as retenu ma montre ?

SCAPIN.

Oui, monsieur, afin de voir quelle heure il est.

LÉANDRE.

Ah! ah! j'apprends ici de jolies choses, et j'ai un serviteur fort fidèle, vraiment! Mais ce n'est pas encore cela que je demande.

SCAPIN.

Ce n'est pas cela?

LÉANDRE.

Non, infâme; c'est autre chose encore que je veux que tu me confesses.

SCAPIN, à part.

Peste!

LÉANDRE.

Parle vite, j'ai hâte.

SCAPIN.

Monsieur, voilà tout ce que j'ai fait.

LÉANDRE, voulant frapper Scapin.

Voilà tout?

OCTAVE, se mettant au-devant de Léandre.

Hé!

SCAPIN.

Hé bien, oui, monsieur; vous vous souvenez de ce loup-garou, il y a six mois, qui vous donna tant de coups de bâton la nuit, et vous pensa faire rompre le cou dans une cave où vous tombâtes en fuyant.

LÉANDRE.

Hé bien?

SCAPIN.

C'étoit moi, monsieur, qui faisois le loup-garou.

LÉANDRE.

C'étoit toi, traître, qui faisois le loup-garou?

SCAPIN.

Oui, monsieur, seulement pour vous faire peur, et vous ôter l'envie de nous faire courir toutes les nuits comme vous aviez de coutume.

LÉANDRE.

Je saurai me souvenir en temps et lieu de tout ce que je viens d'apprendre. Mais je veux venir au fait, et que tu me confesses ce que tu as dit à mon père.

SCAPIN.

A votre père?

LÉANDRE.

Oui, fripon, à mon père.

SCAPIN.

Je ne l'ai pas seulement vu depuis son retour.

LÉANDRE.

Tu ne l'as pas vu?

SCAPIN.

Non, monsieur.

LÉANDRE.

Assurément?

SCAPIN.

Assurément. C'est une chose que je vais vous faire dire par lui-même.

LÉANDRE.

C'est de sa bouche que je le tiens pourtant.

SCAPIN.

Avec votre permission, il n'a pas dit la vérité.

SCÈNE VI.

LÉANDRE, OCTAVE, CARLE, SCAPIN.

CARLE.

Monsieur, je vous apporte une nouvelle qui est fâcheuse pour votre amour.

LÉANDRE.

Comment ?

CARLE.

Vos Égyptiens sont sur le point de vous enlever Zerbinette ; et elle-même, les larmes aux yeux, m'a chargé de venir promptement vous dire que, si dans deux heures vous ne songez à leur porter l'argent qu'ils vous ont demandé pour elle, vous l'allez perdre pour jamais.

LÉANDRE.

Dans deux heures ?

CARLE.

Dans deux heures.

SCÈNE VII.

LÉANDRE, OCTAVE, SCAPIN.

LÉANDRE.

Ah ! mon pauvre Scapin, j'implore ton secours.

SCAPIN, se levant, et passant fièrement devant Léandre.

Ah! mon pauvre Scapin ! Je suis mon pauvre Scapin à cette heure qu'on a besoin de moi.

LÉANDRE.

Va, je te pardonne tout ce que tu viens de me dire, et pis encore, si tu me l'as fait.

SCAPIN.

Non, non, ne me pardonnez rien; passez-moi votre épée au travers du corps. Je serai ravi que vous me tuiez.

LÉANDRE.

Non, je te conjure plutôt de me donner la vie, en servant mon amour.

SCAPIN.

Point, point; vous ferez mieux de me tuer.

LÉANDRE.

Tu m'es trop précieux; et je te prie de vouloir employer pour moi ce génie admirable qui vient à bout de toutes choses.

SCAPIN.

Non; tuez-moi, vous dis-je.

LÉANDRE.

Ah! de grâce, ne songe plus à tout cela, et pense à me donner le secours que je te demande.

OCTAVE.

Scapin, il faut faire quelque chose pour lui.

SCAPIN.

Le moyen, après une avanie de la sorte?

LÉANDRE.

Je te conjure d'oublier mon emportement, et de me prêter ton adresse.

OCTAVE.

Je joins mes prières aux siennes.

SCAPIN.

J'ai cette insulte-là sur le cœur.

ACTE II, SCÈNE VI.

OCTAVE.

Il faut quitter ton ressentiment.

LÉANDRE.

Voudrois-tu m'abandonner, Scapin, dans la cruelle extrémité où se voit mon amour ?

SCAPIN.

Me venir faire, à l'improviste, un affront comme celui-là !

LÉANDRE.

J'ai tort, je le confesse.

SCAPIN.

Me traiter de coquin ! de fripon ! de pendard ! d'infâme !

LÉANDRE.

J'en ai tous les regrets du monde.

SCAPIN.

Me vouloir passer son épée au travers du corps !

LÉANDRE.

Je t'en demande pardon de tout mon cœur ; et s'il ne tient qu'à me jeter à tes genoux, tu m'y vois, Scapin, pour te conjurer encore une fois de ne me point abandonner.

OCTAVE.

Ah ! ma foi, Scapin, il faut se rendre à cela.

SCAPIN.

Levez-vous. Une autre fois ne soyez point si prompt.

LÉANDRE.

Me promets-tu de travailler pour moi ?

SCAPIN.

On y songera.

LÉANDRE.

Mais tu sais que le temps presse.

SCAPIN.

Ne vous mettez pas en peine. Combien est-ce qu'il vous faut ?

LÉANDRE.

Cinq cents écus.

SCAPIN.

Et à vous ?

OCTAVE.

Deux cents pistoles.

SCAPIN.

Je veux tirer cet argent de vos pères. (A Octave.) Pour ce qui est du vôtre, la machine est déjà toute trouvée. (A Léandre.) Et quant au vôtre, bien qu'avare au dernier degré, il y faudra moins de façon encore : car vous savez que pour l'esprit il n'en a pas, grâce à Dieu, grande provision ; et je le livre pour une espèce d'homme à qui l'on fera toujours croire tout ce que l'on voudra. Cela ne vous offense point, il ne tombe entre lui et vous aucun soupçon de ressemblance, et vous savez assez l'opinion de tout le monde, qui veut qu'il ne soit votre père que pour la forme.

LÉANDRE.

Tout beau, Scapin.

SCAPIN.

Bon, bon, on fait bien scrupule de cela ! Vous moquez-vous ? Mais j'aperçois venir le père d'Octave. Commençons par lui, puisqu'il se présente. Allez-vous-en tous deux. (A Octave.) Et vous, avertissez votre Silvestre de venir vite jouer son rôle.

SCÈNE VIII.
ARGANTE, SCAPIN.

SCAPIN, à part.

Le voilà qui rumine.

ARGANTE, se croyant seul.

Avoir si peu de conduite et de considération ! S'aller jeter dans un engagement comme celui-là ! Ah ! ah ! jeunesse impertinente !

SCAPIN.

Monsieur, votre serviteur.

ARGANTE.

Bonjour, Scapin.

SCAPIN.

Vous rêvez à l'affaire de votre fils.

ARGANTE.

Je t'avoue que cela me donne un furieux chagrin.

SCAPIN.

Monsieur, la vie est mêlée de traverses ; il est bon de s'y tenir sans cesse préparé ; et j'ai ouï dire, il y a long-temps, une parole d'un ancien, que j'ai toujours retenue.

ARGANTE.

Quoi ?

SCAPIN.

Que, pour peu qu'un père de famille ait été

absent de chez lui, il doit promener son esprit sur tous les fâcheux accidents que son retour peut rencontrer ; se figurer sa maison brûlée, son argent dérobé, sa femme morte, son fils estropié, sa fille subornée ; et ce qu'il trouve qui ne lui est point arrivé, l'imputer à bonne fortune. Pour moi, j'ai pratiqué toujours cette leçon dans ma petite philosophie ; et je ne suis jamais revenu au logis que je ne me sois tenu prêt à la colère de mes maîtres, aux réprimandes, aux injures, aux coups de pied au cul, aux bastonnades, aux étrivières ; et ce qui a manqué à m'arriver, j'en ai rendu grâces à mon bon destin.

ARGANTE.

Voilà qui est bien : mais ce mariage impertinent qui trouble celui que nous voulons faire est une chose que je ne puis souffrir, et je viens de consulter des avocats pour le faire casser.

SCAPIN.

Ma foi, monsieur, si vous m'en croyez, vous tâcherez, par quelque autre voie, d'accommoder l'affaire. Vous savez ce que c'est que les procès en ce pays-ci, et vous allez vous enfoncer dans d'étranges épines.

ARGANTE.

Tu as raison, je le vois bien. Mais quelle autre voie ?

SCAPIN.

Je pense que j'en ai trouvé une. La compassion que m'a donnée tantôt votre chagrin m'a obligé à chercher dans ma tête quelque moyen pour vous tirer d'inquiétude : car je ne saurois voir d'honnêtes pères chagrinés par leurs enfants que cela ne m'émeuve : et de tout temps je me suis senti pour votre personne une inclination particulière.

ARGANTE.

Je te suis obligé.

SCAPIN.

J'ai donc été trouver le frère de cette fille qui a été épousée. C'est un de ces braves de profession, de ces gens qui sont tout coups d'épée, qui ne parlent que d'échiner, et ne font non plus de conscience de tuer un homme que d'avaler un verre de vin. Je l'ai mis sur ce mariage, lui ai fait voir quelle facilité offroit la raison de la violence pour le faire casser, vos prérogatives du nom de père, et l'appui que vous donneroient auprès de la justice, et votre droit, et votre argent, et vos amis ; enfin, je l'ai tant tourné de tous les côtés, qu'il a prêté l'oreille aux propositions que je lui ai faites d'ajuster l'affaire pour quelque somme ; et il donnera son consentement à rompre le mariage, pourvu que vous lui donniez de l'argent.

ARGANTE.

Et qu'a-t-il demandé ?

SCAPIN.

Oh ! d'abord des choses par-dessus les maisons.

ARGANTE.

Hé ! quoi ?

SCAPIN.

Des choses extravagantes.

ARGANTE.

Mais encore ?

SCAPIN.

Il ne parloit pas moins que de cinq ou six cents pistoles.

ARGANTE.

Cinq ou six cents fièvres quartaines qui le puissent serrer ! Se moque-t-il des gens ?

SCAPIN.

C'est ce que je lui ai dit. J'ai rejeté bien loin de pareilles propositions, et je lui ai bien fait entendre que vous n'étiez point une dupe, pour vous demander des cinq ou six cents pistoles. Enfin, après plusieurs discours, voici où s'est réduit le résultat de notre conférence. Nous voilà au temps, m'a-t-il dit, que je dois partir pour l'armée ; je suis après à m'équiper, et le besoin que j'ai de quelque argent me fait consentir malgré moi à ce qu'on me propose. Il me faut un cheval de service, et je n'en saurois avoir un qui soit tant soit peu raisonnable, à moins de soixante pistoles.

ARGANTE.

Hé bien, pour soixante pistoles, je les donne.

SCAPIN.

Il faudra le harnois et les pistolets, et cela ira bien à vingt pistoles encore.

ARGANTE.

Vingt pistoles, et soixante, ce seroit quatre-vingts !

ACTE II, SCÈNE VIII.

SCAPIN.

Justement.

ARGANTE.

C'est beaucoup ; mais soit, je consens à cela.

SCAPIN.

Il me faut aussi un cheval pour monter mon valet, qui coûtera bien trente pistoles.

ARGANTE.

Comment diantre ! Qu'il se promène ; il n'aura rien du tout.

SCAPIN.

Monsieur...

ARGANTE.

Non. C'est un impertinent.

SCAPIN.

Voulez-vous que son valet aille à pied ?

ARGANTE.

Qu'il aille comme il lui plaira, et le maître aussi.

SCAPIN.

Mon Dieu ! monsieur, ne vous arrêtez point à peu de chose : n'allez point plaider, je vous prie ; et donnez tout pour vous sauver des mains de la justice.

ARGANTE.

Hé bien, soit. Je me résous à donner encore ces trente pistoles.

SCAPIN.

Il me faut encore, a-t-il dit, un mulet pour porter...

ARGANTE.

Oh ! qu'il aille au diable avec son mulet ! C'en est trop, et nous irons devant les juges.

SCAPIN.

De grâce, monsieur...

ARGANTE.

Non, je n'en ferai rien.

SCAPIN.

Monsieur, un petit mulet.

ARGANTE.

Je ne lui donnerois pas seulement un âne.

SCAPIN.

Considérez.

ARGANTE.

Non, j'aime mieux plaider.

SCAPIN.

Hé! monsieur, de quoi parlez-vous là, et à quoi vous résolvez-vous! Jetez les yeux sur les détours de la justice; voyez combien d'appels et de degrés de juridiction, combien de procédures embarrassantes, combien d'animaux ravissants par les griffes desquels il vous faudra passer; sergents, procureurs, avocats, greffiers, substituts, rapporteurs, juges, et leurs clercs. Il n'y a pas un de tous ces gens-là qui, pour la moindre chose, ne soit capable de donner un soufflet au meilleur droit du monde. Un sergent baillera de faux exploits, sur quoi vous serez condamné sans que vous le sachiez. Votre procureur s'entendra avec votre partie, et vous vendra à beaux deniers comptants. Votre avocat, gagné de même, ne se trouvera point lorsqu'on plaidera votre cause, ou dira des raisons qui ne feront que battre la campagne, et n'iront point au fait. Le greffier délivrera par contumace des sentences et arrêts contre vous. Le clerc du rapporteur soustraira des pièces, ou le rapporteur même ne dira pas ce qu'il a vu. Et quand, par les plus grandes précautions du monde, vous aurez paré tout cela, vous serez ébahi que vos juges auront été sollicités contre vous, ou par des gens dévots, ou par des femmes qu'ils aimeront. Hé! monsieur, si vous le pouvez, sauvez-vous de cet enfer-là. C'est être damné dès ce monde que d'avoir à plaider; et la seule pensée d'un procès seroit capable de me faire fuir jusqu'aux Indes.

ARGANTE.

A combien est-ce qu'il fait monter le mulet?

SCAPIN.

Monsieur, pour le mulet, pour son cheval, et celui de son homme, pour le harnois et les pistolets, et pour payer quelque petite chose qu'il doit à son hôtesse, il demande en tout deux cents pistoles.

ARGANTE.

Deux cents pistoles?

SCAPIN.

Oui.

ARGANTE, *se promenant en colère.*

Allons, allons; nous plaiderons.

SCAPIN.

Faites réflexion...

ARGANTE.

Je plaiderai.

SCAPIN.

Ne vous allez point jeter...

ARGANTE.

Je veux plaider.

SCAPIN.

Mais, pour plaider, il vous faudra de l'argent ; il vous en faudra pour l'exploit ; il vous en faudra pour le contrôle ; il vous en faudra pour la procuration, pour la présentation, conseils, productions, et journées de procureur ; il vous en faudra pour les consultations et plaidoieries des avocats, pour le droit de retirer le sac, et pour les grosses d'écritures ; il vous en faudra pour le rapport des substituts, pour les épices de conclusion, pour l'enregistrement du greffier, façon d'appointement, sentences et arrêts, contrôles, signatures, et expéditions de leurs clercs, sans parler de tous les présents qu'il vous faudra faire. Donnez cet argent-là à cet homme-ci, vous voilà hors d'affaire.

ARGANTE.

Comment ! deux cents pistoles !

SCAPIN.

Oui. Vous y gagnerez. J'ai fait un petit calcul, en moi-même, de tous les frais de la justice ; et j'ai trouvé qu'en donnant deux cents pistoles à votre homme, vous en aurez de reste, pour le moins, cent cinquante, sans compter les soins, les pas et les chagrins que vous épargnerez. Quand il n'y auroit à essuyer que les sottises que disent devant tout le monde de méchants plaisants d'avocats, j'aimerois mieux donner trois cents pistoles, que de plaider.

ARGANTE.

Je me moque de cela, et je défie les avocats de rien dire de moi.

SCAPIN.

Vous ferez ce qu'il vous plaira ; mais si j'étois que de vous, je fuirois les procès.

ARGANTE.

Je ne donnerai point deux cents pistoles.

SCAPIN.

Voici l'homme dont il s'agit.

SCÈNE IX.

ARGANTE, SCAPIN ; SILVESTRE, DÉGUISÉ EN SPADASSIN.

SILVESTRE.

SCAPIN, fais-moi connoître un peu cet Argante qui est père d'Octave.

SCAPIN.

Pourquoi, monsieur ?

SILVESTRE.

Je viens d'apprendre qu'il veut me mettre en procès, et faire rompre par justice le mariage de ma sœur.

SCAPIN.

Je ne sais pas s'il a cette pensée ; mais il ne veut point consentir aux deux cents pistoles que vous voulez, et il dit que c'est trop.

SILVESTRE.

Par la mort! par la tête! par le ventre! si je le trouve, je le veux échiner, dussé-je être roué tout vif. (Argante, pour n'être point vu, se tient en tremblant derrière Scapin.)

SCAPIN.

Monsieur, ce père d'Octave a du cœur; et peut-être ne vous craindra-t-il point.

SILVESTRE.

Lui! lui! Par le sang! par la tête! s'il étoit là, je lui donnerois tout à l'heure de l'épée dans le ventre. (Apercevant Argante.) Qui est cet homme-là?

SCAPIN.

Ce n'est pas lui, monsieur; ce n'est pas lui.

SILVESTRE.

N'est-ce point quelqu'un de ses amis?

SCAPIN.

Non, monsieur; au contraire, c'est son ennemi capital?

SILVESTRE.

Son ennemi capital?

SCAPIN.

Oui.

SILVESTRE.

Ah! parbleu, j'en suis ravi. (À Argante.) Vous êtes ennemi, monsieur, de ce faquin d'Argante? Hé?

SCAPIN.

Oui, oui, je vous en réponds.

SILVESTRE, secouant rudement la main d'Argante.

Touchez-là; touchez. Je vous donne ma parole,

ACTE II, SCÈNE IX.

et vous jure, sur mon honneur, par l'épée que je porte, par tous les sermens que je saurois faire, qu'avant la fin du jour je vous déferai de ce maraud fieffé, de ce faquin d'Argante. Reposez-vous sur moi.

SCAPIN.

Monsieur, les violences en ce pays-ci ne sont guère souffertes.

SILVESTRE.

Je me moque de tout, et je n'ai rien à perdre.

SCAPIN.

Il se tiendra sur ses gardes assurément; et il a des parents, des amis et des domestiques dont il se fera un secours contre votre ressentiment.

SILVESTRE.

C'est ce que je demande, morbleu; c'est ce que je demande. (Mettant l'épée à la main.) Ah, tête! ah, ventre! Que ne le trouvé-je à cette heure avec tout son secours! Que ne paroît-il à mes yeux au milieu de trente personnes! que ne le vois-je fondre sur moi les armes à la main!.. (Se mettant en garde.) Comment! marauds, vous avez la hardiesse de vous attaquer à moi! Allons, morbleu, tue!

(Poussant de tous les côtés, comme s'il avoit plusieurs personnes à combattre.)

Point de quartier. Donnous. Ferme. Poussons. Bon pied, bon œil. Ah, coquins! Ah, canaille! vous en voulez par-là; je vous en ferai tâter votre soûl. Soutenez, marauds, soutenez. Allons à cette botte. A cette autre. (Se tournant du côté d'Argante et de

Scapin.) A celle-ci, à celle-là. Comment, vous reculez ! Pied ferme, morbleu ; pied ferme.

SCAPIN.

Hé ! hé ! hé ! monsieur, nous n'en sommes pas.

SILVESTRE.

Voilà qui vous apprendra à vous oser jouer à moi.

SCÈNE X.

ARGANTE, SCAPIN.

SCAPIN.

Hé bien ! vous voyez combien de personnes tuées pour deux cents pistoles. Or sus, je vous souhaite une bonne fortune.

ARGANTE, tout tremblant.

Scapin !

SCAPIN.

Plaît-il ?

ARGANTE.

Je me résous à donner les deux cents pistoles.

SCAPIN.

J'en suis ravi pour l'amour de vous.

ARGANTE.

Allons le trouver, je les ai sur moi.

SCAPIN.

Vous n'avez qu'à me les donner. Il ne faut pas, pour votre honneur, que vous paroissiez là, après avoir passé ici pour autre que ce que vous êtes ; et, de plus, je craindrois qu'en vous faisant connoître il n'allât s'aviser de vous demander davantage.

ARGANTE.

Oui ; mais j'aurois été bien aise de voir comme je donne mon argent.

SCAPIN.

Est-ce que vous vous défiez de moi ?

ARGANTE.

Non pas ; mais...

SCAPIN.

Parbleu, monsieur, je suis un fourbe, ou je suis honnête homme ; c'est l'un des deux. Est-ce que je voudrois vous tromper, et que, dans tout ceci, j'ai d'autre intérêt que le vôtre et celui de mon maître, à qui vous voulez vous allier ? Si je vous suis suspect, je ne me mêle plus de rien, et vous n'avez qu'à chercher, dès cette heure, qui accommodera vos affaires.

ARGANTE.

Tiens donc.

SCAPIN.

Non, monsieur, ne me confiez point votre argent. Je serai bien aise que vous vous serviez de quelque autre.

ARGANTE.

Mon Dieu ! tiens.

SCAPIN.

Non, vous dis-je ; ne vous fiez point à moi. Que sait-on si je ne veux point vous attraper votre argent ?

ARGANTE.

Tiens, te dis-je ; ne me fais point contester

davantage. Mais songe à bien prendre tes sûretés avec lui.

SCAPIN.

Laissez-moi faire ; il n'a pas affaire à un sot.

ARGANTE.

Je vais t'attendre chez moi.

SCAPIN.

Je ne manquerai pas d'y aller. (Seul.) Et un. Je n'ai qu'à chercher l'autre. Ah ! ma foi, le voici. Il semble que le ciel, l'un après l'autre, les amène dans mes filets.

SCÈNE XI.

SCAPIN, GÉRONTE.

SCAPIN, faisant semblant de ne pas voir Géronte.

O ciel ! O disgrâce imprévue ! O misérable père ! Pauvre Géronte, que feras-tu ?

GÉRONTE, à part.

Que dit-il là de moi avec ce visage affligé ?

SCAPIN.

N'y a-t-il personne qui puisse me dire où est le seigneur Géronte ?

GÉRONTE.

Qu'y a-t-il, Scapin ?

SCAPIN, courant sur le théâtre, sans vouloir entendre ni voir Géronte.

Où pourrai-je le rencontrer pour lui dire cette infortune ?

GÉRONTE, courant après Scapin.

Qu'est-ce que c'est donc ?

ACTE II, SCÈNE XI.

SCAPIN.

En vain je cours de tous côtés pour le pouvoir trouver.

GÉRONTE.

Me voici.

SCAPIN.

Il faut qu'il soit caché dans quelque endroit qu'on ne puisse point deviner.

GÉRONTE, arrêtant Scapin.

Holà. Es-tu aveugle, que tu ne me vois pas ?

SCAPIN.

Ah ! monsieur, il n'y a pas moyen de vous rencontrer.

GÉRONTE.

Il y a une heure que je suis devant toi. Qu'est-ce que c'est donc qu'il y a ?

SCAPIN.

Monsieur...

GÉRONTE.

Quoi ?

SCAPIN.

Monsieur votre fils...

GÉRONTE.

Hé bien ? mon fils...

SCAPIN.

Est tombé dans une disgrâce la plus étrange du monde.

GÉRONTE.

Et quelle ?

SCAPIN.

Je l'ai trouvé tantôt tout triste de je ne sais quoi

que vous lui avez dit, où vous m'avez mêlé assez mal à propos ; et cherchant à divertir cette tristesse, nous nous sommes allés promener sur le port. Là, entre autres plusieurs choses, nous avons arrêté nos yeux sur une galère turque assez bien équipée. Un jeune Turc de bonne mine nous a invités d'y entrer, et nous a présenté la main. Nous y avons passé. Il nous a fait mille civilités, nous a donné la collation, où nous avons mangé des fruits les plus excellents qui se puissent voir, et bu du vin que nous avons trouvé le meilleur du monde.

GÉRONTE.

Qu'y a-t-il de si affligeant à tout cela ?

SCAPIN.

Attendez, monsieur, nous y voici. Pendant que nous mangions, il a fait mettre la galère en mer ; et se voyant éloigné du port, il m'a fait mettre dans un esquif, et m'envoie vous dire que, si vous ne lui envoyez par moi tout à l'heure cinq cents écus, il va vous emmener votre fils en Alger.

GÉRONTE.

Comment diantre ! cinq cents écus !

SCAPIN.

Oui, monsieur ; et, de plus, il ne m'a donné pour cela que deux heures.

GÉRONTE.

Ah ! le pendard de Turc ! m'assassiner de la façon.

ACTE II, SCÈNE XI.

SCAPIN.

C'est à vous, monsieur, d'aviser promptement aux moyens de sauver des fers un fils que vous aimez avec tant de tendresse.

GÉRONTE.

Que diable alloit-il faire dans cette galère?

SCAPIN.

Il ne songeoit pas à ce qui est arrivé.

GÉRONTE.

Va-t'en, Scapin, va-t'en vite dire à ce Turc que je vais envoyer la justice après lui.

SCAPIN.

La justice en pleine mer! vous moquez-vous des gens?

GÉRONTE.

Que diable alloit-il faire dans cette galère?

SCAPIN.

Une méchante destinée conduit quelquefois les personnes.

GÉRONTE.

Il faut, Scapin, il faut que tu fasses ici l'action d'un serviteur fidèle.

SCAPIN.

Quoi, monsieur?

GÉRONTE.

Que tu ailles dire à ce Turc qu'il me renvoie mon fils, et que tu te mets à sa place, jusqu'à ce que j'aie amassé la somme qu'il demande.

SCAPIN.

Hé! monsieur, songez-vous à ce que vous dites?

et vous figurez-vous que ce Turc ait si peu de sens que d'aller recevoir un misérable comme moi à la place de votre fils ?

GÉRONTE.

Que diable alloit-il faire dans cette galère ?

SCAPIN.

Il ne devinoit pas ce malheur. Songez, monsieur, qu'il ne m'a donné que deux heures.

GÉRONTE.

Tu dis qu'il demande...

SCAPIN.

Cinq cents écus.

GÉRONTE.

Cinq cents écus ! n'a-t-il point de conscience ?

SCAPIN.

Vraiment oui, de la conscience à un Turc !

GÉRONTE.

Sait-il bien ce que c'est que cinq cents écus ?

SCAPIN.

Oui, monsieur, il sait que c'est mille cinq cents livres.

GÉRONTE.

Croit-il, le traître, que mille cinq cents livres se trouvent dans le pas d'un cheval ?

SCAPIN.

Ce sont des gens qui n'entendent point de raisons.

GÉRONTE.

Mais que diable alloit-il faire dans cette galère ?

SCAPIN.

Il est vrai; mais quoi ! on ne prévoyoit pas les choses. De grâce, monsieur, dépêchez.

ACTE II, SCÈNE XI.

GÉRONTE.

Tiens, voilà la clef de mon armoire.

SCAPIN.

Bon.

GÉRONTE.

Tu l'ouvriras.

SCAPIN.

Fort bien.

GÉRONTE.

Tu trouveras une grosse clef du côté gauche, qui est celle de mon grenier.

SCAPIN.

Oui.

GÉRONTE.

Tu iras prendre toutes les hardes qui sont dans cette grande manne (*), et tu les vendras aux fripiers, pour aller racheter mon fils.

SCAPIN, *en lui rendant la clef.*

Hé ! monsieur, rêvez-vous ? Je n'aurois pas cent francs de tout ce que vous dites ; et, de plus, vous savez le peu de temps qu'on m'a donné.

GÉRONTE.

Mais que diable alloit-il faire dans cette galère ?

SCAPIN.

Oh ! que de paroles perdues ! Laissez-la cette galère, et songez que le temps presse, et que vous courez risque de perdre votre fils. Hélas ! mon pauvre maître, peut-être que je ne te

---

(*) *Manne.* Une manne est un panier d'osier, plus long que large, avec des anses.

verrai de ma vie, et qu'à l'heure que je parle on t'emmène esclave en Alger! Mais le ciel me sera témoin que j'ai fait pour toi tout ce que j'ai pu, et que, si tu manques à être racheté, il n'en faut accuser que le peu d'amitié d'un père.

GÉRONTE.

Attends, Scapin, je m'en vais quérir cette somme.

SCAPIN.

Dépêchez donc vite, monsieur, je tremble que l'heure ne sonne.

GÉRONTE.

N'est-ce pas quatre cents écus que tu dis?

SCAPIN.

Non, cinq cents écus.

GÉRONTE.

Cinq cents écus!

SCAPIN.

Oui.

GÉRONTE.

Que diable alloit-il faire dans cette galère?

SCAPIN.

Vous avez raison : mais hâtez-vous.

GÉRONTE.

N'y avoit-il point d'autre promenade.

SCAPIN.

Cela est vrai : mais faites promptement.

GÉRONTE.

Ah! maudite galère.

ACTE II, SCÈNE XI.

SCAPIN, à part.

Cette galère lui tient au cœur.

GÉRONTE.

Tiens, Scapin, je ne me souvenois pas que je viens justement de recevoir cette somme en or ; et je ne croyois pas qu'elle dût m'être sitôt ravie. (Tirant sa bourse de sa poche, et la présentant à Scapin.) Tiens, va-t'en racheter mon fils.

SCAPIN, tendant la main.

Oui, monsieur.

GÉRONTE, retenant sa bourse, qu'il fait semblant de vouloir donner à Scapin.

Mais dis à ce Turc que c'est un scélérat.

SCAPIN, tendant encore la main.

Oui.

GÉRONTE, recommençant la même action.

Un infâme.

SCAPIN, tendant toujours la main.

Oui.

GÉRONTE, de même.

Un homme sans foi, un voleur.

SCAPIN.

Laissez-moi faire.

GÉRONTE, de même.

Qu'il me tire cinq cents écus contre toute sorte de droit.

SCAPIN.

Oui.

GÉRONTE, de même.

Que je ne les lui donne ni à la mort ni à la vie.

SCAPIN.

Fort bien.

GÉRONTE, de même.

Et que, si jamais je l'attrappe, je saurai me venger de lui.

SCAPIN.

Oui.

GÉRONTE, remettant sa bourse dans sa poche, et s'en allant.

Va, va vite requérir mon fils.

SCAPIN, courant après Géronte.

Holà, monsieur.

GÉRONTE.

Quoi?

SCAPIN.

Où est donc cet argent?

GÉRONTE.

Ne te l'ai-je pas donné?

SCAPIN.

Non vraiment; vous l'avez remis dans votre poche.

GÉRONTE.

Ah! c'est la douleur qui me trouble l'esprit.

SCAPIN.

Je le vois bien.

GÉRONTE.

Que diable alloit-il faire dans cette galère? Ah! maudite galère de Turc, à tous les diables!

SCAPIN, seul.

Il ne peut digérer les cinq cents écus que je lui arrache; mais il n'est pas quitte envers moi; et je veux qu'il me paye en une autre monnoie l'imposture qu'il m'a faite auprès de son fils.

SCÈNE XII.
OCTAVE, LÉANDRE, SCAPIN.

OCTAVE.

Hé bien! Scapin, as-tu réussi pour moi dans ton entreprise?

LÉANDRE.

As-tu fait quelque chose pour tirer mon amour de la peine où il est?

SCAPIN, à Octave.

Voilà deux cents pistoles que j'ai tirées de votre père.

OCTAVE.

Ah! que tu me donnes de joie!

SCAPIN, à Léandre.

Pour vous, je n'ai pu faire rien.

LÉANDRE, voulant s'en aller.

Il faut donc que j'aille mourir; et je n'ai que faire de vivre, si Zerbinette m'est ôtée.

SCAPIN.

Holà, holà, tout doucement. Comme diantre vous allez vite!

LÉANDRE, se retournant.

Que veux-tu que je devienne?

SCAPIN.

Allez, j'ai votre affaire ici.

LÉANDRE.

Ah! tu me redonnes la vie.

SCAPIN.

Mais à condition que vous me permettrez, à moi, une petite vengeance contre votre père, pour le tour qu'il m'a fait.

LÉANDRE.

Tout ce que tu voudras.

SCAPIN.

Vous me le promettez devant témoin?

LÉANDRE.

Oui.

SCAPIN.

Tenez, voilà cinq cents écus.

LÉANDRE.

Allons-en promptement acheter celle que j'adore.

FIN DU SECOND ACTE.

ACTE TROISIÈME.

SCÈNE I.

ZERBINETTE, HYACINTHE, SCAPIN, SILVESTRE.

SILVESTRE.

Oui, vos amants ont arrêté entre eux que vous fussiez ensemble ; et nous nous acquittons de l'ordre qu'ils nous ont donné.

HYACINTHE, à Zerbinette.

Un tel ordre n'a rien qui ne me soit fort agréable. Je reçois avec joie une compagne de la sorte ; et il ne tiendra pas à moi que l'amitié qui est entre les personnes que nous aimons ne se répande entre nous deux.

ZERBINETTE.

J'accepte la proposition, et ne suis point personne à reculer, lorsqu'on m'attaque d'amitié.

SCAPIN.

Et lorsque c'est d'amour qu'on vous attaque ?

ZERBINETTE.

Pour l'amour, c'est une autre chose : on y court un peu plus de risque, et je n'y suis pas si hardie.

SCAPIN.

Vous l'êtes, que je crois, contre mon maître ;

maintenant ; et ce qu'il vient de faire pour vous doit vous donner du cœur pour répondre comme il faut à sa passion.

ZERBINETTE.

Je ne me fie encore que de la bonne sorte ; et ce n'est pas assez pour m'assurer entièrement, que ce qu'il vient de faire. J'ai l'humeur enjouée, et sans cesse je ris : mais, tout en riant, je suis sérieuse sur de certains chapitres ; et ton maître s'abusera, s'il croit qu'il lui suffise de m'avoir achetée pour me voir toute à lui. Il doit lui en coûter autre chose que de l'argent ; et pour répondre à son amour de la manière qu'il souhaite, il me faut un don de sa foi, qui soit assaisonné de certaines cérémonies qu'on trouve nécessaires.

SCAPIN.

C'est là aussi comme il l'entend. Il ne prétend à vous qu'en tout bien et en tout honneur ; et je n'aurois pas été homme à me mêler de cette affaire, s'il avoit une autre pensée.

ZERBINETTE.

C'est ce que je veux croire puisque vous me le dites ; mais, du côté du père, j'y prévois des empêchements.

SCAPIN.

Nous trouverons moyen d'accommoder les choses.

HYACINTHE, à Zerbinette.

La ressemblance de nos destins doit contribuer encore à faire naître notre amitié ; et nous nous voyons toutes deux dans les mêmes alarmes, toutes deux exposées à la même infortune.

ZERBINETTE.

Vous avez cet avantage, au moins, que vous savez de qui vous êtes née, et que l'appui de vos parents, que vous pouvez faire connoître, est capable d'ajuster tout, peut assurer votre bonheur, et faire donner un consentement au mariage qu'on trouve fait. Mais, pour moi, je ne rencontre aucun secours dans ce que je puis être ; et l'on me voit dans un état qui n'adoucira pas les volontés d'un père qui ne regarde que le bien.

HYACINTHE.

Mais aussi avez-vous cet avantage, que l'on ne tente point par un autre parti celui que vous aimez.

ZERBINETTE.

Le changement du cœur d'un amant n'est pas ce qu'on peut le plus craindre. On se peut naturellement croire assez de mérite pour garder sa conquête ; et ce que je vois de plus redoutable dans ces sortes d'affaires, c'est la puissance paternelle, auprès de qui tout le mérite ne sert de rien.

HYACINTHE.

Hélas ! pourquoi faut-il que de justes inclinations se trouvent traversées ! La douce chose que d'aimer, lorsque l'on ne voit point d'obstacles à ces aimables chaînes dont deux cœurs se lient ensemble !

SCAPIN.

Vous vous moquez ; la tranquillité en amour est un calme désagréable. Un bonheur tout uni nous devient ennuyeux, il faut du haut et du bas dans la vie, et les difficultés qui se mêlent aux choses réveillent les ardeurs, augmentent les plaisirs.

ZERBINETTE.

Mon Dieu ! Scapin, fais-nous un peu ce récit, qu'on m'a dit qui est si plaisant, du stratagème dont tu t'es avisé pour tirer de l'argent de ton vieillard avare : tu sais qu'on ne perd point sa peine lorsqu'on me fait un conte, et que je le paye assez bien par la joie qu'on m'y voit prendre.

SCAPIN.

Voilà Silvestre qui s'en acquittera aussi-bien que moi. J'ai dans la tête certaine petite vengeance, dont je vais goûter le plaisir.

SILVESTRE.

Pourquoi, de gaieté de cœur, veux-tu chercher à t'attirer de méchantes affaires ?

SCAPIN.

Je me plais à tenter des entreprises hasardeuses.

SILVESTRE.

Je te l'ai déjà dit, tu quitterois le dessein que tu as, si tu m'en voulois croire.

SCAPIN.

Oui ; mais c'est moi que j'en croirai.

SILVESTRE.

A quoi diable te vas-tu amuser ?

SCAPIN.

De quoi diable te mets-tu en peine ?

SILVESTRE.

C'est que je vois que, sans nécessité, tu vas courir risque de t'attirer une venue de coups de bâton.

ACTE III, SCÈNE I.

SCAPIN.

Hé bien! c'est aux dépens de mon dos, et non pas du tien.

SILVESTRE.

Il est vrai que tu es maître de tes épaules, et tu en disposeras comme il te plaira.

SCAPIN.

Ces sortes de périls ne m'ont jamais arrêté; et je hais ces cœurs pusillanimes qui, pour trop prévoir les suites des choses, n'osent rien entreprendre.

ZERBINETTE, à Scapin.

Nous aurons besoin de tes soins.

SCAPIN.

Allez. Je vous irai bientôt rejoindre. Il ne sera pas dit qu'impunément on m'ait mis en état de me trahir moi-même, et de découvrir des secrets qu'il étoit bon qu'on ne sût pas.

SCÈNE II.

GÉRONTE, SCAPIN.

GÉRONTE.

Hé bien, Scapin, comment va l'affaire de mon fils?

SCAPIN.

Votre fils, monsieur, est en lieu de sûreté : mais vous courez maintenant, vous, le péril le plus grand du monde, et je voudrois pour beaucoup que vous fussiez dans votre logis.

GÉRONTE.

Comment donc?

SCAPIN.

A l'heure que je parle, on vous cherche de toutes parts pour vous tuer.

GÉRONTE.

Moi?

SCAPIN.

Oui.

GÉRONTE.

Et qui?

SCAPIN.

Le frère de cette personne qu'Octave a épousée. Il croit que le dessein que vous avez de mettre votre fille à la place que tient sa sœur est ce qui pousse le plus fort à faire rompre leur mariage ; et, dans cette pensée, il a résolu hautement de décharger son désespoir sur vous, et de vous ôter la vie pour venger son honneur. Tous ses amis, gens d'épée comme lui, vous cherchent de tous les côtés, et demandent de vos nouvelles. J'ai vu même de çà et de là des soldats de sa compagnie qui interrogent ceux qu'ils trouvent, et occupent par pelotons toutes les avenues de votre maison ; de sorte que vous ne sauriez aller chez vous, vous ne sauriez faire un pas ni à droite ni à gauche que vous ne tombiez dans leurs mains.

GÉRONTE.

Que ferai-je, mon pauvre Scapin?

SCAPIN.

Je ne sais pas, monsieur ; et voici une étrange affaire. Je tremble pour vous depuis les pieds jusqu'à la tête, et... Attendez. (Scapin faisant semblant d'aller voir au fond du théâtre s'il n'y a personne.

GÉRONTE, en tremblant.

Hé ?

SCAPIN.

Non, non, non, ce n'est rien.

GÉRONTE.

Ne saurois-tu trouver quelque moyen pour me tirer de peine ?

SCAPIN.

J'en imagine bien un ; mais je courrois risque, moi, de me faire assommer.

GÉRONTE.

Hé ! Scapin, montre-toi serviteur zélé. Ne m'abandonne pas, je te prie.

SCAPIN.

Je le veux bien. J'ai une tendresse pour vous qui ne sauroit souffrir que je vous laisse sans secours.

GÉRONTE.

Tu en seras récompensé, je t'assure ; et je te promets cet habit-ci, quand je l'aurai un peu usé.

SCAPIN.

Attendez. Voici une affaire que j'ai trouvée fort à propos pour vous sauver. Il faut que vous vous mettiez dans ce sac, et que...

GÉRONTE, croyant voir quelqu'un.

Ah !

SCAPIN.

Non, non, non, non, ce n'est personne. Il faut, dis-je, que vous vous mettiez là-dedans,

13*

et que vous vous gardiez de remuer en aucune façon. Je vous chargerai sur mon dos, comme un paquet de quelque chose ; et je vous porterai ainsi, au travers de vos ennemis, jusque dans votre maison, où, quand nous serons une fois, nous pourrons nous barricader, et envoyer quérir main-forte contre la violence.

GÉRONTE.

L'invention est bonne.

SCAPIN.

La meilleure du monde. Vous allez voir. (A part.) Tu me paieras l'imposture.

GÉRONTE.

Hé ?

SCAPIN.

Je dis que vos ennemis seront bien attrapés. Mettez-vous bien jusqu'au fond ; et surtout prenez garde de ne vous point montrer, et de ne branler pas, quelque chose qui puisse arriver.

GÉRONTE.

Laisse-moi faire, je saurai me tenir.

SCAPIN.

Cachez-vous. Voici un spadassin qui vous cherche. (En contrefaisant sa voix.) *Quoi ! jé n'aurai pas l'abantage dé tué cé Géronte ? et quelqu'un, par charité, ne m'enseignera pas où il est ?* (A Géronte, avec sa voix ordinaire.) Ne branlez pas. *Cadédis, jé lé troubérai, sé cachât-il au centré de la terre.* (A Géronte, avec son ton naturel.) Ne vous montrez pas. *Oh ! l'homme au sac ?* Monsieur. *Jé té vaille un louis, et m'enseigne où peut être Géronte.* Vous cherchez le seigneur Géronte? *Oui, mordi, jé lé cherche.* Et pour quelle affaire, monsieur? *Pour quelle affaire?* Oui. *Jé beux, cadédis, lé faire mourir sous les coups dé vaton.* Oh! monsieur, les coups de bâton ne se donnent point à des gens comme lui; et ce n'est pas un homme à être traité de la sorte. *Qui? cé fat de Géronte, cé maraud, cé vélître?* Le seigneur Géronte, monsieur, n'est ni fat, ni maraud, ni belître; et vous devriez, s'il vous plaît, parler d'autre façon. *Comment! tu mé traites à moi avec cetté hauteur?* Je défends, comme je dois, un homme d'honneur qu'on offense. *Est-ce que tu es des amis dé cé Géronte?* Oui, monsieur, j'en suis. *Ah! cadédis, tu es dé ses amis: à la vonne hure.* (Donnant plusieurs coups de bâton sur le sac.) *Tiens, voilà cé qué jé té vaille pour lui.* (Criant comme s'il recevoit les coups de bâton.) Ah! ah! ah! ah! ah! monsieur! Ah! ah! monsieur! tout beau! Ah! doucement! Ah! ah! ah! ah! *Va, porté-lui cela dé ma part. Adiusias.* Ah! diable soit le gascon. Ah!

GÉRONTE, mettant la tête hors du sac.

Ah! Scapin, je n'en puis plus.

SCAPIN.

Ah! monsieur, je suis tout moulu, et les épaules me font un mal épouvantable.

GÉRONTE.

Comment! c'est sur les miennes qu'il a frappé.

SCAPIN.

Nenni! monsieur, c'étoit sur mon dos qu'il frappoit.

GÉRONTE.

Que veux-tu dire? J'ai bien senti les coups, et les sens bien encore.

SCAPIN.

Non, vous dis-je, ce n'est que le bout du bâton qui a été jusque sur vos épaules.

GÉRONTE.

Tu devois donc te retirer un peu plus loin, pour m'épargner...

SCAPIN, *faisant remettre Géronte dans le sac.*

Prenez garde. En voici un autre qui a la mine d'un étranger. *Parti, moi courir comme une Basque, et moi ne poufre point troufair de tout le jour sti tiable de Géronte?* Cachez-vous bien. *Dites un peu moi, fous, monsieur l'homme, s'il ve plaît; fous savoir point où l'est sti Géronte que moi cherchir?* Non, monsieur, je ne sais point où est Géronte. *Dites-moi-le, fous, franchemente; moi li fouloir pas grande chose à lui. L'est seulemente pour li donnair une petite régale sur le dos d'une douzaine de coups de bâtonne, et de trois ou quatre petites coups d'épée au trafers de son poitrine.* Je vous assure, monsieur, que je ne sais pas où il est. *Il me semble que ji foi remuair quelque chose dans sti sac.* Pardonnez-moi, monsieur. *Li est assurément quelque histoire là tetans.* Point du tout, monsieur. *Moi*

ACTE III, SCÈNE II.

l'afoir enfie de tonner ain coup d'épée dans sti sac. Ah! monsieur, gardez-vous-en bien. *Montre-le moi un peu, fous, ce que c'estre là.* Tout beau, monsieur. *Quement, tout beau!* Vous n'avez que faire de vouloir voir ce que je porte. *Et moi je le fouloir foir, moi.* Vous ne le verrez point. *Ah! que de badinemente!* Ce sont hardes qui m'appartiennent. *Montre-moi, fous, te dis-je.* Je n'en ferai rien. *Toi n'en faire rien?* Non. *Moi pailler de ste bâtonne sur les épaules de toi.* Je me moque de cela. *Ah! toi faire le trôle.* (Donnant des coups de bâton sur le sac, et criant comme s'il les recevoit.) Ah! ah, ah! ah! monsieur! Ah! ah! ah! ah! *Jusqu'au refoir; l'être là un petit leçon pour li apprendre à toi à parler insolentement.* Ah! peste soit du baragouineur! Ah!

GÉRONTE, sortant sa tête hors du sac.

Ah! je suis roué.

SCAPIN.

Ah! je suis mort.

GÉRONTE.

Pourquoi diantre faut-il qu'ils frappent sur mon dos?

SCAPIN, lui remettant la tête dans le sac.

Prenez garde, voici une demi-douzaine de soldats tous ensemble. (Contrefaisant la voix de plusieurs personnes.) *Allons, tâchons à trouver ce Géronte, cherchons partout. N'épargnons point nos pas. Courons toute la ville. N'oublions aucun lieu. Visitons tout. Furetons de tous les* côtés. *Par où irons-nous ? Tournons par-là. Non, par-ici. A gauche. A droite. Nenni. Si fait.* (A Géronte, avec sa voix ordinaire.) Cachez-vous bien. Ah ! camarades, voici son valet. *Allons, coquin, il faut que tu nous enseignes où est ton maître.* Hé ! messieurs, ne me maltraitez point. *Allons, dis-nous où il est. Parle. Hâte-toi. Expédions. Dépêche vite. Tôt.* Hé ! messieurs, doucement. (Géronte met doucement la tête hors du sac, et aperçoit la fourberie de Scapin.) *Si tu ne nous fais trouver ton maître tout à l'heure, nous allons faire pleuvoir sur toi une ondée de coups de bâton.* J'aime mieux souffrir toute chose que de vous découvrir mon maître. *Nous allons t'assommer.* Faites tout ce qu'il vous plaira. *Tu as envie d'être battu !* Je ne trahirai pas mon maître. *Ah ! tu en veux tâter ! Voilà... Oh !* (Comme il est près de frapper, Géronte sort du sac, et Scapin s'enfuit.)

GÉRONTE, seul.

Ah ! infâme ! Ah ! traître ! Ah ! scélérat ! C'est ainsi que tu m'assassines !

SCÈNE III.

ZERBINETTE, GÉRONTE.

ZERBINETTE, riant, sans voir Géronte.

Ah ! ah ! je veux prendre un peu l'air.

GÉRONTE, à part, sans voir Zerbinette.

Tu me le paieras, je te jure.

ZERBINETTE, sans voir Géronte.

Ah ! ah ! ah ! ah ! la plaisante histoire ! et la bonne dupe que ce vieillard !

ACTE III, SCÈNE III.

GÉRONTE.

Il n'y a rien de plaisant à cela, et vous n'avez que faire d'en rire.

ZERBINETTE.

Quoi ? Que voulez-vous dire, monsieur ?

GÉRONTE.

Je veux dire que vous ne devez pas vous moquer de moi.

ZERBINETTE.

De vous ?

GÉRONTE.

Oui.

ZERBINETTE.

Comment ! Qui songe à se moquer de vous ?

GÉRONTE.

Pourquoi venez-vous ici me rire au nez ?

ZERBINETTE.

Cela ne vous regarde point, et je ris toute seule d'un conte qu'on vient de me faire, le plus plaisant qu'on puisse entendre. Je ne sais pas si c'est parce que je suis intéressée dans la chose ; mais je n'ai jamais trouvé rien de si drôle qu'un tour qui vient d'être joué par un fils à son père pour en attraper de l'argent.

GÉRONTE.

Par un fils à son père pour en attraper de l'argent ?

ZERBINETTE.

Oui. Pour peu que vous me pressiez, vous me trouverez assez disposée à vous dire l'affaire ; et j'ai une démangeaison naturelle à faire part des contes que je sais.

GÉRONTE.

Je vous prie de me dire cette histoire.

ZERBINETTE.

Je le veux bien. Je ne risquerai pas grand'chose à vous la dire, et c'est une aventure qui n'est pas pour être long-temps secrète. La destinée a voulu que je me trouvasse parmi une bande de ces personnes qu'on appelle Égyptiens, et qui, rôdant de province en province, se mêlent de dire la bonne fortune, et quelquefois de beaucoup d'autres choses. En arrivant dans cette ville, un jeune homme me vit, et conçut pour moi de l'amour. Dès ce moment il s'attache à mes pas ; et le voilà d'abord comme tous les jeunes gens, qui croient qu'il n'y a qu'à parler, et qu'au moindre mot qu'ils nous disent leurs affaires sont faites : mais il trouva une fierté qui lui fit un peu corriger ses premières pensées. Il fit connoître sa passion aux gens qui me tenoient, et il les trouva disposés à me laisser à lui, moyennant quelque somme. Mais le mal de l'affaire étoit que mon amant se trouvoit dans l'état où l'on voit très-souvent la plupart des fils de famille, c'est-à-dire qu'il étoit un peu dénué d'argent. Il a un père qui, quoique riche, est un avaricieux fieffé, le plus vilain homme du monde. Attendez. Ne me saurois-je souvenir de son nom ? Ah ! aidez-moi un peu : ne pouvez-vous me nommer quelqu'un de cette ville qui soit connu pour être avare au dernier point ?

ACTE III, SCÈNE III.

GÉRONTE.

Non.

ZERBINETTE.

Il y a à son nom du ron... ronte. O... Oronte. Non. Gé... Géronte. Oui, Géronte, justement ; voilà mon vilain, je l'ai trouvé, c'est ce ladre-là que je dis. Pour venir à notre conte, nos gens ont voulu aujourd'hui partir de cette ville ; et mon amant m'alloit perdre, faute d'argent, si, pour en tirer de son père, il n'avoit trouvé du secours dans l'industrie d'un serviteur qu'il a. Pour le nom du serviteur, je le sais à merveille ; il s'appelle Scapin : c'est un homme incomparable ; et il mérite toutes les louanges que l'on peut donner.

GÉRONTE, à part.

Ah ! coquin que tu es !

ZERBINETTE.

Voici le stratagème dont il s'est servi pour attrapper sa dupe. Ah ! ah ! ah ! ah ! je ne saurois m'en souvenir, que je ne rie de tout mon cœur. Ah ! ah ! ah ! Il est allé trouver ce chien d'avare, ah ! ah ! ah ! et lui a dit qu'en se promenant sur le port avec son fils, hi ! hi ! ils avoient vu une galère turque, où on les avoit invités d'entrer ; qu'un jeune Turc leur y avoit donné la collation ; ah ! ah ! ah ! que tandis qu'ils mangeoient on avoit mis la galère en mer, et que le Turc l'avoit renvoyé lui seul à terre dans un esquif, avec ordre de dire au père de son maître qu'il emmenoit son fils en Alger, s'il ne lui envoyoit tout à l'heure cinq cents écus. Ah! ah! ah! Voilà mon ladre, mon vilain, dans de furieuses angoisses; et la tendresse qu'il a pour son fils fait un combat étrange avec son avarice. Cinq cents écus qu'on lui demande sont justement cinq cents coups de poignard qu'on lui donne. Ah! ah! ah! Il ne peut se résoudre à tirer cette somme de ses entrailles; et la peine qu'il souffre lui fait trouver cent moyens ridicules pour ravoir son fils. Ah! ah! ah! Il veut envoyer la justice en mer après la galère du Turc. Ah! ah ah! Il sollicite son valet de s'aller offrir à tenir la place de son fils, jusqu'à ce qu'il ait amassé l'argent qu'il n'a pas envie de donner. Ah! ah! ah! Il abandonne, pour faire les cinq cents écus, quatre ou cinq vieux habits qui n'en valent pas trente. Ah! ah! ah! Le valet lui fait comprendre à tous coups l'impertinence de ses propositions, et chaque réflexion est douloureusement accompagnée d'un Mais que diable alloit-il faire dans cette galère? Ah! maudite galère! Traître de Turc! Enfin, après plusieurs détours, après avoir long-temps gémi et soupiré... Mais il me semble que vous ne riez point de mon conte.

GÉRONTE.

Je dis que le jeune homme est un pendard, un insolent, qui sera puni par son père du tour qu'il lui a fait; que l'Égyptienne est une malavisée, une impertinente, de dire des injures à un homme d'honneur, qui saura lui apprendre à venir ici débaucher les enfants de famille; et que le valet est un scélérat qui sera par Géronte envoyé au gibet avant qu'il soit demain.

SCÈNE IV.

ZERBINETTE, SILVESTRE.

SILVESTRE.

Ou est-ce donc que vous vous échappez ? Savez-vous bien que vous venez de parler là au père de votre amant ?

ZERBINETTE.

Je viens de m'en douter, et je me suis adressée à lui-même, sans y penser, pour lui conter son histoire.

SILVESTRE.

Comment, son histoire ?

ZERBINETTE.

Oui : j'étois toute remplie du conte, et je brûlois de le redire. Mais qu'importe ! Tant pis pour lui. Je ne vois pas que les choses pour nous en puissent être ni pis ni mieux.

SILVESTRE.

Vous aviez grande envie de babiller ; et c'est avoir bien de la langue, que de ne pouvoir se taire de ses propres affaires.

ZERBINETTE.

N'auroit-il pas appris cela de quelque autre ?

SCÈNE V.

ARGANTE, ZERBINETTE, SILVESTRE.

ARGANTE, *derrière le théâtre*.

Hola, Silvestre.

SILVESTRE, à Zerbinette.

Rentrez dans la maison. Voilà mon maître qui m'appelle.

SCÈNE VI.

ARGANTE, SILVESTRE.

ARGANTE.

Vous vous êtes donc accordés, coquins, vous vous êtes accordés, Scapin, vous et mon fils, pour me fourber ! et vous croyez que je l'endure.

SILVESTRE.

Ma foi, monsieur, si Scapin vous fourbe, je m'en lave les mains, et vous assure que je n'y trempe en aucune façon.

ARGANTE.

Nous verrons cette affaire, pendard, nous verrons cette affaire ; et je ne prétends pas qu'on me fasse passer la plume par le bec.

SCÈNE VII.

GÉRONTE, ARGANTE, SILVESTRE.

GÉRONTE.

Ah ! seigneur Argante, vous me voyez accablé de disgrâce.

ARGANTE.

Vous me voyez aussi dans un accablement horrible.

GÉRONTE.

Le pendard de Scapin, par une fourberie, m'a attrapé cinq cents écus.

ACTE III, SCÈNE VII.

ARGANTE.

Le même pendard de Scapin, par une fourberie aussi, m'a attrapé deux cents pistoles.

GÉRONTE.

Il ne s'est pas contenté de m'attraper cinq cents écus, il m'a traité d'une manière que j'ai honte de dire. Mais il me la paiera.

ARGANTE.

Je veux qu'il me fasse raison de la pièce qu'il m'a jouée.

GÉRONTE.

Et je prétends faire de lui une vengeance exemplaire.

SILVESTRE, à part.

Plaise au ciel que, dans tout ceci, je n'ai point ma part!

GÉRONTE.

Mais ce n'est pas encore tout, seigneur Argante, et un malheur nous est toujours l'avant-coureur d'un autre. Je me réjouissois aujourd'hui de l'espérance d'avoir ma fille, dont je faisois toute ma consolation ; et je viens d'apprendre de mon homme qu'elle est partie il y a long-temps de Tarente, et qu'on y croit qu'elle a péri dans le vaisseau où elle s'embarqua.

ARGANTE.

Mais pourquoi, s'il vous plaît, la tenir à Tarente, et ne vous être pas donné la joie de l'avoir avec vous.

GÉRONTE.

J'ai eu mes raisons pour cela ; et des intérêts de

famille m'ont obligé jusqu'ici à tenir fort secret ce second mariage. Mais que vois-je?

SCÈNE VIII.
ARGANTE, GÉRONTE, NÉRINE, SILVESTRE.

GÉRONTE.

Ah! te voilà nourrice!

NÉRINE, *se jetant aux genoux de Géronte.*

Ah! seigneur Pandolphe, que...

GÉRONTE.

Appelle-moi Géronte, et ne te sers plus de ce nom : les raisons ont cessé qui m'avoient obligé à le prendre parmi vous à Tarente.

NÉRINE.

Las! que ce changement de nom nous a causé de troubles et d'inquiétudes dans les soins que nous avons pris de vous venir chercher ici!

GÉRONTE.

Où est ma fille et sa mère?

NÉRINE.

Votre fille, monsieur, n'est pas loin d'ici; mais, avant que de vous la faire voir, il faut que je vous demande pardon de l'avoir mariée, dans l'abandonnement où, faute de vous rencontrer, je me suis trouvée avec elle.

GÉRONTE.

Ma fille mariée!

NÉRINE.

Oui, monsieur.

GÉRONTE.

Et avec qui?

NÉRINE.

Avec un jeune homme nommé Octave, fils d'un certain seigneur Argante.

GÉRONTE.

O ciel!

ARGANTE.

Quelle rencontre!

GÉRONTE.

Mène-nous, mène-nous promptement où elle est.

NÉRINE.

Vous n'avez qu'à entrer dans ce logis.

GÉRONTE.

Passe devant. Suivez-moi, suivez-moi, seigneur argante.

SILVESTRE, seul.

Voilà une aventure qui est tout-à-fait surprenante.

SCÈNE IX.

SCAPIN, SILVESTRE.

SCAPIN.

Hé bien! Silvestre, que font nos gens?

SILVESTRE.

J'ai deux avis à te donner. L'un, que l'affaire d'Octave est accommodée: notre Hyacinthe s'est trouvée la fille du seigneur Géronte; et le hasard a fait ce que la prudence des pères avoit délibéré. L'autre avis, c'est que les deux vieillards font contre toi des menaces épouvantables, et surtout le seigneur Géronte.

SCAPIN.

Cela n'est rien. Les menaces ne m'ont jamais fait de mal : et ce sont des nuées qui passent bien loin sur nos têtes.

SILVESTRE.

Prends garde à toi; les fils se pourroient bien raccommoder avec les pères, et toi demeurer dans la nasse.

SCAPIN.

Laisse-moi faire, je trouverai moyen d'apaiser leur courroux ; et...

SILVESTRE.

Retire-toi ; les voilà qui sortent.

SCÈNE X.

GÉRONTE, ARGANTE, HYACINTHE, ZERBINETTE, NÉRINE, SILVESTRE.

GÉRONTE.

Allons, ma fille, venez chez moi. Ma joie auroit été parfaite si j'avois pu voir votre mère avec vous.

ARGANTE.

Voici Octave tout à propos.

SCÈNE XI.

ARGANTE, GÉRONTE, OCTAVE, HYACINTHE, ZERBINETTE, NÉRINE, SILVESTRE.

ARGANTE.

Venez, mon fils, venez vous réjouir avec nous de l'heureuse aventure de votre mariage. Le ciel...

OCTAVE.

Non, mon père; toutes vos propositions de mariage ne serviront de rien. Je dois lever le masque avec vous, et l'on vous a dit mon engagement.

ARGANTE.

Oui. Mais tu ne sais pas...

OCTAVE.

Je sais tout ce qu'il faut savoir.

ARGANTE.

Je te veux dire que la fille du seigneur Géronte...

OCTAVE.

La fille du seigneur Géronte ne me sera jamais de rien.

GÉRONTE.

C'est elle...

OCTAVE, à Géronte.

Non, monsieur, je vous demande pardon: mes résolutions sont prises.

SILVESTRE, à Octave.

Écoutez.

OCTAVE.

Non, tais-toi, je n'écoute rien.

ARGANTE, à Octave.

Ta femme...

OCTAVE.

Non, vous dis-je, mon père; je mourrai plutôt que de quitter mon aimable Hyacinthe. Oui, vous avez beau faire, la voilà celle à qui ma foi (traversant le théâtre pour se mettre à côté d'Hyacinthe) est engagée; je l'aimerai toute ma vie, et je ne veux point d'autre femme.

ARGANTE.

Hé bien! c'est elle qu'on te donne. Quel diable d'étourdi qui suit toujours sa pointe!

HYACINTHE, montrant Géronte.

Oui, Octave, voilà mon père que j'ai trouvé; et nous nous voyons hors de peine.

GÉRONTE.

Allons chez moi, nous serons mieux qu'ici pour nous entretenir.

HYACINTHE, montrant Zerbinette.

Ah! mon père, je vous demande par grâce que je ne sois point séparée de l'aimable personne que vous voyez. Elle a un mérite qui vous fera concevoir de l'estime pour elle, quand il sera connu de vous.

GÉRONTE.

Tu veux que je tienne chez moi une personne qui est aimée de ton frère, et qui m'a dit tantôt au nez mille sottises de moi-même?

ZERBINETTE.

Monsieur, je vous prie de m'excuser. Je n'aurois pas parler de la sorte, si j'avois su que c'étoit vous ; et je ne vous connoissois que de réputation.

GÉRONTE.

Comment ! que de réputation ?

HYACINTHE.

Mon père, la passion que mon frère a pour elle n'a rien de criminel, et je réponds de sa vertu.

GÉRONTE.

Voilà qui est fort bien. Ne voudroit-on point que je mariasse mon fils avec elle ? une fille inconnue, qui fait le métier de coureuse.

SCÈNE XII.

ARGANTE, GÉRONTE, LÉANDRE, OCTAVE, HYACINTHE, ZERBINETTE, NÉRINE, SILVESTRE.

LÉANDRE.

Mon père, ne vous plaignez point que j'aime une inconnue sans naissance et sans bien. Ceux de qui je l'ai rachetée viennent de me découvrir qu'elle est de cette ville, et d'honnête famille ; que ce sont eux qui l'y ont dérobée à l'âge de quatre ans : et voici un bracelet qu'ils m'ont donné, qui pourra nous aider à trouver ses parents.

ARGANTE.

Hélas ! à voir ce bracelet, c'est une fille que je perdis à l'âge que vous dites.

GÉRONTE.

Votre fille ?

ARGANTE.

Oui, ce l'est : et j'y vois tous les traits qui m'en peuvent rendre assuré.

HYACINTHE.

O ciel ! que d'aventures extraordinaires !

SCÈNE XIII.

ARGANTE, GÉRONTE, LÉANDRE, OCTAVE, HYACINTHE, ZERBINETTE, NÉRINE, SILVESTRE, CARLE.

CARLE.

Ah ! messieurs, il vient d'arriver un accident étrange..

GÉRONTE.

Quoi ?

CARLE.

Le pauvre Scapin...

GÉRONTE.

C'est un coquin que je veux faire pendre.

CARLE.

Hélas ! monsieur, vous ne serez pas en peine de cela. En passant contre un bâtiment, il lui est tombé sur la tête un marteau de tailleur de pierre, qui lui a brisé l'os et découvert toute la cervelle. Il se meurt, et il a prié qu'on l'apportât ici pour vous pouvoir parler avant que de mourir.

ARGANTE.

Où est-il?

CARLE.

Le voilà.

SCÈNE XIV.

ARGANTE, GÉRONTE, LÉANDRE, OCTAVE, HYACINTHE, ZERBINETTE, NÉRINE, SCAPIN, SILVESTRE, CARLE.

SCAPIN, apporté par deux hommes, et la tête entourée de linge, comme s'il avoit été blessé.

Ah! ah! messieurs, vous me voyez... ah! vous me voyez dans un étrange état!... Ah! je n'ai pas voulu mourir sans venir demander pardon à toutes les personnes que je puis avoir offensées. Oh! oui, messieurs, avant que de rendre le dernier soupir, je vous conjure de tout mon cœur de vouloir me pardonner tout ce que je puis vous avoir fait, et principalement le seigneur Argante et le seigneur Géronte. Ah!

ARGANTE.

Pour moi, je te pardonne; va, meurs en repos.

SCAPIN, à Géronte.

C'est vous, monsieur, que j'ai le plus offensé par les coups de bâton que...

GÉRONTE.

Ne parle point davantage, je te pardonne aussi.

SCAPIN.

Ça été une témérité bien grande à moi, que les coups de bâton que je...

GÉRONTE.

Laissons cela.

SCAPIN.

J'ai, en mourant, une douleur inconcevable des coups de bâton que...

GÉRONTE.

Mon Dieu ! tais-toi.

SCAPIN.

Les malheureux coups de bâton que je vous...

GÉRONTE.

Tais-toi, te dis-je, j'oublie tout.

SCAPIN.

Hélas ! quelle bonté ! mais est-ce de bon cœur, monsieur, que vous me pardonnez ces coups de bâton que...

GÉRONTE.

Hé ! oui. Ne parlons plus de rien ; je te pardonne tout, voilà qui est fait.

SCAPIN.

Ah ! monsieur, je me sens tout soulagé depuis cette parole.

GÉRONTE.

Oui, mais je te pardonne à la charge que tu mourras.

SCAPIN.

Comment, monsieur ?

GÉRONTE.

Je me dédis de ma parole, si tu réchappes.

SCAPIN.

Ah! ah! voilà mes foiblesses qui me reprennent.

ARGANTE.

Seigneur Géronte, en faveur de notre joie, il faut lui pardonner sans condition.

GÉRONTE.

Soit.

ARGANTE.

Allons, souper ensemble, pour mieux goûter notre plaisir.

SCAPIN.

Et moi, qu'on me porte au bout de la table, en attendant que je meure.

FIN DES FOURBERIES DE SCAPIN.

RÉFLEXIONS

SUR

LES FOURBERIES DE SCAPIN.

Cette pièce, quoique remplie de traits de la plus grande force, est du nombre de celles que Boileau condamnoit : il voyoit avec peine qu'un homme tel que Molière s'abaissât jusqu'à la farce, et consacrât des moments précieux à l'amusement de la dernière classe du peuple. Tant que Molière vécut, il ne lui dissimula pas cette opinion : après sa mort, il déplora dans L'ART POÉTIQUE cette complaisance malheureuse, et s'exprima d'une manière un peu sévère sur la pièce qui fait en ce moment l'objet de nos réflexions.

Plusieurs bons esprits blâmèrent cette sévérité de Boileau : ils soutinrent que la comédie a plus d'un genre, et qu'elle peut même offrir des tableaux grossiers quand ils ont l'originalité et la force comique des moindres productions de Molière. J.-B. Rousseau étoit de cet avis. Consulté par M. de Chauvelin, au milieu du siècle dernier, sur une édition de Molière entreprise par Brossette, et qui ne fut pas achevée, il s'étend sur les critiques qui avoient été faites de POURCEAUGNAC et des FOURBERIES DE SCAPIN. Ce morceau est curieux et peu connu :

« La comédie, dit-il, n'a pas été inventée seu-
» lement pour les esprits délicats, qui sont en
» très-petit nombre, mais pour tous les esprits
» qui composent le public, entre lesquels il se
» trouve des combinaisons infinies de sensibilité,
» qu'il faut pourtant trouver le secret de réveiller
» toutes, à peine de déplaire à la multitude et
» aux délicats mêmes, que le grand nombre en-
» traîne comme les autres, et qui, quoi qu'ils en
» disent, ne sont jamais les derniers à languir
» quands ils voient languir le public. Ce qui peut
» paroître outré sur le papier, dans quelques en-
» droits de Molière, ne l'est point pour le théâ-
» tre, qui demande plus d'actions que de paroles,
» et où les traits ne sauroient paroître naturels
» dans la perspective où ils sont vus, sans être
» souvent plus grands que la nature même, dont
» Molière ne s'est jamais écarté, bien différent
» d'Aristophane, qui s'en éloigne presque tou-
» jours; ce qui n'a pas empêché le peuple le plus
» poli de la Grèce de lui prodiguer les mêmes ad-
» mirations qu'à Ménandre, de qui les comédies
» auroient pu faire tomber Aristophane dans le
» mépris, s'il suffisoit d'exceller dans une espèce
» pour rendre méprisables ceux qui excellent dans
» une autre. Mais enfin l'exemple de ces deux
» célèbres anciens prouvant qu'il y a deux ma-
» nières de traiter la comédie, on ne sauroit
» donner trop de louanges à Molière d'avoir su
» réunir ces deux manières différentes aussi par-
» faitement, et avec autant de succès qu'il a fait. »

Le Phormion de Térence a servi de modèle aux Fourberies de Scapin : dans l'une et l'autre pièces, deux jeunes gens, en l'absence de leurs pères, forment des liens amoureux ; l'un de ces amants a même épousé sa maîtresse. Grand embarras quand ils apprennent le retour de leurs pères. Comment s'en tireront-ils? Dans Térence, leurs esclaves, et Phormion, parasite qui joue à peu près le même rôle que Scapin, servent les jeunes gens, leur font trouver de l'argent, et les aident à sortir d'intrigue. Le dénoûment est le même dans les deux pièces, mais quelle différence dans la manière dont le sujet est traité ! Molière ne traduit presque jamais Térence ; et quand il l'imite, il le surpasse toujours. Les scènes ont une vivacité, une force, une abondance de saillies qui n'étoient pas dans le génie du poëte latin.

Dans Térence, c'est Geta, esclave d'Antiphon, qui raconte à un esclave de l'ami de son maître la manière dont ce dernier a connu la jeune Phanion. Cette scène du récit entre deux valets ne peut manquer d'être froide et languissante : dans Molière, c'est l'amant lui-même qui raconte son aventure avec tout le feu que peut lui donner sa passion. Les circonstances de cette histoire sont les mêmes dans les deux auteurs : nous nous bornerons à rapprocher les portraits de l'héroïne de ce petit roman, tracés par Térence et Molière.

Térence la peint d'une manière très-délicate :

(*) « Nous la voyons, dit Geta; qu'elle étoit
» belle! tu ne peux t'en faire une idée : figure-
» toi que sa beauté n'avoit aucun ornement. Ses
» cheveux étoient épars, ses pieds nus ; elle
» étoit au désespoir. Les larmes inondoient son
» visage ; et ses habits étoient tellement délabrés,
» que si sa beauté n'eût été à l'épreuve, ces
» objets qui l'entouroient l'auroient fait entière-
» ment disparoître. »

Molière, mettant ce portrait dans la bouche
d'un amant, l'étend davantage : il y a moins de
délicatesse et plus de passion dans cette peinture.

« Une autre, dit Octave, auroit paru effroyable
» en l'état où elle étoit, car elle n'avoit pour
» tout habillement qu'une méchante petite jupe,
» avec des brassières de nuit qui étoient de
» simple futaine ; et sa coiffure étoit une cor-
» nette jaune, retroussée au haut de sa tête,
» qui laissoit tomber en désordre ses cheveux
» sur ses épaules ; et cependant, faite comme
» cela, elle brilloit de mille attraits, et ce n'é-
» toit qu'agréments et que charmes que toute sa
» personne. — Ses larmes n'étoient point de ces
» larmes désagréables qui défigurent un visage :
» elle avoit à pleurer une grâce touchante, et
» sa douleur étoit la plus belle du monde, etc. »

(*) Videmus. Virgo pulchra : et quò magis diceres,
Nihil aderat adjumenti ad pulchritudinem.
Capillus passus, nudus pes, ipsa horrida:
Lacrumae, vestitus turpis, ut ni vis boni
In ipsâ inesset formâ, hæc formam extinguerent.

Pour montrer quel parti Molière sait tirer de Térence, il suffira de citer encore un morceau qu'il a presque traduit. Démiphon, père d'Antiphon, fait des réflexions très-sérieuses sur la résignation avec laquelle un voyageur doit supporter tous les malheurs qui ont pu arriver en son absence.

(*) « Quand nous revenons d'un long voyage, » nous devons penser sans cesse aux désastres » dont notre maison a pu être frappée, dangers, » pertes, exils. Il faut se figurer que notre fils » est tombé dans la débauche, que notre fille » est malade, et que notre épouse est morte. » Tous ces accidents sont communs dans la vie; » ils nous menacent sans cesse, et ne pourront » nous abattre, si nous y sommes préparés. Par » la même raison, nous nous trouverons heureux » si aucun de ces maux ne nous est arrivé. »

Molière tourne très-adroitement ces graves maximes en plaisanterie. Scapin, pour consoler Argante, cite les paroles d'un ancien, et continue ainsi :

« Pour peu qu'un père de famille ait été ab-» sent de chez lui, il doit promener son esprit » sur tous les fâcheux accidents que son retour » peut rencontrer, se figurer sa maison brûlée, » son argent dérobé, sa femme morte, son fils » estropié, sa fille subornée; et ce qu'il trouve » qui ne lui est point arrivé, l'imputer à bonne

---

(*) Pericla, damna, exilia, peregrè rediens semper cogitet,
Aut fili peccatum, aut uxoris mortem, aut morbum filiæ:
Communia esse hæc: fieri posse : ut nequid animo sit novum
Quidquid præter spem eveniat, omne id deputare esse in lucro.

» fortune. Pour moi, j'ai pratiqué toujours cette
» leçon dans ma petite philosophie, et je ne suis
» jamais revenu au logis que je ne me sois tenu
» prêt à la colère de mes maîtres, aux répri-
» mandes, aux injures, aux coups de pied au
» cul, aux bastonnades, aux étrivières; et ce
» qui a manqué à m'arriver, j'en ai rendu grâce
» à mon bon destin. »

On conviendra que cette philosophie mise dans la bouche de Scapin, et le retour plaisant qu'il fait sur lui-même, sont beaucoup plus dramatiques que les sages méditations de Démiphon.

L'exposition de cette pièce est pleine de rapidité et de mouvement, mais elle n'appartient pas à Molière : il l'a puisée dans une comédie de Rotrou intitulée, LA SŒUR. Ce grand homme, comme on l'a dit dans sa Vie, ne se faisoit aucun scrupule de prendre chez les anciens et les modernes tout ce qu'il trouvoit bon : il se l'approprioit par la manière dont il savoit l'employer.

La scène de Rotrou est en vers, et fort bien écrite. Ergaste, valet de Lélie, vient de lui apprendre qu'on veut le marier avec une demoiselle qu'il n'aime pas.

LÉLIE.
O fatale nouvelle, et qui me désespère !
Mon oncle te l'a dit, et le tient de mon père ?

ERGASTE.
Oui.

LÉLIE.
Que pour Éroxène il destine ma foi,
Qu'il doit absolument m'imposer cette loi ?
Qu'il promet Aurélie aux vœux de Polydore ?

ERGASTE.
Je vous l'ai déjà dit, et vous le dis encore.
LÉLIE.
Et qu'exigeant de nous ce funeste devoir,
Il veut nous obliger d'épouser dès ce soir?
ERGASTE.
Dès ce soir!
LÉLIE.
Et tu crois qu'il te parloit sans feinte?
ERGASTE.
Sans feinte.
LÉLIE.
O si d'amour tu ressentois l'atteinte,
Tu plaindrois moins ces mots qui te coûtent si cher,
Et qu'avec tant de peine il te faut arracher!

On voit que le mouvement de cette scène est absolument le même que celui de la scène d'Octave et de Silvestre.

Molière profita aussi d'une scène du PÉDANT JOUÉ, de Cyrano de Bergerac; c'est de celle où revient souvent le mot si vrai : *Que diable alloit-il faire dans cette galère?* Cyrano avoit beaucoup de bizarrerie dans l'esprit; mais il étoit quelquefois naturel et comique. On doit savoir gré à Molière de nous avoir conservé cette excellente scène, qui eût été oubliée et perdue, s'il ne l'eût mise dans un de ses ouvrages. La voici telle que Cyrano l'a composée. Corbineli, valet fripon, fait croire à Granger, principal du collége de Beauvais, que son fils a été enlevé par des corsaires turcs en passant la Seine vis-à-vis du quai de l'École.

GRANGER.
Hé! par le cornet retors de Triton, dieu marin, qui jamais ouït

parler que la mer fût à Saint-Cloud, qu'il y eût des galères, des pirates, des écueils?

CORBINELI.

C'est en cela que la chose est plus merveilleuse : et quoiqu'on ne les ait point vus en France que cela, que sait-on s'ils ne sont pas venus de Constantinople jusqu'ici entre deux eaux ?

GRANGER.

Que diable aller faire dans la galère d'un Turc? *Perge.*

CORBINELI.

Je me suis jeté aux genoux du plus apparent d'entre eux. Hé! monsieur le Turc, lui ai-je dit, permettez-moi d'aller avertir son père, qui vous enverra tout à l'heure sa rançon.

GRANGER.

Tu ne devois pas parler de rançon : ils se seront moqués de toi.

CORBINELI.

Au contraire, à ce mot, il a un peu rasséréné sa face. Va, m'a-t-il dit ; mais si tu n'es pas ici de retour dans un moment, j'irai prendre ton maître dans son collége, et vous étranglerai tous trois aux antennes de mon navire.

GRANGER.

Que diable aller faire dans la galère d'un Turc ?
(Il demande son écritoire, et parle d'écrire au corsaire; Corbineli lui répond que le Turc se moquera de lui.)

GRANGER.

Va donc leur dire de ma part que je suis prêt à leur répondre par-devant notaire, que le premier des leurs qui tombera entre mes mains, je le leur renverrai pour rien... Hé! que diable, que diable aller faire dans une galère? Ou dis-leur qu'autrement je vais m'en plaindre en justice.

CORBINELI.

Tout cela s'appelle dormir les yeux ouverts.

GRANGER.

Mais faut-il être ruiné à l'âge où je suis? Va-t'en avec Pasquier, prends le reste du teston que je lui ai donné pour la dépense il n'y a que huit jours... Aller sans dessein dans une galère...! Prends tout le reliquat de cette pièce... Ah! malheureuse géniture! tu me coûtes plus d'or que tu n'es pesant... Paye la rançon, et ce qui te restera, emploie-le en œuvres pies... Dans la galère d'un Turc...! Bien, va-t'en... Mais, misérable, dis-moi, que diable allois-tu faire dans cette galère? Va prendre dans mes armoires ce pourpoint découpé que quitta feu mon père l'année du grand hiver.

CORBINELI.

A quoi bon ces fabrioles? Il faut au moins cent pistoles pour sa rançon.

GRANGER.

Cent pistoles! Ah! mon fils, ne tient-il qu'à ma vie pour conserver la tienne? Mais cent pistoles! Corbineli, va-t'en lui dire qu'il se laisse pendre sans dire mot : cependant qu'il ne s'afflige point, je les en ferai bien repentir.

CORBINELI.

Mademoiselle Genevote n'étoit pas trop sotte, qui refusoit tantôt de vous épouser, sur ce qu'on lui assuroit que vous étiez d'humeur, quand elle seroit esclave en Turquie, de l'y laisser.

GRANGER.

Je les ferai mentir sans aller dans la galère d'un Turc. Et quoi faire, de par tous les diables, dans cette galère? O galère, galère! tu mets bien ma bourse aux galères?

Cette scène, dans Cyrano, est une charge, parce que l'action se passe à Paris : Molière, qui transporte le sujet à Naples, où un enlèvement de ce genre genre n'est pas sans vraisemblance, a gardé, suivant sa coutume, la plus juste mesure.

Si l'on partage l'opinion de J.-B. Rousseau sur les pièces destinées à l'amusement du peuple, on admirera sans restriction LES FOURBERIES DE SCAPIN, qu'on doit considérer comme le modèle des comédies de ce genre. On y sera d'autant plus porté, que cette pièce est remplie de traits charmants, et qu'elle est également de nature à plaire, soit aux gens délicats, soit à ceux dont le goût est moins épuré.

FÊTE
DE VERSAILLES,
EN 1668,
ET
INTERMÈDES
DE GEORGE DANDIN.

FÊTE
DE VERSAILLES.

Le roi, ayant accordé la paix aux instances de ses alliés et aux vœux de toute l'Europe, et donné des marques d'une modération et d'une bonté sans exemple, même dans le plus fort des ses conquêtes, ne pensoit plus qu'à s'appliquer aux affaires de son royaume, lorsque, pour réparer en quelque sorte ce que la cour avoit perdu dans le carnaval pendant son absence, il résolut de faire une fête dans les jardins de Versailles, où, parmi les plaisirs que l'on trouve dans un séjour si délicieux, l'esprit fût encore touché de ces beautés surprenantes et extraordinaires dont ce grand prince sait si bien assaisonner tous ses divertissements.

Pour cet effet, voulant donner la comédie en suite d'une collation, et après la comédie, le souper, qui fut suivi d'un bal et d'un feu d'artifice, il jeta les yeux sur les personnes qu'il jugea les plus capables pour disposer toutes les choses propres à cela. Il leur marqua lui-même les endroits où la disposition du lieu pouvoit, par sa beauté naturelle, contribuer davantage à leur décoration; et parce que l'un des plus beaux ornements de cette maison est la quantité des eaux que l'art y a conduites malgré la nature qui les lui avoit refusées, sa majesté leur ordonna de s'en servir, le plus qu'ils pourroient, à l'embellissement de ces lieux, et même leur ouvrit les moyens de les employer et d'en tirer les effets qu'elles peuvent faire.

Pour l'exécution de cette fête, le duc de Créquy, comme premier gentilhomme de la chambre, fut chargé de ce qui regardoit la comédie ; le maréchal de Bellefonds, comme premier maître-d'hôtel du roi, prit soin de la collation, du souper, et de tout ce qui regardoit le service des tables ; et M. Colbert, comme surintendant des bâtiments, fit construire et embellir les divers lieux destinés à ce divertissement royal, et donna les ordres pour l'exécution des feux d'artifice.

Le sieur Vigarani eut ordre de dresser le théâtre pour la comédie, le sieur Gissey d'accommoder un endroit pour le souper, et le sieur Le Vau, premier architecte du roi, un autre pour le bal.

Le mercredi, dix-huitième jour de juillet, le roi, étant parti de Saint-Germain, vint dîner à Versailles avec la reine, monseigneur le dauphin, Monsieur, et Madame. Le reste de la cour, étant arrivé incontinent après midi, trouva des officiers du roi qui faisoient les honneurs, et recevoient tout le monde dans les salles du château, où il y avoit, en plusieurs endroits, des tables dressées, et de quoi se rafraîchir ; les principales dames furent conduites dans des chambres particulières pour se reposer.

Sur les six heures du soir, le roi ayant commandé au marquis de Gesvres, capitaine de ses gardes, de faire ouvrir toutes les portes, afin qu'il n'y eût personne qui ne prît part au divertissement, sortit du château avec la reine, et tout le reste de la cour, pour prendre le plaisir de la promenade.

Quand leurs majestés eurent fait le tour du grand parterre, elles descendirent dans celui de gazon qui est du côté de la grotte, où, après avoir considéré les fontaines qui les embellissent, elles s'arrêtèrent particulièrement à regarder celle qui est au bas du petit parc, du côté de la pompe. Dans le milieu de son bassin, l'on voit un dragon de bronze qui, percé d'une flèche semble vomir le sang par la gueule, en poussant en l'air un bouillon d'eau qui retombe en pluie, et couvre tout le bassin.

Autour de ce dragon il y a quatre petits amours sur des cygnes, qui font chacun un grand jet d'eau, et qui nagent vers le bord comme pour se sauver. Deux de ces amours qui sont en face du dragon, se cachent le visage avec la main pour ne le pas voir, et sur leur visage l'on aperçoit toutes les marques de la crainte parfaitement exprimées ; les deux autres, plus hardis, parce que le monstre n'est pas tourné de leur côté, l'attaquent de leurs armes. Entre ces amours, sont des dauphins de bronze, dont la gueule ouverte pousse en l'air de gros bouillons d'eau.

Leurs majestés allèrent ensuite chercher le frais dans ces bosquets si délicieux, où l'épaisseur des arbres empêche que le soleil ne se fasse sentir.

Lorsqu'elles furent dans celui dont un grand nombre d'agréables allées forment une espèce de labyrinthe, elles arrivèrent, après plusieurs détours, dans un cabinet de verdure pentagone où aboutissent cinq allées. Au milieu de ce cabinet il y a une fontaine dont le bassin est bordé de gazon. De ce bassin sortoient cinq tables en manière de buffets, chargées de toutes les choses qui peuvent composer une collation magnifique.

L'une de ces tables représentoit une montagne où, dans plusieurs espèces de cavernes, on voyoit diverses sortes de viandes froides ; l'autre étoit comme la face d'un palais bâti de massepains et pâtes sucrées. Il y en avoit une chargée de pyramides de confitures sèches, une autre d'une infinité de vases remplis de toutes sortes de liqueurs ; et la dernière étoit composée de caramels. Toutes ces tables, dont les plans étoient ingénieusement formés en divers compartiments, étoient couvertes d'une infinité de choses délicates, et disposées d'une manière toute nouvelle ; leurs pieds et leurs dossiers étoient environnés de feuillages mêlés de festons de fleurs, dont une partie étoit soutenue par des bacchantes. Il y avoit entre ces tables une petite pelouse de mousse verte qui s'avançoit dans le bassin, et sur laquelle on voyoit, dans de grands vases, des orangers dont les fruits étoient confits ; chacun de ces orangers avoit à côté de lui deux autres arbres de différentes espèces, dont les fruits étoient pareillement confits.

Du milieu de ces tables s'élevoit un jet d'eau de plus de trente pieds de haut, dont la chute faisoit un bruit très-agréable; de sorte qu'en voyant tous ces buffets d'une même hauteur, joints les uns aux autres par les branches d'arbres et les fleurs dont ils étoient revêtus, il sembloit que ce fût une petite montagne du haut de laquelle sortît une fontaine.

La palissade qui fait l'enceinte de ce cabinet étoit disposée d'une manière toute particulière; le jardinier, ayant employé son industrie à bien ployer les branches des arbres, et à les lier ensemble en diverses façons, en avoit formé une espèce d'architecture. Dans le milieu du couronnement on voyoit un socle de verdure, sur lequel il y avoit un dé qui portoit un vase rempli de fleurs. Aux côtés du dé, et sur le même socle, étoient deux autres vases de fleurs; et en cet endroit, le haut de la palissade venant doucement à s'arrondir en forme de globe, se terminoit aux deux extrémités par deux autres vases aussi remplis de fleurs.

Au lieu de siéges de gazon, il y avoit, tout autour du cabinet, des couches de melons, dont la quantité, la grosseur et la bonté étoient surprenantes pour la saison. Ces couches étoient faites d'une manière tout extraordinaire; et à bien considérer la beauté de ce lieu, l'on auroit pu dire autrefois que les hommes n'auroient point eu de part à un si bel arrangement, mais que quelques divinités de ces bois auroient employé leurs soins pour l'embellir de la sorte.

Comme il y a cinq allées qui se terminent toutes dans ce cabinet, et qui forment une étoile, l'on trouvoit ces allées ornées de chaque côté de vingt-six arcades de cyprès. Sous chaque arcade, et sur des sièges de gazon, il y avoit de grands vases remplis de divers arbres chargés de leurs fruits. Dans la première de ces allées il n'y avoit que des oranges de Portugal. La seconde étoit toute de bigarreautiers et de cerisiers mêlés ensemble. La troisième étoit bordée d'abricotiers et de pêchers ; la quatrième de groseillers de Hollande ; et dans la cinquième, l'on ne voyoit que des poiriers de différentes espèces. Tous ces arbres faisoient un agréable objet à la vue, à cause de leurs fruits, qui paroissoient encore davantage contre l'épaisseur du bois.

Au bout des cinq allées, il y a cinq grandes niches de verdure, que l'on voit toutes en face du milieu du cabinet. Ces niches étoient cintrées ; et sur les pilastres des côtés s'élevoient deux rouleaux qui s'alloient joindre à un carré qui étoit au milieu. Dans ce carré l'on voyoit les chiffres du roi, composés de différentes fleurs ? et des deux côtés pendoient des festons qui s'attachoient à l'extrémité des rouleaux. A côté de la niche il y avoit deux arcades, aussi de verdure, avec leurs pilastres d'un côté et d'autre ; et tous ces pilastres étoient terminés par des vases remplis de fleurs.

Dans l'une de ces niches étoit la figure du dieu Pan, qui, ayant sur le visage toutes les marques de la joie, sembloit prendre part à celle de toute l'assemblée. Le sculpteur l'avoit disposé dans une action qui faisoit connoître qu'il étoit mis là comme la divinité qui présidoit dans ce lieu.

Dans les quatre autres niches il y avoit quatre satyres, deux hommes et deux femmes, qui tous sembloient danser, et témoigner le plaisir qu'ils ressentoient de se voir visités par un si grand monarque suivi d'une si belle cour. Toutes ces figures étoient dorées, et faisoient un effet admirable contre le vert de ces palissades.

Après que leurs majestés eurent été quelque temps dans cet endroit si charmant, et que les dames eurent fait collation, le roi abandonna les tables au pillage des gens qui suivoient; et la destruction d'un arrangement si beau servit encore d'un divertissement agréable à toute la cour, par l'empressement et la confusion de ceux qui démolissoient ces châteaux de massepains, et ces montagnes de confitures.

Au sortir de ce lieu, le roi rentrant dans une calèche, la reine dans sa chaise, et tout le reste de la cour dans leurs carrosses, poursuivirent leur promenade pour se rendre à la comédie, et passant dans une grande allée de quatre rangs de tilleuls, firent le tour du bassin de la fontaine des cygnes, qui termine l'allée royale vis-à-vis du château. Ce bassin est un carré long, finissant par deux demi-ronds. Sa longueur est de soixante toises, sur quarante de large. Dans son milieu il y a une infinité de jets d'eau, qui, réunis ensemble, font une gerbe d'une hauteur et d'une grosseur extraordinaires.

A côté de la grande allée royale, il y en a deux autres qui en sont éloignées d'environ deux cents pas ; celle qui est à droite en montant vers le château s'appelle l'allée du roi, et celle qui est à gauche, l'allée des prés. Ces trois allées sont traversées par une autre qui se termine à deux grilles qui font la clôture du petit parc. Les deux allées des côtés et celle qui les traverse ont cinq toises de large : mais à l'endroit où elles se rencontrent, elles forment un grand espace qui a plus de treize toises en carré. C'est dans cet endroit de l'allée du roi que le sieur Vigarani avoit disposé le lieu de la comédie. Le théâtre, qui avançoit un peu dans le carré de la place, s'enfonçoit de dix toises dans l'allée qui monte vers le château, et laissoit pour la salle un espace de treize toises de face sur neuf de large.

L'exhaussement de ce sallon étoit de trente pieds jusqu'à la corniche, d'où les côtés du plafond s'élevoient encore de huit pieds jusqu'au dernier enfoncement. Il étoit couvert de feuillée par-dehors ; et par-dedans, paré de riches tapisseries que le sieur du Metz, intendant des meubles de la couronne, avoit pris soin de faire disposer de la manière la plus belle et la plus convenable pour la décoration de ce lieu. Du haut du plafond pendoient trente-deux chandeliers de cristal, portant chacun dix bougies de cire blanche. Autour de la salle étoient plusieurs siéges disposés en amphithéâtre, remplis de plus de douze cents personnes; et dans le parterre il y avoit encore sur des bancs une plus grande quantité de monde. Cette salle étoit percée par deux grandes arcades, dont l'une étoit vis-à-vis du théâtre, et l'autre, du côté qui va vers la grande allée. L'ouverture du théâtre étoit de trente-six pieds, et de chaque côté il y avoit deux grandes colonnes torses de bronze et de lapis, environnées de branches et de feuilles de vignes d'or; elles étoient posées sur des piédestaux de marbre, et portoient une grande corniche, aussi de marbre, dans le milieu de laquelle on voyoit les armes du roi sur un cartouche doré, accompagnées de trophées; l'architecture étoit d'ordre ionique. Entre chaque colonne il y avoit une figure; celle qui étoit à droite représentoit la Paix, et celle qui étoit à gauche figuroit la Victoire, pour montrer que sa majesté est toujours en état de faire que ses peuples jouissent d'une paix heureuse et pleine d'abondance, en rétablissant le repos dans l'Europe, ou d'une victoire glorieuse et remplie de joie, quand elle est obligée de prendre les armes pour soutenir ses droits.

Lorsque leurs majestés furent arrivées dans ce lieu, dont la grandeur et la magnificence surprirent toute la cour, et quand elles eurent pris leurs places sous le haut dais qui étoit au milieu du parterre, on leva la toile qui cachoit la décoration du théâtre; et alors les yeux se trouvant tout-à-fait détrompés, l'on crut voir effectivement un jardin d'une beauté extraordinaire.

A l'entrée de ce jardin, l'on découvroit deux palissades si ingénieusement moulées, qu'elles formoient un ordre d'architecture dont la corniche étoit soutenue par quatre termes qui représentoient des satyres. La partie d'en-bas de ces termes, et ce qu'on appelle gaîne, étoient de jaspe, et le reste, de bronze doré. Ces satyres portoient sur leurs têtes des corbeilles pleines de fleurs ; et sur les piédestaux de marbre qui soutenoient ces mêmes termes il y avoit de grands vases dorés, aussi remplis de fleurs.

Un peu plus loin paroissoient deux terrasses revêtues de marbre blanc, qui environnoient un long canal. Au bord de ces terrasses il y avoit des masques dorés qui vomissoient de l'eau dans le canal ; et au-dessus de ces masques on voyoit des vases de bronze doré d'où sortoient aussi de véritables jets d'eau.

On montoit sur ces terrasses par trois degrés ; et sur la même ligne où étoient rangés les termes, il y avoit d'un côté et d'autre une allée de grands arbres, entre lesquels paroissoient des cabinets d'une architecture rustique. Chaque cabinet couvroit un grand bassin de marbre, soutenu sur un piédestal de même matière, et de ces bassins sortoient autant de jets d'eau.

Le bout du canal le plus proche étoit bordé de douze jets d'eau qui formoient autant de chandeliers ; et à l'autre extrémité on voyoit un superbe édifice en forme de dôme. Il étoit percé de trois grands portiques, au travers desquels on découvroit une grande étendue de pays.

D'abord on vit sur le théâtre une collation

magnifique d'oranges de Portugal, et de toutes sortes de fruits chargés à fond et en pyramides dans trente-six corbeilles, qui furent servies à toute la cour par le maréchal de Bellefonds, et par plusieurs seigneurs, pendant que le sieur de Launay, intendant des menus-plaisirs et affaires de la chambre, donnoit de tous côtés des imprimés qui contenoient le sujet de la comédie et du ballet.

Bien que la pièce qu'on représenta doive être considérée comme un impromptu, et un de ces ouvrages où la nécessité de satisfaire sur-le-champ aux volontés du roi ne donne pas toujours le loisir d'y apporter la dernière main et d'en former les derniers traits, néanmoins il est certain qu'elle est composée de parties si diversfiées et si agréables, qu'on peut dire qu'il n'en a guère paru sur le le théâtre de plus capable de satisfaire tout ensemble l'oreille et les yeux des spectateurs. La prose dont on s'est servi est un langage très-propre pour l'action qu'on représente; et les vers qui se chantent entre les actes de la comédie conviennent si bien au sujet, et expriment si tendrement les passions dont ceux qui les récitent doivent être émus, qu'il n'y a jamais eu rien de plus touchant. Quoiqu'il semble que ce soient deux comédies que l'on joue en même temps, dont l'une soit en prose et l'autre en vers, elles sont pourtant si bien unies à un même sujet, qu'elles ne font qu'une même pièce, et ne représente qu'une seule action.

PERSONNAGES

DES INTERMÈDES DE LA COMÉDIE DE GEORGE DANDIN.

GEORGE DANDIN.
BERGERS dansants, déguisés en valets de fête.
BERGERS jouant de la flûte.
CLIMÈNE, bergère chantante.
CHLORIS, bergère chantante.
TIRCIS, berger chantant, amant de Climène.
PHILÈNE, berger chantant, amant de Chloris.
UNE BERGÈRE.
BATELIERS dansants.
UN PAYSAN, ami de George Dandin.
CHOEURS DE BERGERS chantants.
BERGERS ET BERGÈRES dansants.
UN SATYRE chantant.
UN SUIVANT DE BACCHUS, chantant.
CHOEUR DE SUIVANTS DE BACCHUS, chantants.
CHOEUR DE SUIVANTS DE L'AMOUR, chantants.
UN BERGER chantant.
SUIVANTS DE BACCHUS ET BACCHANTES, dansants.
SUIVANTS DE L'AMOUR, dansants.

INTERMÈDES.

PREMIER INTERMÈDE.

SCÈNE I.
GEORGE DANDIN; BERGERS DÉGUISÉS EN VALETS DE FÊTE; BERGERS JOUANT DE LA FLUTE.

PREMIÈRE ENTRÉE.

Quatre bergers déguisés en valets de fête, accompagnés de quatre bergers jouant de la flûte, entrent en dansant, et obligent George Dandin de danser avec eux.

George Dandin, mal satisfait de son mariage, et n'ayant l'esprit rempli que de fâcheuses pensées, quitte bientôt les bergers, avec lesquels il n'a demeuré que par contrainte.

SCÈNE II.
CLIMÈNE, CHLORIS.

CLIMÈNE.

L'autre jour, d'Anette
J'entendis la voix,
Qui sur sa musette
Chantoit dans nos bois :
Amour, que sous ton empire
On souffre de maux cuisants !
Je le puis bien dire,
Puisque je le sens.

CHLORIS.

La jeune Lisette,
Au même moment,

Sur le ton d'Anette
Reprit tendrement :
Amour, si sous ton empire
Je souffre des maux cuisants,
C'est de n'oser dire
Tout ce que je sens.

SCÈNE III.

TIRCIS, PHILÈNE, CLIMÈNE, CHLORIS.

CHLORIS.

Laisse-nous en repos, Philène.

CLIMÈNE.

Tircis, ne viens point m'arrêter.

TIRCIS ET PHILÈNE ENSEMBLE.

Ah ! belle inhumaine,
Daigne un moment m'écouter.

CLIMÈNE ET CHLORIS ENSEMBLE.

Mais que me veux-tu conter ?

TIRCIS ET PHILÈNE ENSEMBLE.

Que d'une flamme immortelle
Mon cœur brûle sous tes lois.

CLIMÈNE ET CHLORIS ENSEMBLE.

Ce n'est pas une nouvelle,
Tu me l'as dit mille fois.

PHILÈNE, à Chloris.

Quoi ! veux-tu, toute ma vie,
Que j'aime et n'obtienne rien ?

CHLORIS.

Non, ce n'est pas mon envie ;
N'aime plus, je le veux bien.

FÊTE DE VERSAILLES.

TIRCIS, à Climène.

Le ciel me force à l'hommage
Dont tous ces bois sont témoins.

CLIMÈNE.

C'est au ciel, puisqu'il t'engage,
A te payer de tes soins.

PHILÈNE, à Chloris.

C'est par ton mérite extrême
Que tu captives mes vœux.

CHLORIS.

Si je mérite qu'on m'aime,
Je ne dois rien à tes feux.

TIRCIS ET PHILÈNE ENSEMBLE.

L'éclat de tes yeux me tue.

CLIMÈNE ET CHLORIS ENSEMBLE.

Détourne de moi tes pas.

TIRCIS ET PHILÈNE ENSEMBLE.

Je me plais dans cette vue.

CLIMÈNE ET CHLORIS ENSEMBLE.

Berger, ne t'en plains donc pas.

PHILÈNE.

Ah ! belle Climène !

TIRCIS.

Ah ! belle Chloris !

PHILÈNE, à Climène.

Rends-la pour moi plus humaine.

TIRCIS, à Chloris.

Dompte pour moi ses mépris.

CLIMÈNE, à Chloris.

Sois sensible à l'amour que te porte Philène.

CHLORIS, à Climène.

Sois sensible à l'ardeur dont Tircis est épris.

CLIMÈNE, à Chloris.

Si tu veux me donner ton exemple, bergère,
Peut-être je le recevrai.

CHLORIS, à Climène.

Si tu veux te résoudre à marcher la première,
Possible que je te suivrai.

CLIMÈNE ET CHLORIS ENSEMBLE.

Adieu, berger.

CLIMÈNE, à Philène.

Attends un favorable sort.

CHLORIS, à Tircis.

Attends un doux succès du mal qui te possède.

TIRCIS.

Je n'attends aucun remède.

PHILÈNE.

Et je n'attends que la mort.

TIRCIS ET PHILÈNE ENSEMBLE.

Puisqu'il nous faut languir en de tels déplaisirs,
Mettons fin, en mourant, à nos tristes soupirs.

FIN DU PREMIER INTERMÈDE.

ACTE PREMIER.
SECOND INTERMÈDE.

SCÈNE I.
GEORGE DANDIN, UNE BERGÈRE.

La bergère vient apprendre à George Dandin le désespoir de Tircis et de Philène, qui se sont précipités dans les eaux. George Dandin, agité d'autres inquiétudes, la quitte en colère.

SCÈNE II.
CHLORIS.

Ah ! mortelles douleurs !
Qu'ai-je plus à prétendre ?
Coulez, coulez, mes pleurs :
Je n'en puis trop répandre.
Pourquoi faut-il qu'un tyrannique honneur
Tienne notre âme en esclave asservie ?
Hélas ! pour contenter sa barbare rigueur,
J'ai réduit mon amant à sortir de la vie !
    Ah ! mortelles douleurs !
    Qu'ai-je plus à prétendre ?
    Coulez, coulez, mes pleurs :
    Je n'en puis trop répandre.
Me puis-je pardonner dans ce funeste sort
Les sévères froideurs dont je m'étois armée ?
Quoi donc ! mon cher amant, je t'ai donné la mort !
Est-ce le prix, hélas ! de m'avoir tant aimée ?
    Ah ! mortelles douleurs !
    Qu'ai-je plus à prétendre ?
    Coulez, coulez, mes pleurs :
    Je n'en puis trop répandre.

FIN DU SECOND INTERMÈDE.

ACTE SECOND.
TROISIÈME INTERMÈDE.

SCÈNE I.

GEORGE DANDIN, UNE BERGÈRE, BATELIERS.

La bergère qui avoit annoncé à George Dandin le malheur de Tircis et de Philène lui vient dire que ces bergers ne sont point morts, et lui montre les bateliers qui les ont sauvés. George Dandin n'écoute pas plus tranquillement ce second récit de la bergère qu'il n'avoit fait le premier, et se retire.

SCÈNE II.
ENTRÉE DE BALLET.

Les bateliers qui ont sauvé Tircis et Philène, ravis de la récompense qu'ils ont reçue, expriment leur joie en dansant, et font une manière de jeu avec leurs crocs.

FIN DU TROISIÈME INTERMÈDE.

ACTE TROISIÈME.
QUATRIÈME INTERMÈDE.

SCÈNE I.

GEORGE DANDIN, UN PAYSAN.

Ce paysan, ami de George Dandin, lui conseille de noyer dans le vin toutes ses inquiétudes, et l'emmène pour joindre sa troupe, voyant venir toutes la foule des bergers amoureux, qui commencent à célébrer par des chants et des danses le pouvoir de l'amour.

SCÈNE II.

Le théâtre change, et représente de grandes roches entremêlées d'arbres où l'on voit plusieurs bergers qui jouent des instruments.

CHLORIS, CLIMÈNE, TIRCIS, PHILÈNE; CHOEUR DE BERGERS CHANTANTS; BERGERS ET BERGÈRES DANSANTS.

CHLORIS.

Ici l'ombre des ormeaux
Donne un teint frais aux herbettes,
Et les bords de ces ruisseaux
Brillent de mille fleurettes
Qui se mirent dans les eaux.
Prenez, bergers, vos musettes,
Ajustez vos chalumeaux,
Et mêlons nos chansonnettes
Au chants des petits oiseaux.
Le zéphyr entre ces eaux
Fait mille courses secrètes ;

Et les rossignols nouveaux
De leurs douces amourettes
Parlent aux tendres rameaux.
Prenez, bergers, vos musettes,
Ajustez vos chalumeaux,
Et mêlons nos chansonnettes
Aux chants des petits oiseaux.

PREMIÈRE ENTRÉE DE BALLET.

Bergers et bergères dansants.

CLIMÈNE.

Ah! qu'il est doux, belle Sylvie,
Ah! qu'il est doux de s'enflammer!
Il faut retrancher de la vie
Ce qu'on en passe sans aimer.

CHLORIS.

Ah! les beaux jours qu'Amour nous donne,
Lorsque sa flamme unit les cœurs!
Est-il ni gloire ni couronne
Qui vaille ses moindres douceurs?

TIRCIS.

Qu'avec peu de raison on se plaint d'un martyre
Que suivent de si doux plaisirs!

PHILÈNE.

Un moment de bonheur dans l'amoureux empire
Répare dix ans de soupirs.

TOUS ENSEMBLE.

Chantons tous de l'Amour le pouvoir adorable;
Chantons tous dans ces lieux
Ses attraits glorieux :
Il est le plus aimable
Et le plus grand des dieux.

SCÈNE III.

Un grand rocher couvert d'arbres, sur lequel est assise toute la troupe de Bacchus, s'avance sur le théâtre.

UN SATYRE, UN SUIVANT DE BACCHUS; CHOEUR DE SATYRES CHANTANTS; SUIVANTS DE BACCHUS ET BACCHANTES DANSANTS; CHLORIS, CLIMÈNE, TIRCIS, PHILÈNE; CHOEUR DE BERGERS CHANTANTS; BERGERS ET BERGÈRES DANSANTS.

LE SATYRE.

Arrêtez, c'est trop entreprendre;
Un autre dieu, dont nous suivons les lois,
S'oppose à cet honneur qu'à l'Amour osent rendre
Vos musettes et vos voix :
A des titres si beaux Bacchus seul peut prétendre,
Et nous sommes ici pour défendre ses droits.

CHOEUR DE SATYRES.

Nous suivons de Bacchus le pouvoir adorable;
Nous suivons en tous lieux
Ses attraits glorieux :
Il est le plus aimable
Et le plus grand des dieux.

DEUXIÈME ENTRÉE DE BALLET.

Suivants de Bacchus et bacchantes dansants.

CHLORIS.

C'est le printemps qui rend l'âme
A nos champs semés de fleurs;
Mais c'est l'amour et sa flamme
Qui font revivre nos cœurs.

UN SUIVANT DE BACCHUS.

Le soleil chasse les ombres

Dont le ciel est obscurci ;
Et des âmes les plus sombres
Bacchus chasse le souci.

CHŒUR DES SUIVANTS DE BACCHUS.

Bacchus est révéré sur la terre et sur l'onde.

CHŒUR DES SUIVANTS DE L'AMOUR.

Et l'Amour est un dieu qu'on adore en tous lieux.

CHŒUR DES SUIVANTS DE BACCHUS.

Bacchus à son pouvoir a soumis tout le monde.

CHŒUR DES SUIVANTS DE L'AMOUR.

Et l'Amour a dompté les hommes et les dieux.

CHŒUR DES SUIVANTS DE BACCHUS.

Rien peut-il égaler sa douceur sans seconde ?

CHŒUR DES SUIVANTS DE L'AMOUR.

Rien peut-il égaler ses charmes précieux ?

CHŒUR DES SUIVANTS DE BACCHUS.

Fi de l'amour et de ses feux !

CHŒUR DES SUIVANTS DE L'AMOUR.

Ah ! quel plaisir d'aimer !

CHŒUR DES SUIVANTS DE BACCHUS.

Ah ! quel plaisir de boire !

CHŒUR DES SUIVANTS DE L'AMOUR.

A qui vit sans amour la vie est sans appas.

CHŒUR DES SUIVANTS DE BACCHUS.

C'est mourir que de vivre et de ne boire pas.

CHŒUR DES SUIVANTS DE L'AMOUR.

Aimables fers !

CHŒUR DES SUIVANTS DE BACCHUS.

Douce victoire !

CHŒUR DES SUIVANTS DE L'AMOUR.

Ah ! quel plaisir d'aimer !

CHŒUR DES SUIVANTS DE BACCHUS.

Ah! quel plaisir de boire!

TOUS ENSEMBLE.

Non, non, c'est un abus:
Le plus grand dieu de tous,

CHŒUR DES SUIVANTS DE L'AMOUR.

C'est l'amour.

CHŒUR DES SUIVANTS DE BACCHUS.

C'est Bacchus.

SCÈNE IV.

UN BERGER, LES MÊMES ACTEURS.

LE BERGER.

C'est trop, c'est trop, bergers. Hé! pourquoi ces débats?
Souffrons qu'en un parti la raison nous assemble.
L'amour a des douceurs, Bacchus a des appas;
Ce sont deux déités qui sont fort bien ensemble;
Ne les séparons pas.

LES DEUX CHŒURS.

Mêlons donc leurs douceurs aimables.
Mêlons nos voix dans ces lieux agréables,
Et faisons répéter aux échos d'alentour
Qu'il n'est rien de plus doux que Bacchus et l'Amour.

TROISIÈME ENTRÉE DE BALLET.

Les bergers et bergères se mêlent avec les suivants de Bacchus et les bacchantes. Les suivants de Bacchus frappent avec leurs thyrses les espèces de tambours de Basques que portent les bacchantes pour représenter ces cribles qu'elles portoient anciennement aux fêtes de Bacchus; les uns et les autres font différentes postures, pendant que les bergers et les bergères dansent plus sérieusement.

FIN DES INTERMÈDES DE GEORGE DANDIN.

Noms des personnes qui ont représenté, chanté et dansé dans les intermèdes de la comédie de George Dandin.

George Dandin, *le sieur Molière.* Bergers dansants, déguisés en valets de fête, *les sieurs Beauchamp, Saint-André, La Pierre, Favier.* Bergers jouant de la flûte, *les sieurs Descôteaux, Philbert, Jean et Martin Hotteterre.* Climène, *mademoiselle Hilaire.* Chloris, *mademoiselle des Fronteaux.* Titcis, *le sieur Blondel.* Philène, *le sieur Gaye.* Une bergère, *mademoiselle...* Bateliers dansants, *les sieurs Beauchamp, Jouan, Chicanneau, Favier, Noblet, Mayeux.* Un paysan, ami de George Dandin, *le sieur...* Bergers dansants, *les sieurs Chicanneau, saint-André, La Pierre, Favier.* Bergères dansantes, *les sieurs Bonard, Arnald, Noblet, Foignard.* Satyre chantant, *le sieur Estival.* Suivant de Bacchus chantant, *le sieur Gingan.* Suivants de Bacchus dansants, *les sieurs Beauchamp, Dolivet, Chicanneau, Mayeux.* Bacchantes dansantes, *les sieurs Paysan, Manceau, Le Roy, Pesan.* Un berger, *le sieur Le Gros.*

Cet agréable spectacle étant fini de la sorte, le roi et toute la cour sortirent par le portique du côté gauche du salon, et qui rend dans l'allée de traverse, au bout de laquelle, à l'endroit où elle coupe l'allée des prés, l'on aperçut de loin un édifice élevé de cinquante pieds de haut. Sa figure étoit octogone, et sur le haut de la couverture s'élevoit une espèce de dôme, d'une grandeur et d'une hauteur si belle et si proportionnée, que le tout ensemble ressembloit beaucoup à ces beaux temples antiques, dont l'on voit encore quelques restes. Il étoit tout couvert de feuillages, et rempli d'une infinité de lumières. A mesure qu'on s'en approchoit, on y découvroit mille différentes beautés. Il étoit isolé, et l'on voyoit dans les huit angles autant de pilastres qui servoient comme de pieds forts ou d'arcs-boutants élevés de quinze pieds de haut. Au-dessus de ces pilastres il y avoit de grands vases ornés de différentes façons et remplis de lumières. Du haut de ces vases sortoit une fontaine qui, retombant alentour, les environnoit comme d'une cloche de cristal : ce qui faisoit un effet d'autant plus admirable, qu'on voyoit un feu éclairer agréablement au milieu de l'eau.

Cet édifice étoit percé de huit portes. Au-devant de celle par où l'on entroit, et sur deux piédestaux de verdure, étoient deux grandes figures dorées qui représentoient deux faunes jouant chacun d'un instrument. Au-dessus de ces portes on voyoit comme une espèce de frise ornée de huit grands bas-reliefs représentant, par des figures assises, les quatre saisons de l'année et les quatre parties du jour. A côté des premières il y avoit des doubles L, et à côté des autres, des fleurs de lis. Elles étoient toutes enchâssées parmi le feuillage, et faites avec un artifice de lumière si beau et si surprenant, qu'il sembloit que toutes ces figures, ces L et ces fleurs de lis fussent d'un métal lumineux et transparent.

Le tour du petit dôme étoit aussi orné de huit bas-reliefs éclairés de la même sorte ; mais au lieu de figures, c'étoient des trophées disposés en différentes manières. Sur les angles du principal édifice et du petit dôme, il y avoit de grosses boules de verdure qui en terminoient les extrémités.

Si l'on fut surpris en voyant par-dehors la beauté de ce lieu, on le fut encore davantage en voyant le dedans. Il étoit presque impossible de ne se pas persuader que ce ne fût un enchantement, tant il y paroissoit de choses qui sembloient ne se pouvoir faire que par magie. Sa grandeur étoit de huit toises de diamètre. Au milieu il y avoit un grand rocher, et autour du rocher une table de figure octogone chargée de soixante-quatre couverts. Ce rocher étoit percé en quatre endroits. Il sembloit que la nature eût fait choix de tout ce qu'elle a de plus beau et de plus riche pour la composition de cet ouvrage et qu'elle eût elle-même pris plaisir d'en faire son chef-d'œuvre, tant les ouvriers avoient bien su cacher l'artifice dont ils s'étoient servi pour l'imiter.

Sur la cime du rocher étoit le cheval Pégase ; il sembloit, en se cabrant, faire sortir de l'eau qu'on voyoit couler doucement de dessous ses pieds, mais qui aussitôt tomboit avec abondance, et formoit comme quatre fleuves. Cette eau, qui se précipitoit avec violence et par gros bouillons parmi les pointes du rocher, le rendoit tout blanc d'écume, et ne s'y perdoit que pour paroître ensuite plus belle et plus brillante ; car, ressortant avec impétuosité par des endroits cachés, elle faisoit des chutes d'autant plus agréables, qu'elles se séparoient en plusieurs petits ruisseaux parmi les cailloux et les coquilles. Il sortoit de tous les endroits les plus creux du rocher, mille gouttes d'eau qui, avec celles des cascades, venoient inonder une pelouse couverte de mousse et divers coquillages qui en faisoit l'entrée. C'étoit sur ce beau vert, et alentour de ces coquilles, que ces eaux, venant à se répandre et à couler agréablement, faisoient une infinité de retours qui paroissoient autant de petites ondes d'argent, et, avec un murmure doux et agréable qui s'accordoit au bruit des cascades, tomboient en cent différentes manières dans huit canaux qui séparoient la table d'avec le rocher, et en recevoient toutes les eaux. Ces canaux étoient revêtus de carreaux de porcelaine et de mousse, au bord desquels il y avoit de grands vases à l'antique émaillés d'or et d'azur, qui, jetant l'eau par trois différents endroits, remplissoient trois grandes coupes de cristal qui se dégorgeoient encore dans ces mêmes canaux.

Au-dessous du cheval Pégase, et vis-à-vis de la porte par où l'on entroit, on voyoit la figure d'Apollon assis, tenant dans sa main une lyre : les neuf Muses étoient au-dessous de lui, qui tenoient aussi divers instruments. Dans les quatre coins du rocher, et au-dessous de la chute de ces fleuves, il y avoit quatre figures couchées qui en représentoient les divinités.

De quelque côté qu'on regardât ce rocher, l'on y voyoit toujours différens effets d'eau ; et les lumières dont il étoit éclairé étoient si bien disposées, qu'il n'y en avoit point qui ne contribuassent à faire paroître toutes les figures qui étoient d'argent, et à faire briller davantage les divers éclats de l'eau et les différentes couleurs des pierres et des cristaux dont il étoit composé. Il y avoit même des lumières si industrieusement cachées dans les cavités de ce rocher, qu'elles n'étoient point aperçues, mais qui cependant le faisoient voir partout, et donnoient un lustre et un éclat merveilleux à toutes les gouttes d'eau qui tomboient.

Des huit portes dont ce salon étoit percé, il y en avoit quatre au droit des quatre grandes allées, et quatre autres qui étoient vis-à-vis des petites allées qui sont dans les angles de cette place. A côté de chaque porte il y avoit quatre grandes niches percées à jour et remplies d'un grand pied d'argent ; au-dessus étoit un grand vase de même matière, qui portoit une girandole de cristal, allumée de dix bougies de cire blanche. Dans les huit angles qui forment la figure de ce lieu il y avoit un corps solide taillé rustiquement, et dont le fond verdâtre brilloit en façon de cristal ou d'eau congelée. Contre ce corps étoient quatre coquilles de marbre les unes au-dessous des autres, et dans des distances fort proportionnées : la plus haute étoit la moins grande, et celles de dessous augmentoient toujours en grandeur, pour mieux recevoir l'eau qui tomboit des unes dans les autres. On avoit mis sur la coquille la plus élevée une girandole de cristal, allumée de dix bougies, et de cette coquille sortoit de l'eau en forme de nappe, qui, tombant dans la seconde coquille, se répandoit dans une troisième, où l'eau d'un masque posé au-dessus venant à se rendre, la remplissoit encore davantage. Cette troisième coquille étoit portée par deux dauphins dont les écailles étoient de couleur de nacre : ces deux dauphins jetoient de l'eau dans la quatrième coquille, où tomboit aussi en nappe l'eau de la coquille, qui étoit au-dessus ; et toutes ces eaux venoient enfin se rendre dans un bassin de marbre, aux deux extrémités duquel étoient deux grands vases remplis d'orangers.

Le plafond de ce lieu n'étoit pas cintré en forme de voûte ; il s'élevoit jusqu'à l'ouverture du petit dôme par huit pans, qui représentoient un compartiment de menuiserie artistement taillé de feuillages dorés. Dans ces compartimens qui paroissoient percés, l'on avoit peint des branches d'arbres au naturel, pour avoir plus d'union avec la feuillée dont le corps de cet édifice étoit composé. Le haut du petit dôme étoit aussi un compartiment d'une riche broderie d'or et d'argent sur un fond vert.

Outre vingt-cinq lustres de cristal, chacun de dix bougies, qui éclairoient ce lieu, et qui tomboient du haut de la voûte, il y en avoit encore d'autres au milieu des huit portes, qui étoient attachés avec de grandes écharpes de gaze d'argent entre des festons de fleurs, noués avec de pareilles écharpes enrichies d'une frange de même.

Sur la grande corniche qui régnoit tout autour de ce salon étoient rangés soixante-quatre vases de porcelaine remplis de diverses fleurs, et entre ces vases on avoit mis soixante-quatre boules de cristal de diverses couleurs et d'un pied de diamètre, soutenues sur des pieds d'argent : elles paroissoient comme autant de pierres précieuses, et étoient éclairées d'une manière si ingénieuse, que la lumière, passant au travers, et se trouvant chargée de différentes couleurs de ces cristaux, se répandoit par tout le haut du plafond, où elle faisoit des effets si admirables, qu'il sembloit que ce fussent les couleurs mêmes d'un véritable arc-en-ciel. De cette corniche, et du tour que formoit l'ouverture du petit dôme, pendoient plusieurs festons de toutes sortes de fleurs, attachés avec de grandes écharpes de gaze d'argent, dont les bouts tombant entre chaque feston paroissoient avec beaucoup d'éclat et de grâce sur tout le corps de cette architecture, qui étoit de feuillage, et dont l'on avoit si bien su former différentes sortes de verdure, que la diversité des arbres qu'on y avoit employés, et que l'on avoit su accommoder les uns auprès des autres, ne faisoit pas une des moindres beautés de la composition de cet agréable édifice.

Au-delà du portique qui étoit vis-à-vis de celui par où l'on entroit, on avoit dressé un buffet d'une beauté et d'une richesse tout extraordinaire.

il étoit enfoncé de dix-huit pieds dans l'allée, et l'on montoit par trois grands degrés en forme d'estrade. Il y avoit des deux côtés de ce buffet deux manières d'ailes élevées d'environ dix pieds de haut, dont le dessous servoit pour passer ceux qui portoient les viandes. Sur le milieu de chacune de ces ailes étoit un socle de verdure qui portoit un grand guéridon d'argent, chargé d'une girandole aussi d'argent, allumée de bougies de cire blanche; et à côté de ces guéridons plusieurs grands vases d'argent : contre ce socle étoit attachée une grande plaque d'argent à trois branches, portant chacune un flambeau de cire blanche.

Sur la table du buffet, il y avoit quatre degrés de deux pieds de large et de trois à quatre pieds de haut, qui s'élevoient jusques à un plafond de feuillée de vingt-cinq pieds d'exhaussement. Sur ce buffet et sur ces degrés l'on voyoit, dans une disposition agréable, vingt-quatre bassins d'argent d'une grandeur extrême et d'un ouvrage merveilleux : ils étoient séparés les uns des autres par autant de grands vases, de cassolettes et de girandoles d'argent d'une pareille beauté. Il y avoit sur la table vingt-quatre grands pots d'argent, remplis de toutes sortes de fleurs, avec la nef du roi, la vaisselle et les vertes destinés pour son service. Au-devant de la table on voyoit une grande cuvette d'argent en forme de coquille, et aux deux bouts du buffet quatre guéridons d'argent de six pieds de haut, sur lesquel étoient des girandoles d'argent allumées de dix bougies de cire blanche.

Dans les deux autres arcades qui étoient à côté de celle-ci étoient deux autres buffets moins hauts et moins larges que celui du milieu : chaque table avoit deux degrés, sur lesquels étoient dressés quatre grands bassins d'argent, qui accompagnoient un grand vase chargé d'une girandole allumée de dix bougies ; et entre ces bassins et ce vase il y avoit plusieurs figures d'argent. Aux deux bouts du buffet l'on voyoit deux grandes plaques portant chacune trois flambeaux de cire blanche ; au-dessus du dossier, un guéridon d'argent chargé de plusieurs bougies ; et à côté, plusieurs grands vases d'un prix et d'une pesanteur extraordinaires ; outre six grands bassins qui servoient de fond. Devant chaque table il y avoit une grande cuvette d'argent, pesant mille marcs ; et ces tables, qui étoient comme deux crédences pour accompagner le grand buffet du roi, étoient destinées pour le service des dames.

Au-delà de l'arcade qui servoit d'entrée du côté de l'allée qui descend vers les grilles du grand parc, étoit un enfoncement de dix-huit toises de long, qui formoit comme un avant-salon.

Ce lieu étoit terminé d'un grand portique de verdure, au-delà duquel il y avoit une grande salle bornée par les deux côtés des palissades de l'allée, et, par l'autre bout, d'un autre portique de feuillages. Dans cette salle l'on avoit dressé quatre grandes tentes très-magnifiques, sous lesquelles étoient huit tables accompagnées de leurs buffets chargés de bassins, de verres et de lumières disposés dans un ordre tout-a-fait singulier.

Lorsque le roi fut entré dans le salon octogone, et que toute la cour, surprise de la beauté et de la disposition si extraordinaire de ce lieu, en eut bien considéré toutes les parties, sa majesté se mit à table, le dos tourné du côté par où elle étoit entrée; et lorsque Monsieur eut pris aussi sa place, les dames qui étoient nommées par sa majesté pour y souper prirent les leurs, selon qu'elles se rencontrèrent, sans garder aucun rang. Celles qui eurent cet honneur furent :

Mesdemoiselles d'Angoulême.

Mesdames

Aubry de Courcy.
De Saint-Abre.
De Broglio.
De Bailleul.
De Bonnelle.
Bignon.
De Bordeaux.
Mademoiselle Borelle.
De Brissac.
De Coulange.
La maréchale de Clérambaut.
La maréchale de Castelnau.
De Comminge.
La marquise de Castelnau.

La maréchale d'Estrées.
La maréchale d'Albret et mademoiselle sa fille.
Mademoiselle d'Elbeuf.
La maréchale de la Ferté.
De la Fayette.
La comtesse de Fiesque.
De Fontenay-Hotman.
De Fieubet.
La maréchale de Grancey et mesdemoiselles ses deux filles.
Des Hameaux.
La maréchale de l'Hôpital.
La lieutenante civile.
La comtesse de Louvigny.
Mademoiselle de Manichan.
De Meckelbourg.
La grande maréchale.
De Marré.
De Nemours.
De Richelieu.
La duchesse de Richemont.
Mademoiselle de Tresme.
Tambonneau.
De La Trousse.
La présidente de Tubœuf.
La duchesse de La Vallière.
La marquise de La Vallière.
De Vilacerf.
La duchesse de Wirtemberg et madame sa fille
De Valavoir.
Comme la somptuosité de ce festin passe tout

ce qu'on en pourroit dire, tant par l'abondance et la délicatesse des viandes qui furent servies que par le bel ordre que le maréchal de Bellefonds, et le sieur de Valantiné, contrôleur-général de la maison du roi, y apportèrent ; je n'entreprendrai pas d'en faire le détail ; je dirai seulement que le pied du rocher étoit revêtu, parmi les coquilles et la mousse, de quantité de pâtes, de confitures, de conserves, d'herbages, et de fruits sucrés, qui sembloient être crus parmi les pierres, et en faire partie. Il y avoit sur les huit angles qui marquent la figure du rocher et de la table huit pyramides de fleurs, dont chacune étoit composée de treize porcelaines remplies de différents mets. Il y eut cinq services, chacun de cinquante-six plats ; les plats du dessert étoient chargés de seize porcelaines en pyramides, où tout ce qu'il y a de plus exquis et de plus rare dans la saison paroissoit à l'œil et au goût d'une manière qui secondoit bien ce que l'on avoit fait dans cet agréable lieu pour charmer la vue.

Dans une allée assez proche de là, et sous une tente, étoit la table de la reine, où mangeoient Madame, Mademoiselle, madame la princesse de Carignan. Monseigneur le dauphin soupa au château dans son appartement.

Le roi étoit servi par M. le duc, et Monsieur par le sieur de Valantiné. Le sieur Grotteau, contrôleur de la bouche, les sieurs Gaut et Chamois, contrôleurs d'office, mettoient les viandes sur la table.

Le maréchal de Bellefonds servoit la reine ; et le sieur Couret, contrôleur d'office, servoit Madame ; le sieur de La Grange, aussi contrôleur d'office, mettoit sur table ; les cent-suisses de la garde portoient les viandes, et les pages et valets de pied du roi, de la reine, de Monsieur et de Madame, servoient les tables de leurs majestés.

Dans le même temps que l'on portoit sur ces deux tables, il y en avoit huit autres que l'on servoit de la même manière, qui étoient dressées sous les quatre tentes dont j'ai parlé, et ces tables avoient leurs maîtres-d'hôtel, qui faisoient porter les viandes par les gardes-suisses.

La première étoit celle

De madame la comtesse de Soissons, de	20 couverts;
De madame la princesse de Bade, de	20
De madame la duchesse de Créquy, de	20
De madame la maréchale de La Mothe, de	20
De madame de Montausier, de	40
De madame la maréchale de Bellefonds, de	65
De madame la maréchale d'Humières, de	20
De madame de Béthune, de	20

Il y en avoit encore trois autres dans une petite allée à côté de celle que tenoit madame la maréchale de Bellefonds, de quinze à seize couverts chacune, dont les maîtres-d'hôtel du roi avoient le soin.

Quantité d'autres tables se servoient de la desserte de la reine, et des autres, pour les femmes de la reine et pour d'autres personnes.

Dans la grotte, proche du château, il y eut

trois tables pour les ambassadeurs, qui furent servies en même temps, de vingt-deux couverts chacune.

Il y avoit encore en plusieurs endroits des tables dressées, où l'on donnoit à manger à tout le monde; et l'on peut dire que l'abondance des viandes, des vins et des liqueurs, la beauté et l'excellence des fruits et des confitures, et une infinité d'autres choses délicatement apprêtées, faisoient bien voir que la magnificence du roi se répandoit de tous côtés.

Le roi s'étant levé de table pour donner un nouveau divertissement aux dames, et passant par le portique où l'allée monte vers le château, les conduisit dans la salle du bal.

A deux cents pas de l'endroit où l'on avoit soupé, et dans une traverse d'allées qui forme un espace d'une vaste grandeur, l'on avoit dressé un édifice d'une figure octogone, haut de plus de neuf toises, et large de dix. Toute la cour marcha le long de l'allée sans s'apercevoir du lieu où elle étoit; mais, comme elle eut fait plus de la moitié du chemin, il y eut une palissade de verdure qui, s'ouvrant tout d'un coup de part et d'autre, laissa voir, au travers d'un grand portique, un salon rempli d'une infinité de lumières, et une longue allée au-delà, dont l'extraordinaire beauté surprit tout le monde.

Ce bâtiment n'étoit pas tout de feuillages comme celui où l'on avoit soupé; il représentoit une superbe salle revêtue de marbre et de porphyre, et ornée seulement en quelques endroits de verdure et de festons. Un grand portique de seize pieds de large et de trente-deux de haut servoit d'entrée à ce riche salon ; il avançoit environ trois toises dans l'allée, et cette avance servoit encore de vestibule, et faisoit symétrie aux autres enfoncements qui se rencontroient dans les huit côtés. Du milieu du portique pendoient de grands festons de fleurs, attachés de part et d'autre. Aux deux côtés de l'entrée, et sur deux piédestaux, on voyoit des termes représentant des satyres, qui étoient là comme les gardes de ce beau lieu. A la hauteur de huit pieds, ce salon étoit ouvert par les six côtés, entre la porte par où l'on entroit et l'allée du milieu ; ces ouvertures formoient six grandes arcades, qui servoient de tribunes, où l'on avoit dressé plusieurs siéges en forme d'amphithéâtres, pour asseoir plus de six-vingt personnes dans chacune. Ces enfoncements étoient ornés de feuillages qui, venant à se terminer contre les pilastres et le haut des arcades, y montroient assez que ce bel endroit étoit paré comme à un jour de fête, puisque l'on y mêloit des feuilles et des fleurs pour l'orner ; car les impostes et les clefs des arcades étoient marquées par des festons et des ceintures de fleurs.

Du côté droit, dans l'arcade du milieu, et au haut de l'enfoncement, étoit une grotte de rocaille, où, dans un large bassin travaillé rustiquement, l'on voyoit Arion porté sur un dauphin, et tenant une lyre ; il avoit à côté de lui deux tritons ; c'étoit dans ce lieu que les musiciens étoient placés. A l'opposite, l'on avoit mis tous les joueurs d'instruments ; l'enfoncement de l'arcade où ils étoient formoit aussi une grotte où l'on voyoit Orphée sur un rocher, qui sembloit joindre sa voix à celle de deux nymphes assises auprès de lui. Dans le fond des quatre autres arcades il y avoit d'autres grottes, où, par la gueule de certains monstres, sortoit de l'eau qui tomboit dans des bassins rustiques, d'où elle s'échappoit entre des pierres, et dégouttoit lentement parmi la mousse et les rocailles.

Contre les huit pilastres qui formoient ces arcades, et sur des piédestaux de marbre, l'on avoit posé huit grandes figures de femmes, qui tenoient dans leurs mains divers instruments dont elles sembloient se servir pour contribuer au divertissement du bal.

Dans le milieu des piédestaux il y avoit des masques de bronze doré qui jetoient de l'eau dans un bassin. Au bas de chaque piédestal et des deux côtés du même bassin s'élevoient deux jets d'eau qui formoient deux chandeliers. Tout autour de ce salon régnoit un siége de marbre sur lequel, d'espace en espace, étoient plusieurs vases remplis d'orangers.

Dans l'arcade qui étoit vis-à-vis de l'entrée, et qui servoit d'ouverture à une grande allée de verdure, l'on voyoit encore, sur deux piédestaux, deux figures qui représentoient Flore et Pomone. De ces piédestaux il en sortoit de l'eau comme de ceux du salon.

Le haut du salon s'élevoit au-dessus de la corniche par huit pans, jusques à la hauteur de douze pieds ; puis, formant un plafond de figures octogone, laissoit dans le milieu une ouverture de pareille forme, dont l'enfoncement étoit de cinq à six pieds. Dans ces huit pans étoient huit soleils d'or, soutenus de huit figures qui représentoient les douze mois de l'année avec les signes du zodiaque ; le fond étoit d'azur semé de fleurs de lis d'or, et le reste enrichi de roses et d'autres ornemens d'or d'où pendoient trente-deux lustres portant chacun douze bougies.

Outre toutes ces lumières, qui faisoient le plus beau jour du monde, il y avoit dans les six tribunes vingt-quatre plaques, dont chacune portoit neuf bougies ; et aux deux côtés des huit pilastres, au-dessus des figures, sortoient de la feuillée, de grands fleurons d'argent, en forme de branches d'arbres, qui soutenoient treize chandeliers disposés en pyramides. Aux deux côtés de la porte, et dans l'endroit qui servoit comme de vestibule, il y avoit six grandes plaques en ovale, enrichies des chiffres du roi ; chacune de ces plaques portoit seize chandeliers allumés de seize bougies.

L'allée qui aboutit au milieu de ce salon avoit plus de vingt pieds de large ; elle étoit toute défeuillée de part et d'autre, et paroissoit découverte par le haut ; par les côtés elle sembloit accompagnée de huit cabinets, où, à chaque encoignure, l'on voyoit, sur des piédestaux de marbre, des termes qui représentoient des satyres ;

à l'endroit où étoient ces termes les cabinets se fermoient en berceau.

Au bout de l'allée il y avoit une grotte de rocaille, où l'art étoit si heureusement joint à la nature, que parmi les figures qui l'ornoient on y voyoit cette belle négligence et cet arrangement rustique qui donne un si grand plaisir à la vue.

Au haut et dans le lieu le plus enfoncé de la grotte ou découvroit une espèce de masque de bronze doré, représentant la tête d'un monstre marin. Deux tritons argentés ouvroient les deux côtés de la gueule de ce masque, duquel s'élevoit en forme d'aigrette un gros bouillon d'eau, dont la chute, augmentant celle qui tomboit de sa gueule extraordinairement grande, faisoit une nappe qui se répandoit dans un grand bassin d'où ces deux tritons sembloient sortir.

De ce bassin se formoit une autre grande nappe, accompagnée de deux gros jets d'eau que deux animaux d'une figure monstrueuse vomissoient en se regardant l'un l'autre. Ces deux animaux, qui ne paroissoient qu'à demi hors de la roche, étoient aussi de bronze doré. De cette quantité d'eau qu'ils jetoient, et de celle de ce bassin qui tomboit dans un autre beaucoup plus grand, il se formoit une troisième nappe qui, couvrant tout le bas du rocher, et se déchirant inégalement contre les pierres d'en-bas, faisoit paroître des éclats si beaux et si extraordinaires, qu'on ne les peut bien exprimer.

Cette abondance d'eau qui, comme un agréable torrent, se précipitoit de la sorte par différentes chutes, sembloit couvrir le rocher de plusieurs voiles d'argent qui n'empêchoient pas qu'on ne vît la disposition des pierres et des coquillages, dont les couleurs paroissoient encore avec plus de beauté parmi la mousse mouillée, et au travers de l'eau qui tomboit en bas, où elle formoit de gros bouillons d'écume.

De ce dernier endroit, où toute cette eau finissoit sa chute dans un carré qui étoit au pied de la grotte, elle se divisoit en deux canaux qui bordant les deux côtés de l'allée, venoient se terminer dans un grand bassin dont la figure étoit d'un carré long augmenté par les quatre côtés de quatre demi-ronds, lequel séparoit l'allée d'avec le salon : mais cette eau ne couloit pas sans faire paroître mille beaux effets ; car vis-à-vis des huit cabinets il y avoit dans chaque canal deux jets d'eau qui formoient de chaque côté seize lances de douze à quinze pieds de haut ; et d'espace en espace, l'eau de ces canaux venant à tomber faisoit des cascades qui composoient autant de petites nappes argentées, dont la longueur de chaque canal étoit agréablement interrompue.

Ces canaux étoient bordés de gazons de part et d'autre. Du côté des cabinets et entre les termes qui en marquoient les encoignures, il y avoit dans de grands vases des orangers chargés de fleurs et de fruits ; et le milieu de l'allée étoit d'un sable jaune qui partageoit les deux lisières de gazon.

Dans le bassin qui séparoit l'allée d'avec le salon

il y avoit un groupe de quatre dauphins dans des coquilles de bronze doré, posées sur un petit rocher ; ces quatre dauphins ne formoient qu'une seule tête qui étoit renversée, et qui, ouvrant la gueule en haut, poussoit un jet d'eau d'une grosseur extraordinaire. Après que cette eau, qui s'élevoit de plus de trente pieds de haut, avoit frappé la feuillée avec violence, elle retomboit dans le bassin en mille petites boules de cristal.

Aux deux côtés de ce bassin il y avoit quatre grandes plaques en ovale, chargées chacune de quinze bougies ; mais comme toutes les autres lumières qui éclairoient cette allée étoient cachées derrière les pilastres et les termes qui marquoient les cabinets, l'on ne voyoit qu'un jour universel, qui se répandoit si agréablement dans tout ce lieu, et en découvroit les parties avec tant de beauté, que tout le monde préféroit cette clarté à la lumière des plus beaux jours. Il n'y avoit point de jet d'eau qui ne fît paroître mille brillants ; et l'on reconnoissoit principalement dans ce lieu et dans la grotte où le roi avoit soupé, une distribution d'eau si belle et si extraordinaire, que jamais il ne s'est rien vu de pareil. Le sieur Joly, qui en avoit eu la conduite, les avoit si bien ménagées, que produisant toutes des effets différents, il y avoit encore une union et un certain accord qui faisoit paroître partout une agréable beauté, la chute des unes servant, en plusieurs endroits, à donner plus d'éclat à la chute des autres. Les jets d'eau, qui s'élevoient de quinze pieds sur le devant des deux canaux, venoient peu à peu à diminuer de hauteur et de force, à mesure qu'ils s'éloignoient de la vue; de sorte que, s'accordant avec la belle manière dont l'on avoit disposé l'allée, il sembloit que cette allée qui n'avoit guère plus que quinze toises de long, en eût quatre fois davantage, tant toutes choses y étoient bien conduites.

Pendant que, dans un séjour si charmant, leurs majestés et toute la cour prenoient le divertissement du bal, à la vue de ces beaux objets, et au bruit de ces eaux qui n'interrompoient qu'agréablement le son des instruments, l'on préparoit ailleurs d'autres spectacles dont personne ne s'étoit aperçu, et qui devoient surprendre tout le monde. Le sieur Gissey, outre le soin qu'il avoit pris du lieu où le roi avoit soupé, et les dessins de tous les habits de la comédie, se trouvant encore chargé des illuminations qu'on devoit mettre au château et en plusieurs endroits du parc, travailloit à mettre toutes ces choses en ordre pour faire que ce beau divertissement eût une fin aussi heureuse et aussi agréable que le succès en avoit été favorable jusques alors; ce qui arriva en effet par les soins qu'il y prit; car en un moment toutes les choses furent si bien ordonnées, que, quand leurs majestés sortirent du bal, elles aperçurent le tour du fer à cheval et le château tout en feu, mais d'un feu si beau et si agréable, que cet élément, qui ne paroît guère dans l'obscurité de la nuit sans donner de la crainte et de la frayeur, ne causoit que du plaisir et de l'admiration. Deux cents vases de quatre pieds de haut de plusieurs façons, et ornés de différentes manières, entouroient ce grand espace qui enferme les parterres de gazon, et qui forme le fer à cheval. Au bas des degrés qui sont au milieu on voyoit quatre figures représentant quatre fleuves; et au-dessus, sur quatre piédestaux qui sont aux extrémités des rampes, quatre autres figures qui représentoient les quatre parties du monde. Sur les angles du fer à cheval, et entre les vases, il y avoit trente-huit candelabres ou chandeliers antiques, de six pieds de haut; et ces vases, ces candelabres et ces figures étant éclairés de la même sorte que celles qui avoient paru dans la frise du salon où l'on avoit soupé, faisoient un spectacle merveilleux. Mais la cour étant arrivée au haut du fer à cheval, et découvrant encore mieux tout le château, ce fut alors que tout le monde demeura dans une surprise qui ne se peut connoître qu'en la ressentant.

Il étoit orné de quarante-cinq figures. Dans le milieu de la porte du château il y en avoit une qui représentoit Janus; et des deux côtés, dans les quatorze fenêtres d'en-bas, l'on voyoit différents trophées de guerre. A l'étage d'en-haut il y avoit quinze figures qui représentoient diverses vertus, et au-dessus un soleil avec des lyres, et d'autres instruments ayant rapport à Apollon, qui paroissoient en quinze différents endroits.

Toutes ces figures étoient de diverses couleurs, mais si brillantes et si belles, que l'on ne pouvoit dire si c'étoient différents métaux allumés, ou des pierres de plusieurs couleurs qui fussent éclairées par un artifice inconnu. Les balustrades qui environnent le fossé du château étoient illuminées de la même sorte; et dans les endroits où durant le jour on avoit vu des vases d'orangers et de fleurs, l'on y voyoit cent vases de diverses formes, allumées de différentes couleurs.

De si merveilleux objets arrêtoient la vue de tout le monde, lorsqu'un bruit, qui s'éleva vers la grande allée, fit qu'on se tourna de ce côté-là. Aussitôt on la vit éclairée, d'un bout à l'autre, de soixante-douze termes, faits de la même manière que les figures qui étoient au château, et qui la bordoient des deux côtés. De ces termes il partit en un moment un si grand nombre de fusées, que les unes, se croisant sur l'allée, faisoient une espèce de berceau, et les autres s'élevant tout droit, et laissant jusques en terre une grosse trace de lumière, formoient comme une haute palissade de feu. Dans le temps que ces fusées montoient jusqu'au ciel, et qu'elles remplissoient l'air de mille clartés plus brillantes que les étoiles, l'on voyoit, tout au bas de l'allée, le grand bassin d'eau, qui paroissoit une mer de flamme et de lumière, dans laquelle une infinité de feux plus rouges et plus vifs sembloient se jouer au milieu d'une clarté plus blanche et plus claire.

A de si beaux effets se joignit le bruit de plus de cinq cents boîtes qui, étant dans le grand parc et fort éloignées, sembloient être l'écho de ces grands éclats dont les grosses fusées faisoient retentir l'air lorsqu'elles étoient en haut.

Cette grande allée ne fut guère en cet état, que les trois bassins de fontaines qui sont dans le parterre de gazon, au bas du fer à cheval, parurent trois sources de lumières. Mille feux sortoient du milieu de l'eau, qui, comme furieux, et s'échappant d'un lieu où ils auroient été retenus par force, se répandoient de tous côtés sur les bords du parterre. Une infinité d'autres feux sortant de la gueule des lézards, des crocodiles, des grenouilles et des autres animaux de bronze qui sont sur les bords des fontaines, sembloient aller secourir les premiers, et se jetant dans l'eau sous la figure de plusieurs serpens, tantôt séparément, tantôt joints ensemble par gros pelotons, lui faisoient une rude guerre. Dans ces combats accompagnés de bruits épouvantables et d'un embrasement qu'on ne peut représenter, ces deux éléments étoient si étroitement mêlés ensemble, qu'il étoit impossible de les distinguer. Mille fusées qui s'élevoient en l'air paroissoient comme des jets d'eau enflammés; et l'eau qui bouillonnoit de toute part, ressembloit à des flots de feu et à des flammes agitées.

Bien que tout le monde sût que l'on préparoit des feux d'artifice, néanmoins, en quelque lieu qu'on allât durant le jour, l'on n'y voyoit nulle disposition ; de sorte que, dans le temps que chacun étoit en peine du lieu où ils devoient paroître, l'on s'en trouva tout d'un coup environné ; car non-seulement ils partoient de ces bassins de fontaines, mois encore de grandes allées qui environnent le parterre ; et en voyant sortir de terre mille flammes qui s'élevoient de tous côtés, l'on ne savoit s'il y avoit des canaux qui fournissoient cette nuit-là autant de feux, comme pendant le jour on avoit vu de jets d'eau qui rafraîchissoient ce beau parterre. Cette surprise causa un agréable désordre parmi tout le monde, qui, ne sachant ou se retirer, se cachoit dans l'épaisseur des bocages, et se jetoit contre terre.

Ce spectacle ne dura qu'autant de temps qu'il en faut pour imprimer dans l'esprit une belle image de ce que l'eau et le feu peuvent faire quand ils se rencontrent ensemble et qu'ils se font la guerre ; et chacun, croyant que la fête se termineroit par un artifice si merveilleux, retourneroit vers le château, quand, du côté du grand étang, l'on vit tout d'un coup le ciel rempli d'éclairs, et l'air d'un bruit qui sembloit faire trembler la terre. Chacun se rangea vers la grotte pour voir cette nouveauté, et aussitôt il sortit de la tour de la pompe qui élève toutes les eaux une infinité de grosses fusées qui remplirent tous les environs de feu et de lumières. A quelque hauteur qu'elles montassent, elles laissoient attachée à la tour une grosse queue qui ne s'en séparoit point que la fusée n'eût rempli l'air d'une infinité d'étoiles qu'elle y alloit répandre. Tout le haut de cette tour sembloit être embrasé, et de moment en moment elle vomissoit une infinité de feux, dont les uns s'élevoient jusqu'au ciel, et les autres, ne montant pas si haut, sembloient se jouer par mille mouvements agréables qu'ils faisoient. Il y en avoit même qui, marquant les chiffres du roi par leurs tours et retours, traçoient dans l'air de doubles L, toutes brillantes d'une lumière très-vive et très-pure. Enfin, après que de cette tour il fut sorti à plusieurs fois une si grande quantité de fusées, que jamais on n'a rien vu de semblable, toutes ces lumières s'éteignirent; et, comme si elles eussent obligé les étoiles du ciel à se retirer, l'on s'aperçut que de ce côté-là la plus grande partie ne se voyoit plus; mais que le jour, jaloux des avantages d'une si belle nuit, commençoit à paroître.

Leurs majestés prirent aussitôt le chemin de Saint-Germain avec toute la cour, et il n'y eut que monseigneur le dauphin qui demeura dans le château.

Ainsi finit cette grande fête, de laquelle, si l'on remarque bien toutes les circonstances, on verra qu'elle a surpassé en quelque façon ce qui a jamais été fait de plus mémorable. Car, soit que l'on regarde comme en si peu de temps l'on a dressé des lieux d'une grandeur extraordinaire pour la comédie, pour le souper et pour le bal, soit que l'on considère les divers ornements dont on les a embellis, le nombre des lumières dont on les a éclairés, la quantité d'eau qu'il a fallu conduire, et la distribution qui en a été faite, la somptuosité des repas, où l'on a vu une quantité de toutes sortes de viandes qui n'est pas concevable, et enfin toutes les choses nécessaires à la magnificence de ces spectacles et à la conduite de tant de différents ouvriers, on avouera qu'il ne s'est jamais rien fait de plus surprenant, et qui ait causé plus d'admiration.

FIN DE LA FÊTE DE VERSAILLES.

PSYCHÉ,

TRAGI-COMÉDIE ET BALLET,

EN CINQ ACTES ET EN VERS LIBRES,

PAR

MOLIÈRE ET P. CORNEILLE,

Représentée aux Tuileries, pendant le carnaval de l'année 1670 ; et sur le théâtre du Palais-Royal, le 11 novembre de la même année.

PERSONNAGES DU PROLOGUE.

FLORE.
VERTUMNE, dieu des jardins.
PALÉMON, dieu des eaux.
VÉNUS.
L'AMOUR.
ÉGIALE, Grâce.
PHAENNE, Grâce.
NYMPHES de la suite de Flore chantantes.
DRYADES et SYLVAINS de la suite de Vertumne dansants.
SYLVAINS chantants.
DIEUX DES FLEUVES de la suite de Pamélon dansants.
DIEUX DES FLEUVES chantants.
NAIADES.
AMOURS de la suite de Vénus dansants.

PERSONNAGES DE LA TRAGI-COMÉDIE.

JUPITER.
VÉNUS.
L'AMOUR.
ZÉPHIRE.
ÉGIALE, Grâce.
PHAENNE, Grâce.
LE ROI, père de Psyché.
PSYCHÉ.
AGLAURE, sœur de Psyché.
CYDIPPE, sœur de Psyché.

PERSONNAGES.

CLÉOMÈNE, prince, amant de Psyché.
AGÉNOR, prince, amant de Psyché.
LYCAS, capitaine des gardes.
DEUX AMOURS.
LE DIEU D'UN FLEUVE.
SUITE DU ROI.

PERSONNAGES DES INTERMÈDES.

PREMIER INTERMÈDE.

FEMME DÉSOLÉE chantante.
DEUX HOMMES AFFLIGÉS chantants.
HOMMES AFFLIGÉS dansants.
FEMMES DÉSOLÉES dansantes.

SECOND INTERMÈDE.

VULCAIN.
CYCLOPES dansants.
FÉES dansantes.

TROISIÈME INTERMÈDE.

UN ZÉPHIRE chantant.
DEUX AMOURS chantants.
ZÉPHIRES dansants.
AMOURS dansants.

QUATRIÈME INTERMÈDE.

FURIES dansantes.
LUTINS faisant des sauts périlleux.

PERSONNAGES.

CINQUIÈME INTERMÈDE.

NOCES DE L'AMOUR ET DE PSYCHÉ.

APOLLON.
LES MUSES chantantes.
ARTS, travestis en bergers galants, dansants.
BACCHUS.
   SILÈNE.
   DEUX SATYRES chantants.
   DEUX SATYRES voltigeants.
   ÉGIPANS dansants.
   MÉNADES dansantes.
MOME.
   POLICHINELLES dansants.
   MATASSINS dansants.
MARS.
   GUERRIERS portant des enseignes.
   GUERRIERS portant des piques.
   GUERRIERS portant des masses et des boucliers.
CHOEUR de divinités célestes.

PROLOGUE.

SCÈNE I.

Le théâtre représente, sur le devant, un lieu champêtre, et la mer dans le fond.

FLORE, VERTUMNE, PALÉMON, NYMPHES DE FLORE, DRYADES, SYLVAINS, FLEUVES, NAIADES.

(On voit des nuages suspendus en l'air, qui, en descendant, roulent, s'ouvrent, s'étendent, et, répandus dans toute la largeur du théâtre, laissent voir Vénus et l'Amour accompagnés de six Amours, et à leurs côtés Égiale et Phaenne.)

FLORE.

Ce n'est plus le temps de la guerre,
  Le plus puissant des rois
  Interrompt ses exploits
Pour donner la paix à la terre.
Descendez, mère des Amours ;
Venez nous donner de beaux jours.

CHŒUR des divinités de la terre et des eaux.

Nous goûtons une paix profonde,
Les plus doux jeux sont ici-bas.
On doit ce repos plein d'appas
  Au plus grand roi du monde.
Descendez, mère des Amours ;
Venez nous donner de beaux jours.

PREMIÈRE ENTRÉE DE BALLET.

(Les dryades, les sylvains, les dieux des fleuves et les naïades, se réunissent et dansent à l'honneur de Vénus.)

VERTUMNE.

Rendez-vous, beautés cruelles ;
Soupirez à votre tour.

PALÉMON.

Voici la reine des belles,
Qui vient inspirer l'amour.

VERTUMNE.

Un bel objet toujours sévère
Ne se fait jamais bien aimer.

PALÉMON.

C'est la beauté qui commence de plaire ;
Mais la douceur achève de charmer.

TOUS DEUX ENSEMBLE.

C'est la beauté qui commence de plaire ;
Mais la douceur achève de charmer.

VERTUMNE.

Souffrons tous qu'Amour nous blesse,
Languissons puisqu'il le faut.

PALÉMON.

Que sert un cœur sans tendresse ?
Est-il un plus grand défaut ?

VERTUMNE.

Un tel objet toujours sévère
Ne se fait jamais bien aimer.

PALÉMON.

C'est la beauté qui commence de plaire ;
Mais la douceur achève de charmer.

PROLOGUE.

TOUS DEUX ENSEMBLE.

C'est la beauté qui commence de plaire ;
Mais la douceur achève de charmer.

FLORE.

Est-on sage
Dans le bel âge,
Est-on sage
De n'aimer pas ?
Que sans cesse
L'on se presse
De goûter les plaisirs ici-bas.
La sagesse
De la jeunesse,
C'est de savoir jouir de ses appas.

DEUXIÈME ENTRÉE DE BALLET.

(Les divinités de la terre et des eaux mêlent leurs danses aux chants de Flore.)

FLORE.

L'Amour charme
Ceux qu'il désarme ;
L'Amour charme,
Cédons-lui tous.
Notre peine
Seroit vaine
De vouloir résister à ses coups.
Quelque chaîne
Qu'un amant prenne,
La liberté n'a rien qui soit si doux.

CŒUR des divinités de la terre et des eaux.

Nous goûtons une paix profonde,
Les plus doux jeux sont ici bas.
On doit ce repos plein d'appas
    Au plus grand roi du monde.
Descendez, mère des Amours ;
Venez nous donner de beaux jours.

TROISIÈME ENTRÉE DE BALLET.

(Les dryades, les sylvains, les dieux des fleuves et les naïades, voyant approcher Vénus, continuent d'exprimer par leurs danses la joie que leur inspire sa présence.)

VÉNUS, dans sa machine.

Cessez, cessez pour moi tous vos chants d'allégresse,
De si rares honneurs ne m'appartiennent pas ;
Et l'hommage qu'ici votre bonté m'adresse
Doit être réservé pour de plus doux appas.
    C'est une trop vieille méthode
    De me venir faire sa cour ;
    Toutes les choses ont leur tour,
    Et Vénus n'est plus à la mode :
    Il est d'autres attraits naissants
    Où l'on va porter ses encens.
Psyché, Psyché la belle, aujourd'hui tient ma place ;
Déjà tout l'univers s'empresse à l'adorer ;
    Et c'est trop que, dans ma disgrâce,
Je trouve encor quelqu'un qui me daigne honorer.
On ne balance point entre nos deux mérites ;
A quitter mon parti tout s'est licencié ;
Et, du nombreux amas des Grâces favorites
Dont je traînois partout les soins et l'amitié,
Il ne m'en est resté que deux des plus petites,

PROLOGUE.

Qui m'accompagnent par pitié.
Souffrez que ces demeures sombres
Prêtent leur solitude aux troubles de mon cœur.
Et me laissez, parmi leurs ombres,
Cacher ma honte et ma douleur.

(Flore et les autres déités se retirent: et Vénus, avec sa suite, sort de sa machine.)

SCÈNE II.

VÉNUS, DESCENDUE SUR LA TERRE; L'AMOUR, ÉGIALE, PHAENNE, AMOURS.

ÉGIALE.

Nous ne savons, déesse, comment faire
Dans ce chagrin qu'on voit vous accabler :
Notre respect veut se taire,
Notre zèle veut parler.

VÉNUS.

Parlez : mais si vos soins aspirent à me plaire,
Laissez tous vos conseils pour une autre saison,
Et ne parlez de ma colère
Que pour dire que j'ai raison.
C'étoit là, c'étoit là la plus sensible offense
Que ma divinité pût jamais recevoir.
Mais j'en aurai la vengeance,
Si les dieux ont du pouvoir.

PHAENNE.

Vous avez plus que nous de clartés, de sagesse
Pour juger ce qui peut être digne de vous ;
Mais, pour moi, j'aurois cru qu'une grande déesse
Devroit moins se mettre en courroux.

VÉNUS.

Et c'est là la raison de ce courroux extrême.

Plus mon rang a d'éclat, plus l'affront est sanglant ;
Et, si je n'étois pas dans ce degré suprême,
Le dépit de mon cœur seroit moins violent.
Moi, la fille du dieu qui lance le tonnerre ;
 Mère du dieu qui fait aimer ;
Moi, les plus doux souhaits du ciel et de la terre,
Et qui ne suis venue au jour que pour charmer ;
 Moi, qui par tout ce qui respire
Ai vu de tant de vœux encenser mes autels,
Et qui de la beauté, par des droits immortels,
Ai tenu de tout temps le souverain empire ;
Moi, dont les yeux ont mis deux grandes déités
Au point de me céder le prix de la plus belle,
Je me vois ma victoire et mes droits disputés
 Par une chétive mortelle !
Le ridicule excès d'un fol entêtement
Va jusqu'à m'opposer une petite fille !
Sur ses traits et les miens j'essuirai constamment
 Un téméraire jugement ;
 Et, du haut des cieux, où je brille,
J'entendrai prononcer aux mortels prévenus :
 Elle est plus belle que Vénus !

ÉGIALE.

Voilà comme l'on fait ; c'est le style des hommes,
Ils sont impertinents dans leurs comparaisons.

PHAENNE.

Ils ne sauroient louer, dans le siècle où nous sommes,
 Qu'ils n'outragent les plus grands noms.

VÉNUS.

Ah ! que de ces trois mots la rigueur insolente
 Venge bien Junon et Pallas,

PROLOGUE.

Et console leurs cœurs de la gloire éclatante
Que la fameuse pomme acquit à mes appas !
Je les vois s'applaudir de mon inquiétude,
Affecter à toute heure un ris malicieux,
Et, d'un fixe regard, chercher avec étude
      Ma confusion dans mes yeux.
Leur triomphante joie, au fort d'un tel outrage,
Semble me venir dire, insultant mon courroux :
Vante, vante, Vénus, les traits de ton visage :
Au jugement d'un seul tu l'emportas sur nous ;
      Mais par le jugement de tous,
Une simple mortelle a sur toi l'avantage.
Ah ! ce coup-là m'achève, il me perce le cœur,
Je n'en puis plus souffrir les rigueurs sans égales ;
Et c'est c'est trop de surcroît à ma vive douleur,
      Que le plaisir de mes rivales.
Mon fils, si j'eus jamais sur toi quelque crédit,
      Et si jamais je te fus chère,
Si tu portes un cœur à sentir le dépit
      Qui trouble le cœur d'une mère
      Qui si tendrement te chérit,
Emploie, emploie ici l'effort de ta puissance
      A soutenir mes intérêts,
      Et fais à Psyché, par tes traits,
      Sentir les traits de ma vengeance.
      Pour rendre son cœur malheureux,
Prends celui de tes traits le plus propre à me plaire,
      Le plus empoisonné de ceux
      Que tu lances dans ta colère.
Du plus bas, du plus vil, du plus affreux mortel,
Fais que jusqu'à la rage elle soit enflammée,

Et qu'elle ait à souffrir le supplice cruel
D'aimer, et n'être point aimée.

L'AMOUR.

Dans le monde on n'entend que plaintes de l'Amour,
On m'impute partout mille fautes commises ;
Et vous ne croiriez point le mal et les sottises
Que l'on dit de moi chaque jour.
Si pour servir votre colère...

VÉNUS.

Va, ne résiste point aux souhaits de ta mère ;
N'applique tes raisonnements
Qu'à chercher les plus prompts moments
De faire un sacrifice à ma gloire outragée.
Pars, pour toute réponse à mes empressements ;
Et ne me revois point que je ne sois vengée.

L'Amour s'envole.)

FIN DU PROLOGUE

PSYCHÉ.

ACTE PREMIER.

Le théâtre représente le palais du roi.

SCÈNE I.
AGLAURE, CYDIPPE.

AGLAURE.

Il est des maux, ma sœur, que le silence aigrit :
Laissons, laissons parler mon chagrin et le vôtre ;
    Et de nos cœurs l'un à l'autre
    Exhalons le cuisant dépit.
    Nous nous voyons sœurs d'infortune ;
Et la vôtre et la mienne ont un si grand rapport,
Que nous pouvons mêler toutes les deux en une,
    Et dans notre juste transport,
    Murmurer à plainte commune
    Des cruautés de notre sort.
    Quelle fatalité secrète,
    Ma sœur, soumet tout l'univers
    Aux attraits de notre cadette,
    Et, de tant de princes divers
    Qu'en ces lieux la fortune jette,
    N'en présente aucun à nos fers ?
Quoi ! voir de toutes parts, pour lui rendre les armes,
    Les cœurs se précipiter,
    Et passer devant nos charmes

Sans s'y vouloir arrêter !
Quel sort ont nos yeux en partage,
Et qu'est-ce qu'ils ont fait aux dieux,
De ne jouir d'aucun hommage
Parmi tous ces tributs de soupirs glorieux
Dont le superbe avantage
Fait triompher d'autres yeux ?
Est-il pour nous, ma sœur, de plus rude disgrâce
Que de voir tous les cœurs mépriser nos appas,
Et l'heureuse Psyché jouir avec audace
D'une foule d'amants attachés à ses pas ?

CYDIPPE.

Ah ! ma sœur, c'est une aventure
A faire perdre la raison ;
Et tous les maux de la nature
Ne sont rien en comparaison.

AGLAURE.

Pour moi, j'en suis souvent jusqu'à verser des larmes;
Tout plaisir, tout repos, par-là m'est arraché ;
Contre un pareil malheur ma constance est sans
armes.
Toujours à ce chagrin mon esprit attaché
Me tient devant les yeux la honte de nos charmes,
Et le triomphe de Psyché.
La nuit, il m'en repasse une idée éternelle
Qui sur toute chose prévaut :
Rien ne me peut chasser cette image cruelle ;
Et, dès qu'un doux sommeil me vient délivrer d'elle,
Dans mon esprit aussitôt
Quelque songe la rappelle
Qui me réveille en sursaut.

CYDIPPE.

Ma sœur, voilà mon martyre.
Dans vos discours je me voi ;
Et vous venez là de dire
Tout ce qui se passe en moi.

AGLAURE.

Mais encor, raisonnons un peu sur cette affaire.
Quels charmes si puissants en elle sont épars ?
Et par où, dites-moi, du grand secret de plaire
L'honneur est-il acquis à ses moindres regards ?
    Que voit-on dans sa personne
    Pour inspirer tant d'ardeurs ?
    Quel droit de beauté lui donne
    L'empire de tous les cœurs ?
Elle a quelques attraits, quelque éclat de jeunesse,
On en tombe d'accord, je n'en disconviens pas :
Mais lui cède-t-on fort pour quelque peu d'aînesse,
    Et se voit-on sans appas ?
Est-on d'une figure à faire qu'on se raille ?
N'a-t-on point quelques traits et quelques agré-
                                            ments,
Quelque teint, quelques yeux, quelque air et
                                    quelque taille,
A pouvoir dans nos fers jeter quelques amants ?
    Ma sœur, faites-moi la grâce
    De me parler franchement :
Suis-je faite d'un air, à votre jugement,
Que mon mérite au sien doive céder la place ?
    Et dans quelque ajustement
    Trouvez-vous qu'elle m'efface ?

CYDIPPE.

Qui ? vous, ma sœur ? Nullement.
Hier à la chasse, près d'elle,
Je vous regardai long-temps :
Et sans vous donner d'encens,
Vous me parûtes plus belle.
Mais, moi, dites, ma sœur, sans me vouloir flatter,
Sont-ce des visions que je me mets en tête,
Quand je me crois taillée à pouvoir mériter
La gloire de quelque conquête ?

AGLAURE.

Vous, ma sœur ? Vous avez, sans nul déguisement,
Tout ce qui peut causer une amoureuse flamme.
Vos moindres actions brillent d'un agrément
Dont je me sens toucher l'âme ;
Et je serois votre amant,
Si j'étois autre que femme.

CYDIPPE.

D'où vient donc qu'on la voit emporter sur nous deux,
Qu'à ses premiers regards les cœurs rendent les armes,
Et que d'aucun tribut de soupirs et de vœux
On ne fait honneur à nos charmes ?

AGLAURE.

Toutes les dames, d'une voix,
Trouvent ses attraits peu de chose ;
Et du nombre d'amants qu'elle tient sous ses lois,
Ma sœur, j'ai découvert la cause.

CYDIPPE.

Pour moi, je la devine ; et l'on doit présumer

ACTE I, SCÈNE I.

Qu'il faut que là-dessous soit caché du mystère.
  Ce secret de tout enflammer
N'est point de la nature un effet ordinaire :
L'art de la Thessalie entre dans cette affaire ;
Et quelque main a su, sans doute, lui former
  Un charme pour se faire aimer.

AGLAURE.

Sur un plus fort appui ma croyance se fonde ;
Et le charme qu'elle a pour attirer les cœurs,
C'est un air en tout temps désarmé de rigueurs,
Des regards caressants que la bouche seconde,
  Un souris chargé de douceurs,
  Qui tend les bras à tout le monde,
  Et ne vous promet que faveurs.
Notre gloire n'est plus aujourd'hui conservée,
Et l'on n'est plus au temps de ces nobles fiertés
Qui, par un digne essai d'illustres cruautés,
Vouloient voir d'un amant la constance éprouvée.
De tout ce noble orgueil qui nous seyoit si bien
On est bien descendu dans le siècle où nous sommes;
Et l'on en est réduit à n'espérer plus rien,
A moins que l'on se jette à la tête des hommes.

CYDIPPE.

Oui, voilà le secret de l'affaire ; et je voi
  Que vous le prenez mieux que moi.
C'est pour nous attacher à trop de bienséance
Qu'aucun amant, ma sœur, à nous ne veut venir;
  Et nous voulons trop soutenir
L'honneur de notre sexe et de notre naissance.
Les hommes maintenant aiment ce qui leur rit ;
L'espoir, plus que l'amour est ce qui les attire.

Et c'est par-là que Psyché nous ravit
Tous les amants qu'on voit sous son empire.
Suivons, suivons l'exemple; ajustons-nous au temps:
Abaissons-nous, ma sœur, à faire des avances;
Et ne ménageons plus de tristes bienséances
Qui nous ôtent les fruits du plus beau de nos ans.

AGLAURE.

J'approuve la pensée; et nous avons matière
D'en faire l'épreuve première
Aux deux princes qui sont les derniers arrivés.
Ils sont charmants, ma sœur; et leur personne entière
Me... Les avez-vous observés ?

CYDIPPE.

Ah! ma sœur, ils sont faits tous deux d'une manière
Que mon âme... Ce sont deux princes achevés.

AGLAURE.

Je trouve qu'on pourroit rechercher leur tendresse
Sans se faire déshonneur.

CYDIPPE.

Je trouve que, sans honte, une belle princesse
Leur pourroit donner son cœur.

AGLAURE.

Les voici tous deux : et j'admire
Leur air et leur ajustement.

CYDIPPE.

Ils ne démentent nullement
Tout ce que nous venons de dire.

SCÈNE II.

CLÉOMÈNE, AGÉNOR, AGLAURE, CYDIPPE.

AGLAURE.

D'où vient, princes, d'où vient que vous fuyez ainsi?
Prenez-vous l'épouvante en nous voyant paroître?

CLÉOMÈNE.

On nous faisoit croire qu'ici
La princesse Psyché, madame, pourroit être.

AGLAURE.

Tous ces lieux n'ont-ils rien d'agréable pour vous,
Si vous ne les voyez ornés de sa présence?

AGÉNOR.

Ces lieux peuvent avoir des charmes assez doux;
Mais nous cherchons Psyché dans notre impatience.

CYDIPPE.

Quelque chose de bien pressant
Vous doit à la chercher pousser tous deux, sans doute.

CLÉOMÈNE.

Le motif est assez puissant,
Puisque notre fortune enfin en dépend toute.

AGLAURE.

Ce seroit trop à nous que de nous informer
Du secret que ces mots nous peuvent enfermer.

CLÉOMÈNE.

Nous ne prétendons point en faire de mystère:
Aussi-bien, malgré nous, paroîtroit-il au jour;
Et le secret ne dure guère,
Madame, quand c'est de l'amour.

CYDIPPE.

Sans aller plus avant, princes, cela veut dire
Que vous aimez Psyché tous deux.

AGÉNOR.

Tous deux soumis à son empire,
Nous allons de concert lui découvrir nos feux.

AGLAURE.

C'est une nouveauté, sans doute, assez bizarre,
Que deux rivaux si bien unis.

CLÉOMÈNE.

Il est vrai que la chose est rare
Mais non pas impossible à deux parfaits amis.

CYDIPPE.

Est-ce que dans ces lieux il n'est qu'elle de belle?
Et n'y trouvez-vous point à séparer vos vœux?

AGLAURE.

Parmi l'éclat du sang, vos yeux n'ont-ils vu qu'elle
A pouvoir mériter vos feux?

CLÉOMÈNE.

Est-ce que l'on consulte au moment qu'on s'en-
flamme?
Choisit-on qui l'on veut aimer?
Et, pour donner toute son âme,
Regarde-t-on quel droit on a de nous charmer?

AGÉNOR.

Sans qu'on ait le pouvoir d'élire,
On suit dans une telle ardeur
Quelque chose qui nous attire;
Et lorsque l'amour touche un cœur,
On n'a point de raison à dire.

AGLAURE.

En vérité, je plains les fâcheux embarras
Où je vois que vos cœurs se mettent.
Vous aimez un objet dont les riants appas
Mêleront des chagrins à l'espoir qu'ils vous jettent;
Et son cœur ne vous tiendra pas
Tout ce que ses yeux vous promettent.

CYDIPPE.

L'espoir qui vous appelle au rang de ses amants
Trouvera du mécompte aux douceurs qu'elle étale;
Et c'est pour essuyer de très-fâcheux moments,
Que les soudains retours de son âme inégale.

AGLAURE.

Un clair discernement de ce que vous valez
Nous fait plaindre le sort où cet amour vous guide;
Et vous pouvez trouver tous deux, si vous voulez,
Avec autant d'attraits, une âme plus solide.

CYDIPPE.

Par un choix plus doux de moitié,
Vous pouvez de l'amour sauver votre amitié;
Et l'on voit en vous deux un mérite si rare,
Qu'un tendre avis veut bien prévenir, par pitié,
Ce que votre cœur se prépare.

CLÉOMÈNE.

Cet avis généreux fait pour nous éclater
Des bontés qui nous touchent l'âme;
Mais le ciel nous réduit à ce malheur, madame,
De ne pouvoir en profiter.

AGÉNOR.

Votre illustre pitié veut en vain nous distraire
D'un amour dont tous deux nous redoutons l'effet;

Ce que notre amitié, madame, n'a pas fait,
Il n'est rien qui le puisse faire.

CYDIPPE.

Il faut que le pouvoir de Psyché... La voici.

SCÈNE III.
PSYCHÉ, CYDIPPE, AGLAURE, CLÉOMÈNE, AGÉNOR.

CYDIPPE.

Venez jouir, ma sœur, de ce qu'on vous apprête.

AGLAURE.

Préparez vos attraits à recevoir ici
Le triomphe nouveau d'une illustre conquête.

CYDIPPE.

Ces princes ont tous deux si bien senti vos coups,
Qu'à vous le découvrir leur bouche se dispose.

PSYCHÉ.

Du sujet qui les tient si rêveurs parmi nous
  Je ne me croyois pas la cause;
  Et j'aurois cru toute autre chose,
  En les voyant parler à vous.

AGLAURE.

N'ayant ni beauté ni naissance
A pouvoir mériter leur amour et leurs soins,
  Ils nous favorisent au moins
  De l'honneur de la confidence.

CLÉOMÈNE, à Psyché.

L'aveu qu'il nous faut faire à vos divins appas
Est sans doute, madame, un aveu téméraire;

ACTE I, SCÈNE III.

    Mais tant de cœurs, près du trépas,
Sont, par de tels aveux, forcés à vous déplaire,
Que vous êtes réduite à ne les punir pas
    Des foudres de votre colère.
    Vous voyez en nous deux amis
Qu'un doux rapport d'humeurs sut joindre dès
                              l'enfance ;
Et ces tendres liens se sont vus affermis
Par cent combats d'estime et de reconnoissance.
Du destin ennemi les assauts rigoureux,
Les mépris de la mort et l'aspect des supplices,
Par d'illustres éclats de mutuels offices,
Ont de notre amitié signalé les beaux nœuds :
Mais, à quelques essais qu'elle se soit trouvée,
    Son grand triomphe est en ce jour,
Et rien ne fait tant voir sa constance éprouvée,
Que de se conserver au milieu de l'amour.
Oui, malgré tant d'appas, son illustre constance
Aux lois qu'elle nous fait a soumis tous nos vœux ;
Elle vient, d'une douce et pleine déférence,
Remettre à votre choix le succès de nos feux ;
Et, pour donner un poids à notre concurrence,
Qui des raisons d'État entraîne la balance
    Sur le choix de l'un de nous deux,
Cette même amitié s'offre sans répugnance
D'unir nos deux États au sort du plus heureux.

              AGÉNOR.

    Oui, de ces deux États, madame,
Que sous votre heureux choix nous nous offrons
                            d'unir,
    Nous voulons faire à notre flamme
    Un secours pour vous obtenir.

Ce que, pour ce bonheur, près du roi votre père,
 Nous nous sacrifions tous deux
N'a rien de difficile à nos cœurs amoureux ;
Et c'est au plus heureux faire un don nécessaire
 D'un pouvoir dont le malheureux,
 Madame, n'aura plus affaire.

PSYCHÉ.

Le choix que vous m'offrez, princes, montre à mes
 yeux
De quoi remplir les vœux de l'âme la plus fière ;
Et vous me le parez tous deux d'une manière
Qu'on ne peut rien offrir qui soit plus précieux.
Vos feux, votre amitié, votre vertu suprême,
Tout me relève en vous l'offre de votre foi ;
Et j'y vois un mérite à s'opposer lui-même
 A ce que vous voulez de moi.
Ce n'est pas à mon cœur qu'il faut que je défère,
 Pour entrer sous de tels liens :
Ma main, pour se donner attend l'ordre d'un père,
Et mes sœurs ont des droits qui vont devant les
 miens.
Mais, si l'on me rendoit sur mes vœux absolue,
Vous y pourriez avoir trop de part à la fois ;
Et toute mon estime, entre vous suspendue,
Ne pourroit sur aucun laisser tomber mon choix.
 A l'ardeur de votre poursuite
Je répondrois assez de mes vœux les plus doux ;
 Mais c'est parmi tant de mérite,
Trop que deux cœurs pour moi, trop peu qu'un
 cœur pour vous.
De mes plus doux souhaits j'aurois l'âme gênée

ACTE I, SCÈNE III.

    A l'effort de votre amitié;
Et j'y vois l'un de vous prendre une destinée
    A me faire trop de pitié.
Oui, princes, à tous ceux dont l'amour suit le vôtre
Je vous préférerois tous deux avec ardeur;
    Mais je n'aurois jamais le cœur
De pouvoir préférer l'un de vous deux à l'autre.
    A celui que je choisirois
Ma tendresse feroit un trop grand sacrifice;
Et je m'imputerois à barbare injustice
    Le tort qu'à l'autre je ferois.
Oui, tous deux vous brillez de trop de grandeur
                            d'âme

    Pour en faire aucun malheureux,
Et vous devez chercher dans l'amoureuse flamme
    Le moyen d'être heureux tous deux.
    Si votre cœur me considère
Assez pour me souffrir de disposer de vous,
    J'ai deux sœurs capables de plaire,
Qui peuvent bien vous faire un destin assez doux;
Et l'amitié me rend leur personne assez chère
    Pour vous souhaiter leurs époux.

        CLÉOMÈNE.

    Un cœur dont l'amour est extrême
    Peut-il bien consentir, hélas!
    D'être donné par ce qu'il aime?
Sur nos deux cœurs, madame, à vos divins appas
    Nous donnons un pouvoir suprême:
    Disposez-en pour le trépas;
    Mais pour une autre que vous-même,
Ayez cette bonté de n'en disposer pas.

AGÉNOR.

Aux princesses, madame, on feroit trop d'outrage;
Et c'est pour leurs attraits un indigne partage
    Que les restes d'une autre ardeur.
Il faut d'un premier feu la pureté fidèle
        Pour aspirer à cet honneur
        Où votre bonté nous appelle;
        Et chacune mérite un cœur
        Qui n'ait soupiré que pour elle.

AGLAURE.

    Il me semble, sans nul courroux,
    Qu'avant de vous en défendre,
    Princes, vous devriez bien attendre
    Qu'on se fût expliqué sur vous.
Nous croyez-vous un cœur si facile et si tendre?
Et, lorsqu'on parle ici de vous donner à nous,
    Savez-vous si l'on veut vous prendre?

CYDIPPE.

Je pense que l'on a d'assez hauts sentiments
Pour refuser un cœur qu'il faut qu'on sollicite,
Et qu'on ne veut devoir qu'à son propre mérite
        La conquête de ses amants.

PSYCHÉ.

J'ai cru pour vous, mes sœurs, une gloire assez grande;
Si la possession d'un mérite si haut...

SCÈNE IV.

PSYCHÉ, AGLAURE, CYDIPPE, CLÉO-
MÈNE, AGÉNOR, LYCAS.

LYCAS, à Psyché.

Ah, madame!

ACTE I, SCÈNE IV.

PSYCHÉ.
Qu'as-tu ?
LYCAS.
Le roi...
PSYCHÉ.
Quoi ?
LYCAS.
Vous demande.
PSYCHÉ.
De ce trouble si grand que faut-il que j'attende ?
LYCAS.
Vous ne le saurez que trop tôt.
PSYCHÉ.
Hélas ! que pour le roi tu me donnes à craindre !
LYCAS.
Ne craignez que pour vous, c'est vous que l'on doit
plaindre.
PSYCHÉ.
C'est pour louer le ciel, et me voir hors d'effroi,
De savoir que je n'aie à craindre que pour moi.
Mais apprends-moi, Lycas, le sujet qui te touche.
LYCAS.
Souffrez que j'obéisse à qui m'envoie ici,
Madame, et qu'on vous laisse apprendre de sa
bouche
Ce qui peut m'affliger ainsi.
PSYCHÉ.
Allons savoir sur quoi l'on craint tant ma foiblesse.

SCÈNE V.
AGLAURE, CYDIPPE, LYCAS.

AGLAURE.
Si ton ordre n'est pas jusqu'à nous étendu,
Dis-nous quel grand malheur nous couvre ta tristesse.

LYCAS.
Hélas ! ce grand malheur dans la cour répandu,
    Voyez-le vous-même, princesse,
Dans l'oracle qu'au roi les destins ont rendu.
Voici ses propres mots que la douleur, madame,
    A gravés au fond de mon âme :
    « Que l'on ne pense nullement
» A vouloir de Psyché conclure l'hymenée :
» Mais qu'au sommet d'un mont elle soit promptement
    » En pompe funèbre menée ;
    » Et que, de tous abandonnée,
» Pour époux elle attende en ces lieux constamment
» Un monstre dont on a la vue empoisonnée,
» Un serpent qui répand son venin en tous lieux,
» Et trouble dans sa rage et la terre et les cieux. »
    Après un arrêt si sévère,
Je vous quitte, et vous laisse à juger entre vous
Si, par de plus cruels et plus sensibles coups,
Tous les dieux nous pouvoient expliquer leur colère.

SCÈNE VI.

AGLAURE, CYDIPPE.

CYDIPPE.

Ma sœur, que sentez-vous à ce soudain malheur
Où nous voyons Psyché par les destins plongée ?

AGLAURE.

Mais vous, que sentez-vous, ma sœur ?

CYDIPPE.

A ne vous point mentir, je sens que, dans mon cœur,
Je n'en suis pas trop affligée.

AGLAURE.

Moi, je sens quelque chose au mien
Qui ressemble assez à la joie.
Allons, le destin nous envoie
Un mal que nous pouvons regarder comme un bien.

FIN DU PREMIER ACTE.

PREMIER INTERMÈDE.

La scène est changée en des rochers affreux, et fait voir dans l'éloignement une effroyable solitude.

C'est dans ce désert que Psyché doit être exposée pour obéir à l'oracle. Une troupe de personnes affligées y viennent déplorer sa disgrâce.

FEMMES DÉSOLÉES, **HOMMES** AFFLIGÉS, CHANTANTS ET DANSANTS.

UNE FEMME désolée.

Deh ! piangete al pianto mio,
Sassi duri, antiche selve ;
Lacrimate, fonti, e belve,
D'un bel volto il fato rio.

PREMIER HOMME affligé.

Ahi dolore !

SECOND HOMME affligé.

Ahi martire !

PREMIER HOMME affligé.

Cruda morte !

FEMME désolée, et SECOND HOMME affligé.

Empia sorte !

LES DEUX HOMMES affligés.

Che condanni a morir tanta beltà !

TOUS TROIS ENSEMBLE.

Cieli ! stelle ! Ahi crudeltà !

UNE FEMME désolée.

Rispondete a'miei lamenti,
Antri cavi, ascose rupi ;

INTERMÈDE I.

Deh ! ridite, fondi cupi,
Del mio duolo i mesti accenti.

PREMIER HOMME affligé.

Ahi dolore !

SECOND HOMME affligé.

Ahi martire !

PREMIER HOMME affligé.

Cruda morte !

FEMME désolée, et SECOND HOMME affligé.

Empia sorte !

LES DEUX HOMMES affligés.

Che condanni a morir tanta beltà !

TOUS TROIS ENSEMBLE.

Cieli ! stelle ! Ahi crudeltà !

SECOND HOMME affligé.

Com' esser puo fra voi, o numi eterni,
Chi voglia estinta una beltà innocente ?
Ahi ! che tanto rigor, cielo inclemente,
Vince di crudeltà gli stessi inferni ?

PREMIER HOMME affligé.

Nume fiero !

SECOND HOMME affligé.

Dio severo !

LES DEUX HOMMES affligés.

Perche tanto rigor
Contro innocente cor ?
Ahi ! sentenza inudita !
Dar morte alla beltà, ch' altrui da vita !

PSYCHÉ.

ENTRÉE DE BALLET.

(Six hommes affligés, et six femmes désolées, expriment, en dansant leur douleur par leurs attitudes.)

UNE FEMME désolée.

Ahi, ch' indarno si tarda !
Non resiste agli dei mortale affetto :
Alto impero ne sforza :
Ove commanda il ciel, l'uom cede a forza.

PREMIER HOMME affligé.

Ahi dolore !

SECOND HOMME affligé.

Ahi martire !

PREMIER HOMME affligé.

Cruda morte !

FEMME désolée, et SECOND HOMME affligé.

Empia sorte !

LES DEUX HOMMES affligés.

Che condanni a morir tanta belta !

TOUS TROIS ENSEMBLE.

Cicli ! stelle ! Ahi crudeltà !

FIN DU PREMIER INTERMÈDE.

ACTE SECOND.

SCÈNE I.

LE ROI, PSYCHÉ, AGLAURE, CYDIPPE, LYCAS, SUITE.

PSYCHÉ.

De vos larmes, seigneur, la source m'est bien chère;
Mais c'est trop aux bontés que vous avez pour moi
Que de laisser régner les tendresses de père
    Jusque dans les yeux d'un grand roi.
Ce qu'on vous voit ici donner à la nature
Au rang que vous tenez, seigneur, fait trop d'injures
Et j'en dois refuser les touchantes faveurs.
    Laissez moins sur votre sagesse
    Prendre d'empire à vos douleurs,
Et cessez d'honorer mon destin par des pleurs
Qui, dans le cœur d'un roi, montrent de la foiblesse.

LE ROI.

Ah! ma fille, à ces pleurs laisse mes yeux ouverts;
Mon deuil est raisonnable, encor qu'il soit extrême;
Et, lorsque pour toujours on perd ce que je perds,
La sagesse, crois-moi, peut pleurer elle-même.
    En vain l'orgueil du diadème
Veut qu'on soit insensible à ces cruels revers;
En vain de la raison les secours sont offerts,

Pour vouloir d'un œil sec voir mourir ce qu'on aime:
L'effort en est barbare aux yeux de l'univers ;
Et c'est brutalité plus que vertu suprême.
 Je ne veux point, dans cette adversité,
 Parer mon cœur d'insensibilité,
  Et cacher l'ennui qui me touche :
  Je renonce à la vanité
  De cette dureté farouche
  Que l'on appelle fermeté ;
  Et, de quelque façon qu'on nomme
Cette vive douleur dont je ressens les coups,
Je veux bien l'étaler, ma fille, aux yeux de tous,
Et dans le cœur d'un roi montrer le cœur d'un
       homme.

PSYCHÉ.

Je ne mérite pas cette grande douleur :
Opposez, opposez un peu de résistance
  Aux droits qu'elle prend sur un cœur
Dont mille événements ont marqué la puissance.
Quoi ! faut-il que pour moi vous renonciez, seigneur,
  A cette royale constance
Dont vous avez fait voir, dans les coups du malheur,
  Une fameuse expérience ?

LE ROI.

La constance est facile en mille occasions.
  Toutes les révolutions
Où nous peut exposer la fortune inhumaine,
La perte des grandeurs, les persécutions,
Le poison de l'envie et les traits de la haine,
  N'ont rien que ne puissent sans peine
  Braver les résolutions

D'une âme où la raison est un peu souveraine
 Mais ce qui porte des rigueurs
 A faire succomber les cœurs
 Sous le poids des douleurs amères,
 Ce sont, ce sont les rudes traits
 De ces fatalités sévères
 Qui nous enlèvent pour jamais
 Les personnes qui nous sont chères.
 La raison contre de tels coups
 N'offre point d'armes secourables ;
 Et voilà des dieux en courroux
 Les foudres les plus redoutables
 Qui se puissent lancer sur nous.

PSYCHÉ.

Seigneur, une douceur ici vous est offerte.
Votre hymen a reçu plus d'un présent des dieux ;
 Et, par une faveur ouverte,
Ils ne vous ôtent rien, en m'ôtant à vos yeux,
Dont ils n'aient pris le soin de réparer la perte.
Il vous reste de quoi consoler vos douleurs ;
Et cette loi du ciel, que vous nommez cruelle,
 Dans les deux princesses mes sœurs
 Laisse à l'amitié paternelle
 Où placer toutes ses douceurs.

LE ROI.

 Ah ! de mes maux soulagement frivole !
Rien, rien ne s'offre à moi qui de toi me console.
C'est sur mes déplaisirs que j'ai les yeux ouverts :
 Et, dans un destin si funeste,
 Je regarde ce que je perds,
 Et ne vois point ce qui me reste.

PSYCHÉ.

Vous savez mieux que moi qu'aux volontés des dieux,
Seigneur, il faut régler les nôtres ;
Et je ne puis vous dire, en ces tristes adieux,
Que ce que beaucoup mieux vous pouvez dire aux autres.
Ces dieux sont maîtres souverains
Des présents qu'ils daignent nous faire ;
Ils ne les laissent dans nos mains
Qu'autant de temps qu'il peut leur plaire ;
Lorsqu'ils viennent les retirer,
On n'a nul droit de murmurer
Des grâces que leur main ne veut plus nous étendre.
Seigneur, je suis un don qu'ils ont fait à vos vœux ;
Et quand, par cet arrêt, ils veulent me reprendre,
Ils ne vous ôtent rien que vous ne teniez d'eux,
Et c'est sans murmurer que vous devez me rendre.

LE ROI.

Ah ! cherche un meilleur fondement
Aux consolations que ton cœur me présente ;
Et de la fausseté de ce raisonnement
Ne fais point un accablement
A cette douleur si cuisante
Dont je souffre ici le tourment.
Crois-tu là me donner une raison puissante
Pour ne me plaindre point de cet arrêt des cieux ?
Et, dans le procédé des dieux
Dont tu veux que je me contente,
Une rigueur assassinante
Ne paroît-elle pas aux yeux ?
Vois l'état où ces dieux me forcent à te rendre,

ACTE II, SCÈNE I.

Et l'autre où te reçut mon cœur infortuné ;
Tu connoîtras par-là qu'ils me viennent reprendre
　　Bien plus que ce qu'ils m'ont donné.
　　Je reçus d'eux en toi, ma fille,
Un présent que mon cœur ne leur demandoit pas ;
　　J'y trouvois alors peu d'appas,
Et leur en vis sans joie accroître ma famille :
　　Mais mon cœur, ainsi que mes yeux,
S'est fait de ce présent une douce habitude ;
J'ai mis quinze ans de soins, de veilles et d'étude
　　A me le rendre précieux ;
　　Je l'ai paré de l'aimable richesse
　　De milles brillante vertus ;
En lui j'ai renfermé, par des soins assidus,
Tous les plus beaux trésors que fournit la sagesse,
A lui j'ai de mon âme attaché la tendresse ;
J'en ai fait de ce cœur le charme et l'allégresse,
La consolation de mes sens abattus,
　　Le doux espoir de ma vieillesse.
　　Ils m'ôtent tout cela, ces dieux !
Et tu veux que je n'aie aucun sujet de plainte
Sur cet affreux arrêt dont je souffre l'atteinte !
Ah ! leur pouvoir se joue avec trop de rigueur
　　Des tendresses de notre cœur.
Pour m'ôter leur présent, leur falloit-il attendre
　　Que j'en eusse fait tout mon bien ?
Ou plutôt, s'ils avoient dessein de le reprendre,
N'eût-il pas été mieux de ne me donner rien ?

PSYCHÉ.

Seigneur, redoutez la colère
De ces dieux contre qui vous osez éclater.

LE ROI.

Après ce coup que peuvent-ils me faire ?
Ils m'ont mis en état de ne rien redouter.

PSYCHÉ.

Ah ! seigneur, je tremble des crimes
Que je vous fais commettre ; et je dois me haïr.

LE ROI.

Ah ! qu'ils souffrent du moins mes plaintes légitimes !
Ce m'est assez d'effort que de leur obéir ;
Ce doit leur être assez que mon cœur t'abandonne
Au barbare respect qu'il faut qu'on ait pour eux,
Sans prétendre gêner la douleur que me donne
L'épouvantable arrêt d'un sort si rigoureux.
Mon juste désespoir ne sauroit se contraindre ;
Je veux, je veux garder ma douleur à jamais ;
Je veux sentir toujours la perte que je fais ;
De la rigueur du ciel je veux toujours me plaindre ;
Je veux jusqu'au trépas incessamment pleurer
Ce que tout l'univers ne peut me réparer.

PSYCHÉ.

Ah ! de grâce, seigneur, épargnez ma foiblesse ;
J'ai besoin de constance en l'état où je suis.
Ne fortifiez point l'excès de mes ennuis
　　Des larmes de votre tendresse.
Seuls ils sont assez forts ; et c'est trop pour mon cœur
　　De mon destin et de votre douleur.

LE ROI.

Oui, je dois t'épargner mon deuil inconsolable.
Voici l'instant fatal de m'arracher de toi :
Mais comment prononcer ce mot épouvantable ?

Il le faut toutefois, le ciel m'en fait la loi ;
    Une rigueur inévitable
M'oblige à te laisser en ce funeste lieu.
    Adieu, je vais... Adieu.

SCÈNE II.

PSYCHÉ, AGLAURE, CYDIPPE.

PSYCHÉ.

Suivez le roi, mes sœurs, vous essuîrez ses larmes,
    Vous adoucirez ses douleurs ;
    Et vous l'accableriez d'alarmes,
Si vous vous exposiez encore à mes malheurs.
    Conservez-lui ce qui lui reste ;
Le serpent que j'attends peut vous être funeste,
    Vous envelopper dans mon sort,
Et me porter en vous une seconde mort.
    Le ciel m'a seule condamnée
    A son haleine empoisonnée :
    Rien ne sauroit me secourir ;
Et je n'ai pas besoin d'exemple pour mourir.

AGLAURE.

Ne nous enviez pas ce cruel avantage
De confondre nos pleurs avec vos déplaisirs,
De mêler nos soupirs à vos derniers soupirs :
D'une tendre amitié souffrez ce dernier gage.

PSYCHÉ.

    C'est vous perdre inutilement.

CYDIPPE.

C'est en votre faveur espérer un miracle,
Ou vous accompagner jusques au monument.

PSYCHÉ.

Que peut-on se promettre après un tel oracle?

AGLAURE.

Un oracle jamais n'est sans obscurité :
On l'entend d'autant moins, que mieux on croit
l'entendre,
Et peut-être, après tout, n'en devez-vous attendre
Que gloire et que félicité.
Laissez-nous voir, ma sœur, par une digne issue
Cette frayeur mortelle heureusement déçue ;
Ou mourir du moins avec vous,
Si le ciel à nos vœux ne se montre plus doux.

PSYCHÉ.

Ma sœur, écoutez mieux la voix de la nature
Qui vous appelle auprès du roi.
Vout m'aimez trop ; le devoir en murmure,
Vous en savez l'indispensable loi.
Un père vous doit être encor plus cher que moi.
Rendez-vous toutes deux l'appui de sa vieillesse,
Vous lui devez chacune un gendre et des neveux.
Mille rois à l'envi vous gardent leur tendresse,
Mille rois à l'envi vous offriront leurs vœux.
L'oracle me veut seule ; et seule aussi je veux
Mourir, si je puis, sans foiblesse,
Ou ne vous avoir pour témoins toutes deux
De ce que malgré moi la nature m'en laisse.

AGLAURE.

Partager vos malheurs, c'est vous importuner ?

CYDIPPE.

J'ose dire un peu plus, ma sœur, c'est vous déplaire?

PSYCHÉ.
Non ; mais enfin c'est me gêner,
Et peut-être du ciel redoubler la colère.

AGLAURE.
Vous le voulez, et nous partons.
Daigne ce même ciel, plus juste et moins sévère,
Vous envoyer le sort que nous vous souhaitons,
Et que notre amitié sincère,
En dépit de l'oracle, et malgré vous, espère !

PSYCHÉ.
Adieu. C'est un espoir, ma sœur, et des souhaits
Qu'aucun des dieux ne remplira jamais.

SCÈNE III.

PSYCHÉ.

Enfin, seule et toute à moi-même,
Je puis envisager cet affreux changement
Qui, du haut d'une gloire extrême,
Me précipite au monument.
Cette gloire étoit sans seconde ;
L'éclat s'en répandoit jusqu'aux deux bouts du monde ;
Tout ce qu'il est de rois sembloient faits pour m'aimer ;
Tous leurs sujets, me prenant pour déesse,
Commençoient à m'accoutumer
Aux encens qu'ils m'offroient sans cesse ;
Leurs soupirs me suivoient sans qu'il m'en coutât rien ;
Mon âme restoit libre en captivant tant d'âmes ;

Et j'étois, parmi tant de flammes,
Reine de tous les cœurs, et maîtresse du mien.
O ciel, m'auriez-vous fait un crime
De cette insensibilité ?
Déployez-vous sur moi tant de sévérité
Pour n'avoir à leurs vœux rendu que de l'estime ?
Si vous m'imposiez cette loi
Qu'il fallût faire un choix pour ne pas vous déplaire,
Puisque je ne pouvois le faire,
Que ne le faisiez-vous pour moi ?
Que ne m'inspiriez-vous ce qu'inspire à tant d'autres
Le mérite, l'amour, et... Mais que vois-je ici...?

SCÈNE IV.

CLÉOMÈNE, AGÉNOR, PSYCHÉ.

CLÉOMÈNE.

Deux amis, deux rivaux, dont l'unique souci
Est d'exposer leurs jours pour conserver les vôtres.

PSYCHÉ.

Puis-je vous écouter, quand j'ai chassé deux sœurs ?
Princes, contre le ciel pensez-vous me défendre ?
Vous livrer au serpent qu'ici je dois attendre,
Ce n'est qu'un désespoir qui sied mal aux grands cœurs ;
Et mourir alors que je meurs,
C'est accabler une âme tendre
Qui n'a que trop de ses douleurs.

AGÉNOR.

Un serpent n'est pas invincible ;
Cadmus, qui n'aimoit rien, défit celui de Mars.

ACTE II, SCÈNE IV.

Nous aimons, et l'Amour sait rendre tout possible
    Au cœur qui suit ses étendards,
A la main dont lui-même il conduit tous les dards.

PSYCHÉ.

Voulez-vous qu'il vous serve en faveur d'une ingrate
    Que tous ses traits n'ont pu toucher;
Qu'il dompte sa vengeance au moment qu'elle éclate,
    Et vous aide à m'en arracher?
    Quand même vous m'auriez servie,
    Quand vous m'auriez rendu la vie,
Quel fruit espérez-vous de qui ne peut aimer?

CLÉOMÈNE.

Ce n'est point par l'espoir d'un si charmant salaire
    Que nous nous sentons animer;
    Nous ne cherchons qu'à satisfaire
Aux devoirs d'un amour qui n'ose présumer
    Que jamais, quoi qu'il puisse faire,
    Il soit capable de vous plaire,
    Et digne de vous enflammer.
Vivez, belle princesse, et vivez pour un autre;
    Nous le verrons d'un œil jaloux;
Nous en mourrons, mais d'un trépas plus doux
    Que s'il nous falloit voir le vôtre :
Et si nous ne mourons en vous sauvant le jour,
Quelque amour qu'à nos yeux vous préfériez au nôtre,
Nous voulons bien mourir de douleur et d'amour.

PSYCHÉ.

Vivez, princes, vivez, et de ma destinée
Ne songez plus à rompre ou partager la loi;

Je crois vous l'avoir dit, le ciel ne veut que moi,
    Le ciel m'a seule condamnée.
Je pense ouïr déjà les mortels sifflements
    De son ministre qui s'approche :
Ma frayeur me le peint, me l'offre à tous moments;
Et maitresse qu'elle est de tous mes sentiments,
Elle me le figure au haut de cette roche.
J'en tombe de foiblesse; et mon cœur abattu
Ne soutient plus qu'à peine un reste de vertu.
Adieu, princes; fuyez, qu'il ne vous empoisonne.

AGÉNOR.

Rien ne s'offre à nos yeux encor qui les étonne;
Et quand vous vous peignez un si proche trépas,
    Si la force vous abandonne,
    Nous avons des cœurs et des bras
    Que l'espoir n'abandonne pas.
Peut-être qu'un rival a dicté cet oracle,
Que l'or a fait parler celui qui l'a rendu.
    Ce ne seroit pas un miracle
Que pour un dieu muet un homme eût répondu;
Et dans tous les climats on n'a que trop d'exemples
Qu'il est, ainsi qu'ailleurs, des méchants dans les
                        temples.

CLÉOMÈNE.

Laissez-nous opposer au lâche ravisseur
A qui le sacrilége indignement vous livre,
Un amour qu'a le ciel choisi pour défenseur
De la seule beauté pour qui nous voulons vivre.
Si nous n'osons prétendre à sa possession,
    Du moins en son péril permettez-nous de suivre
L'ardeur et les devoirs de notre passion.

ACTE II, SCÈNE IV.

PSYCHÉ.

Portez-les à d'autres moi-mêmes,
Princes, portez-les à mes sœurs,
Ces devoirs, ces ardeurs extrêmes,
Dont pour moi sont remplis vos cœurs :
Vivez pour elles, quand je meurs.
Plaignez de mon destin les funestes rigueurs,
Sans leur donner en vous de nouvelles matières.
Ce sont mes volontés dernières ;
Et l'on a reçu de tout temps
Pour souveraines lois les ordres des mourants.

CLÉOMÈNE.

Princesse...

PSYCHÉ.

Encore un coup, princes, vivez pour elles.
Tant que vous m'aimerez, vous devez m'obéir ;
Ne me réduisez pas à vouloir vous haïr,
Et vous regarder en rebelles,
A force de m'être fidèles.
Allez, laissez-moi seule expirer en ce lieu
Où je n'ai plus de voix que pour vous dire adieu.
Mais je sens qu'on m'enlève, et l'air m'ouvre une route
D'où vous n'entendrez plus cette mourante voix.
Adieu, princes, adieu pour la dernière fois.
Voyez si de mon sort vous pouvez être en doute.

(Psyché est enlevée en l'air par deux Zéphyrs.)

AGÉNOR.

Nous la perdons de vue. Allons tous deux chercher
Sur le faîte de ce rocher,
Prince, les moyens de la suivre.

CLÉOMÈNE.

Allons y chercher ceux de ne lui point survivre.

SCÈNE V.

L'AMOUR, EN L'AIR.

Allez mourir, rivaux d'un dieux jaloux,
 Dont vous méritez le courroux
Pour avoir eu le cœur sensible aux mêmes charmes.
Et toi, forge, Vulcain, mille brillants attraits
 Pour orner un palais
Où l'amour de Psyché veut essuyer les larmes,
 Et lui rendre les armes.

FIN DU SECOND ACTE.

SECOND INTERMÈDE.

La scène se change en une cour magnifique, ornée de colonnes de lapis enrichies de figures d'or, qui forment un palais pompeux et brillant, que l'Amour destine pour Psyché.

VULCAIN, CYCLOPES, FÉES.

VULCAIN.

Dépêchez, préparez ces lieux
Pour le plus aimable des dieux ;
Que chacun pour lui s'intéresse :
N'oubliez rien des soins qu'il faut.
    Quand l'Amour presse,
On n'a jamais fait assez tôt.

L'Amour ne veut point qu'on diffère :
    Travaillez, hâtez-vous ;
    Frappez, redoublez vos coups :
    Que l'ardeur de lui plaire
Fasse vos soins les plus doux.

PREMIÈRE ENTRÉE DE BALLET.

(Les cyclopes achèvent en cadence de grands vases d'or que les fées leur apportent.)

VULCAIN.

Servez bien un dieu si charmant ;
Il se plaît dans l'empressement :
Que chacun pour lui s'intéresse ;
N'oubliez rien des soins qu'il faut

Quand l'Amour presse,
On n'a jamais fait assez tôt.

L'Amour ne veut point qu'on diffère :
Travaillez, hâtez-vous;
Frappez, redoublez vos coups :
Que l'ardeur de lui plaire
Fasse vos soins les plus doux.

DEUXIÈME ENTRÉE DE BALLET.

(Les cyclopes et les fées placent en cadence les vases d'or qui doivent être de nouveaux ornements du palais de l'Amour.)

FIN DU SECOND INTERMÈDE.

ACTE TROISIÈME.

SCÈNE I.
L'AMOUR, ZÉPHIRE.

ZÉPHIRE.

Oui, je me suis galamment acquitté
De la commission que vous m'avez donnée ;
Et, du haut du rocher, je l'ai, cette beauté,
Par le milieu des airs doucement amenée
  Dans ce beau palais enchanté
  Où vous pouvez en liberté
  Disposer de sa destinée.
Mais vous me surprenez par ce grand changement
  Qu'en votre personne vous faites :
Cette taille, ces traits et cet ajustement
  Cachent tout-à-fait qui vous êtes ;
Et je donne aux plus fins à pouvoir en ce jour
  Vous reconnoître pour l'Amour.

L'AMOUR.

Aussi ne veux-je pas qu'on puisse me connoître :
Je ne veux à Psyché que découvrir mon cœur,
Rien que les beaux transports de cette vive ardeur
  Que ses doux charmes y font naître ;
Et pour en exprimer l'amoureuse langueur,
  Et cacher ce que je puis être

Aux yeux qui m'imposent des lois,
J'ai pris la forme que tu vois.

ZÉPHIRE.

En tout vous êtes un grand maître,
C'est ici que je le connois.
Sous des déguisements de diverse nature,
On a vu les dieux amoureux
Chercher à soulager cette douce blessure
Que reçoivent les cœurs de vos traits pleins de feux :
Mais en bon sens vous l'emportez sur eux ;
Et voilà la bonne figure
Pour avoir un succès heureux
Près de l'aimable sexe où l'on porte ses vœux.
Oui, de ces formes-là l'assistance est bien forte ;
Et sans parler ni de rang ni d'esprit,
Qui peut trouver moyen d'être fait de la sorte
Ne soupire guère à crédit.

L'AMOUR.

J'ai résolu, mon cher Zéphire,
De demeurer ainsi toujours ;
Et l'on ne peut le trouver à redire
A l'aîné de tous les Amours.
Il temps de sortir de cette longue enfance
Qui fatigue ma patience ;
Il est temps désormais que je devienne grand.

ZÉPHIRE.

Fort bien, vous ne pouvez mieux faire ;
Et vous entrez dans un mystère
Qui ne demande rien d'enfant.

L'AMOUR.

Ce changement, sans doute, irritera ma mère.

ACTE III, SCÈNE I.

ZÉPHIRE.

Je prévois là-dessus quelque peu de colère.
  Bien que les disputes des ans
Ne doivent point régner parmi des immortelles,
Votre mère Vénus est de l'humeur des belles,
  Qui n'aiment point de grands enfants.
  Mais où je la trouve outragée,
C'est dans le procédé que l'on vous voit tenir;
  Et c'est l'avoir étrangement vengée
Que d'aimer la beauté qu'elle vouloit punir.
Cette haine où ses vœux prétendent que réponde
La puissance d'un fils que redoutent les dieux...

L'AMOUR.

Laissons cela, Zéphyre, et me dis si tes yeux
Ne trouvent pas Psyché la plus belle du monde.
Est-il rien sur la terre, est-il rien dans les cieux,
Qui puisse lui ravir le titre glorieux
  De beauté sans seconde ?
  Mais je la vois, mon cher Zéphire,
Qui demeure surprise à l'éclat de ces lieux.

ZÉPHIRE.

Vous pouvez vous montrer pour finir son martyre,
  Lui découvrir son destin glorieux,
Et vous dire entre vous tout ce que peuvent dire
  Les soupirs, la bouche, et les yeux.
En confident discret, je sais ce qu'il faut faire
Pour ne pas interrompre un amoureux mystère.

SCÈNE II.
PSYCHÉ.

Où suis-je ? et, dans un lieu que je croyois barbare,
Quelle savante main a bâti ce palais
    Que l'art, que la nature pare
    De l'assemblage le plus rare
    Que l'œil puisse admirer jamais ?
    Tout rit, tout brille, tout éclate
  Dans ces jardins, dans ces appartements,
    Dont les pompeux ameublements
    N'on rien qui n'enchante et ne flatte ;
Et, de quelque côté que tournent mes frayeurs,
Je ne vois sous mes pas que de l'or ou des fleurs.
Le ciel auroit-il fait cet amas de merveilles
    Pour la demeure d'un serpent ?
Et lorsque, par leur vue il amuse et suspend
De mon destin jaloux les rigueurs sans pareilles,
    Veut-il montrer qu'il s'en repent ?
Non, non ; c'est de sa haine, en cruauté féconde,
    Le plus noir, le plus rude trait,
Qui, par une rigueur nouvelle et sans seconde,
    N'étale ce choix qu'elle a fait
    De ce qu'a de plus beau le monde,
Qu'afin que je le quitte avec plus de regret.
    Que son espoir est ridicule,
  S'il croit par-là soulager mes douleurs !
Tout autant de moments que ma mort se recule
    Sont autant de nouveaux malheurs ;
  Plus elle tarde, et plus de fois je meurs.
Ne me fais plus languir, viens prendre ta victime,

Monstre qui dois me déchirer.
Veux-tu que je te cherche? et faut-il que j'anime
Tes fureurs à me dévorer ?
Si le ciel veut ma mort, si ma vie est un crime,
De ce peu qui m'en reste ose enfin t'emparer.
Je suis lasse de murmurer
Contre un châtiment légitime ;
Je suis lasse de soupirer :
Viens, que j'achève d'expirer.

SCÈNE III.

L'AMOUR, PSYCHÉ, ZÉPHIRE.

L'AMOUR.

Le voilà ce serpent, ce monstre impitoyable,
Qu'un oracle étonnant pour vous a préparé,
Et qui n'est pas, peut-être, à tel point effroyable
Que vous vous l'êtes figuré.

PSYCHÉ.

Vous, seigneur, vous seriez ce monstre dont l'oracle
A menacé mes tristes jours,
Vous qui semblez plutôt un dieu qui, par miracle,
Daigne venir lui-même à mon secours?

L'AMOUR.

Quel besoin de secours au milieu d'un empire
Où tout ce qui respire
N'attend que vos regards pour en prendre la loi
Où vous n'ayez à craindre autre monstre que moi?

PSYCHÉ.

Qu'un monstre tel que vous inspire peu de crainte!
Et que, s'il a quelque poison,

Une âme auroit peu de raison
De hasarder la moindre plainte
Contre une favorable atteinte
Dont tout le cœur craindroit la guérison !
A peine je vous vois, que mes frayeurs cessées
Laissent évanouir l'image du trépas,
Et que je sens couler dans mes veines glacées
Un je ne sais quel feu que je ne connois pas.
J'ai senti de l'estime et de la complaisance,
De l'amitié, de la reconnoissance ;
De la compassion les chagrins innocents
M'en ont fait sentir la puissance :
Mais je n'ai point encor senti ce que je sens.
Je ne sais ce que c'est ; mais je sais qu'il me charme.
Que je n'en conçois point d'alarme.
Plus j'ai les yeux sur vous, plus je m'en sens charmer.
Tout ce que j'ai senti n'agissoit point de même ;
Et je dirois que je vous aime,
Seigneur, si je savois ce que c'est que d'aimer.
Ne les détournez point, ces yeux qui m'empoi-
sonnent,
Ces yeux tendres, ces yeux perçants, mais amou-
reux,
Qui semblent partager le trouble qu'ils me donnent.
Hélas ! plus ils sont dangereux,
Plus je me plais à m'attacher sur eux.
Par quel ordre du ciel, que je ne puis comprendre,
Vous dis-je plus que je ne dois,
Moi, de qui la pudeur devroit du moins attendre
Que vous m'expliquassiez le trouble où je vous vois ?
Vous soupirez, seigneur, ainsi que je soupire ;

Vos sens, comme les miens, paroissent interdits :
C'est à moi de m'en taire, à vous de me le dire ;
Et cependant c'est moi qui vous le dis.

L'AMOUR.

Vous avez eu, Psyché, l'âme toujours si dure,
  Qu'il ne faut pas vous étonner
  Si, pour en réparer l'injure,
L'Amour, en ce moment, se paye avec usure
  De ceux qu'elle a dû lui donner.
Ce moment est venu qu'il faut que votre bouche
Exhale des soupirs si long-temps retenus ;
Et qu'en vous arrachant à cette humeur farouche,
Un amas de transports aussi doux qu'inconnus
Aussi sensiblement tout à la fois vous touche,
Qu'ils ont dû vous toucher durant tant de beaux
          jours
Dont cette âme insensible a profané le cours.

PSYCHÉ.

N'aimer point, c'est donc un grand crime ?

L'AMOUR.

En souffrez-vous un rude châtiment ?

PSYCHÉ.

C'est punir assez doucement.

L'AMOUR.

C'est lui choisir sa peine légitime,
Et se faire justice en ce glorieux jour,
D'un manquement d'amour par un excès d'amour.

PSYCHÉ.

Que n'ai-je été plus tôt punie !
J'y mets le bonheur de ma vie.

Je devrois en rougir, ou le dire plus bas :
Mais le supplice a trop d'appas ;
Permettez que tout haut je le die et redie :
Je le dirois cent fois, et n'en rougirois pas.
Ce n'est point moi qui parle, et de votre présence
L'empire surprenant, l'aimable violence,
Dès que je veux parler, s'empare de ma voix.
C'est en vain qu'en secret ma pudeur s'en offense,
Que le sexe et la bienséance
Osent me faire d'autres lois :
Vos yeux de ma réponse eux-mêmes font le choix ;
Et ma bouche, asservie à leur toute-puissance,
Ne me consulte plus sur ce que je me dois.

L'AMOUR.

Croyez, belle Psyché, croyez ce qu'ils vous disent,
Ces yeux qui ne sont point jaloux :
Qu'à l'envi les vôtres m'instruisent
De tout ce qui se passe en vous.
Croyez-en ce cœur qui soupire,
Et qui, tant que le vôtre y voudra répartir,
Vous dira bien plus, d'un soupir,
Que cent regards ne peuvent dire.
C'est le langage le plus doux ;
C'est le plus fort, c'est le plus sûr de tous.

PSYCHÉ.

L'intelligence en étoit due
A nos cœurs pour les rendre également contents.
J'ai soupiré, vous m'avez entendue ;
Vous soupirez, je vous entends.
Mais ne me laissez plus en doute,
Seigneur, et dites-moi si, par la même route,

Après moi le Zéphire ici vous a rendu
  Pour me dire ce que j'écoute.
Quand j'y suis arrivée, étiez-vous attendu?
Et, quand vous lui parlez, êtes-vous entendu?
  L'AMOUR.
J'ai dans ce doux climat un souverain empire,
  Comme vous l'avez sur mon cœur;
L'Amour m'est favorable, et c'est en sa faveur
Qu'à mes ordres Éole a soumis le Zéphire.
C'est l'Amour qui, pour voir mes feux récompensés,
  Lui-même a dicté cet oracle
  Par qui vos beaux jours menacés
D'une foule d'amants se sont débarrassés,
Et qui m'a délivré de l'éternel obstacle
  De tant de soupirs empressés
Qui ne méritoient pas de vous être adressés.
Ne me demandez point quelle est cette province
  Ni le nom de son prince;
  Vous le saurez quand il en sera temps.
Je veux vous acquérir, mais c'est par mes services,
Par des soins assidus, et par des vœux constants,
  Par les amoureux sacrifices
  De tout ce que je suis,
  De tout ce que je puis,
Sans que l'éclat du rang pour moi vous sollicite,
Sans que de mon pouvoir je me fasse un mérite;
Et bien que souverain dans cet heureux séjour,
Je ne vous veux, Psyché, devoir qu'à mon amour.
Venez en admirer avec moi les merveilles,
Princesse, et préparez vos yeux et vos oreilles
  A ce qu'il a d'enchantements;

Vous y verrez des bois et des prairies
    Contester sur leurs agréments
    Avec l'or et les pierreries ;
Vous n'entendrez que des concerts charmants ;
    De cent beautés vous y serez servie
Qui vous adoreront sans vous porter envie,
    Et brigueront à tous moments,
    D'une âme soumise et ravie,
    L'honneur de vos commandements.

PSYCHÉ.

Mes volontés suivent les vôtres,
    Je n'en saurois plus avoir d'autres.
Mais votre oracle enfin vient de me séparer
    De deux sœurs et du roi mon père,
    Que mon trépas imaginaire
    Réduit tout trois à me pleurer :
Pour dissiper l'erreur dont leur âme accablée
De mortels déplaisirs se voit pour moi comblée,
    Souffrez que mes sœurs soient témoins
    Et de ma gloire et de vos soins ;
Prêtez-leur, comme à moi, les ailes du Zéphire,
    Qui leur puissent de votre empire,
    Ainsi qu'à moi, faciliter l'accès :
    Faites-leur voir en quel lieu je respire ;
Faites-leur de ma perte admirer le succès.

L'AMOUR.

Vous ne me donnez pas, Psyché, toute votre âme.
Ce tendre souvenir d'un père et de deux sœurs
    Me vole une part des douceurs
    Que je veux toutes pour ma flamme.
N'ayez d'yeux que pour moi qui n'en ai que pour vous ;

Ne songez qu'à m'aimer, ne songez qu'à me plaire,
Et quand de tels soucis osent vous en distraire...
PSYCHÉ.
Des tendresses du sang peut-on être jaloux ?
L'AMOUR.
Je le suis, ma Psyché, de toute la nature.
Les rayons du soleil vous baisent trop souvent :
Vos cheveux souffrent trop les caresses du vent ;
 Dès qu'il les flatte, j'en murmure :
 L'air même que vous respirez
Avec trop de plaisir passe par votre bouche :
 Votre habit de trop près vous touche ;
 Et sitôt que vous soupirez,
 Je ne sais quoi qui m'effarouche
Craint parmi vos soupirs des soupirs égarés.
Mais vous voulez vos sœurs. Allez, partez, Zéphire ;
 Psyché le veut, je ne l'en puis dédire.
       (Zéphire s'envole.)

SCÈNE IV.
L'AMOUR, PSYCHÉ.
L'AMOUR.
Quand vous leur ferez voir ce bienheureux séjour,
 De ses trésors faites-leur cent largesses,
 Prodiguez-leur caresses sur caresses ;
Et du sang, s'il se peut, épuisez les tendresses
 Pour vous rendre toute à l'Amour.
Je n'y mêlerai point d'importune présence.
Mais ne leur faites pas de si longs entretiens ;
Vous ne sauriez pour eux avoir de complaisance
 Que vous ne dérobiez aux miens.

PSYCHÉ.
Vous me faites une grâce
Dont je n'abuserai jamais.

L'AMOUR.
Allons voir cependant ces jardins, ce palais,
Où vous ne verrez rien que votre éclat n'efface.
Et vous, petits amours, et vous, jeunes zéphyrs,
Qui pour armes n'avez que de tendres soupirs,
Montrez tous à l'envi ce qu'à voir ma princesse
Vous avez senti d'allégresse.

FIN DU TROISIÈME ACTE.

TROISIÈME INTERMÈDE.

L'AMOUR, PSYCHÉ.

Un ZÉPHIRE chantant; deux AMOURS chantants; troupe d'AMOURS et de ZÉPHIRES dansants.

ENTRÉE DE BALLET.

(Les Amours et les Zéphires, pour obéir à l'Amour, marquent par leurs danses la joie qu'ils ont de voir Psyché.)

UN ZÉPHIRE.

Aimable jeunesse,
Suivez la tendresse,
Joignez aux beaux jours
La douceur des amours.
C'est pour vous surprendre
Qu'on vous fait entendre
Qu'il faut éviter leurs soupirs,
Et craindre leurs désirs;
Laissez-vous apprendre
Quels sont leurs plaisirs.

DEUX AMOURS ENSEMBLE.

Chacun est obligé d'aimer
A son tour;
Et plus on a de quoi charmer,
Plus on doit à l'Amour.

PREMIER AMOUR.

Un cœur jeune et tendre
Est obligé de se rendre ;
Il n'a point à prendre
De fâcheux détours.

LES DEUX AMOURS ENSEMBLE.

Chacun est obligé d'aimer
A son tour ;
Et plus on a de quoi charmer,
Plus on doit à l'Amour.

SECOND AMOUR.

Pourquoi se défendre ?
Que sert-il d'attendre ?
Quand on perd un jour,
On le perd sans retour.

LES DEUX AMOURS ENSEMBLE.

Chacun est obligé d'aimer
A son tour ;
Et plus on a de quoi charmer,
Plus on doit à l'Amour.

DEUXIÈME ENTRÉE DE BALLET.

(Les deux troupes d'Amours et de Zéphires recommencent leurs danses.)

LE ZEPHIRE.

L'Amour a des charmes,
Rendons-lui les armes ;
Ses soins et ses pleurs
Ne sont pas sans douceurs.
Un cœur pour les suivre
A cent maux se livre.
Il faut, pour goûter ses appas,
Languir jusqu'au trépas.

INTERMÈDE III.

Mais ce n'est pas vivre
Que de n'aimer pas.

LES DEUX AMOURS ENSEMBLE.

S'il faut des soins et des travaux
En aimant,
On est payé de mille maux
Par un heureux moment.

PREMIER AMOUR.

On craint, on espère,
Il faut du mystère ;
Mais on n'obtient guère
De bien sans tourment.

LES DEUX AMOURS ENSEMBLE.

S'il faut des soins et des travaux
En aimant,
On est payé de mille maux
Par un heureux moment.

SECOND AMOUR.

Que peut-on mieux faire,
Qu'aimer et que plaire ?
C'est un soin charmant,
Que l'emploi d'un amant.

LES DEUX AMOURS ENSEMBLE.

S'il faut des soins et des travaux
En aimant,
On est payé de mille maux
Par un heureux moment.

FIN DU TROISIÈME INTERMÈDE.

ACTE QUATRIÈME.

Le théâtre représente un jardin superbe et charmant. On y voit des berceaux de verdure soutenus par des termes d'or, décorés par des vases d'orangers et par des arbres chargés de toutes sortes de fruits. Le milieu du théâtre est rempli des fleurs les plus belles et les plus rares. On découvre dans l'enfoncement plusieurs dômes de rocailles, ornés de coquillages, de fontaines et de statues; et toute cette vue se termine par un magnifique palais.

SCÈNE I.
AGLAURE, CYDIPPE.

Je n'en puis plus, ma sœur, j'ai vu trop de merveilles :
L'avenir aura peine à les bien concevoir ;
Le soleil qui voit tout, et qui nous fait tout voir,
    N'en a vu jamais de pareilles.
    Elles me chagrinent l'esprit ;
Et ce brillant palais, ce pompeux équipage,
    Font un odieux étalage
Qui m'accable de honte autant que de dépit.
   Que la fortune indignement nous traite !
    Et que sa largesse indiscrète
Prodigue aveuglément, épuise, unit d'efforts,
    Pour faire de tant de trésors
    Le partage d'une cadette !

        CYDIPPE.
   J'entre dans tous vos sentiments,
J'ai les mêmes chagrins; et dans ces lieux charmants
    Tout ce qui vous déplaît me blesse ;

ACTE IV, SCÈNE I.

Tout ce que vous prenez pour un mortel affront,
Comme vous m'accable, et me laisse
L'amertume dans l'âme et la rougeur au front.

AGLAURE.

Non, ma sœur, il n'est point de reines
Qui, dans leur propre état, parlent en souveraines
Comme Psyché parle en ces lieux.
On l'y voit obéir avec exactitude,
Et de ses volontés une amoureuse étude
Les cherche jusque dans ses yeux.
Mille beautés s'empressent autour d'elle,
Et semblent dire à nos regards jaloux :
Quels que soient nos attraits, elle est encor plus belle ;
Et nous qui la servons, le sommes plus que vous.
Elle prononce, on exécute ;
Aucun ne s'en défend, aucun ne s'en rebute.
Flore, qui s'attache à ses pas,
Répand à pleines mains autour de sa personne
Ce qu'elle a de plus doux appas ;
Zéphire vole aux ordres qu'elle donne ;
Et son amante et lui, s'en laissant trop charmer,
Quittent pour la servir les soins de s'entr'aimer.

CYDIPPE.

Elle a des dieux à son service ;
Elle aura bientôt des autels ;
Et nous ne commandons qu'à de chétifs mortels
De qui l'audace et le caprice,
Contre nous à toute heure en secret révoltés,
Opposent à nos volontés
Ou le murmure ou l'artifice.

PSYCHÉ.

AGLAURE.

C'étoit peu que dans notre cour
Tant de cœurs à l'envi nous l'eussent préférée ;
Ce n'étoit pas assez que de nuit et de jour
D'une foule d'amants elle y fût adorée :
Quand nous nous consolions de la voir au tombeau
Par l'ordre imprévu d'un oracle,
Elle a voulu de son destin nouveau
Faire en notre présence éclater le miracle,
Et choisir nos yeux pour témoins
De ce qu'au fond du cœur nous souhaitions le moins.

CYDIPPE.

Ce qui le plus me désespère,
C'est cet amant parfait et si digne de plaire
Qui se captive sous ses lois.
Quand nous pourrions choisir entre tous les monarques,
En est-il un, de tant de rois,
Qui porte de si nobles marques !
Se voir du bien par-delà ses souhaits
N'est souvent qu'un bonheur qui fait des misérables ;
Il n'est ni train pompeux ni superbes palais
Qui n'ouvrent quelque porte à des maux incurables :
Mais avoir un amant d'un mérite achevé,
Et s'en voir chèrement aimée,
C'est un bonheur si haut, si relevé,
Que sa grandeur ne peut être exprimée.

AGLAURE.

N'en parlons plus, ma sœur, nous en mourrions d'ennui :
Songeons plutôt à la vengeance ;

Et trouvons le moyen de rompre entre elle et lui
Cette adorable intelligence.
La voici. J'ai des coups tout prêts à lui porter
Qu'elle aura peine d'éviter.

SCÈNE II.
PSYCHÉ, AGLAURE, CYDIPPE.

PSYCHÉ.

Je viens vous dire adieu ; mon amant vous renvoie,
Et ne sauroit plus endurer
Que vous lui retranchiez un moment de la joie
Qu'il prend de se voir seul à me considérer.
Dans un simple regard, dans la moindre parole,
Son amour trouve des douceurs
Qu'en faveur du sang je lui vole
Quand je le partage à des sœurs.

AGLAURE.

La jalousie est assez fine ;
Et ces délicats sentiments
Méritent bien qu'on s'imagine
Que celui qui pour vous a ces empressements
Passe pour le commun des amants.
Je vous en parle ainsi, faute de le connoître.
Vous ignorez son nom et ceux dont il tient l'être,
Nos esprits en sont alarmés.
Je le tiens un grand prince, et d'un pouvoir suprême
Bien au-delà du diadème ;
Ses trésors, sous vos pas confusément semés,
Ont de quoi faire honte à l'abondance même ;
Vous l'aimez autant qu'il vous aime ;
Il vous charme, et vous le charmez :

Votre félicité, ma sœur, seroit extrême,
   Si vous saviez qui vous aimez.

PSYCHÉ.

  Que m'importe ? J'en suis aimée.
  Plus il me voit, plus je lui plais.
Il n'est point de plaisirs dont l'âme soit charmée
   Qui ne préviennent mes souhaits ;
Et je vois mal de quoi la vôtre est alarmée
   Quand tout me sert dans ce palais.

AGLAURE.

   Qu'importe qu'ici tout vous serve,
Si toujours cet amant vous cache ce qu'il est ?
Nous ne nous alarmons que pour votre intérêt.
En vain tout vous y rit, en vain tout vous y plaît,
Le véritable amour ne fait point de réserve ;
   Et qui s'obstine à se cacher
Sent quelque chose en soi qu'on lui peut reprocher.
   Si cet amant devient volage,
Car souvent en amour le change est assez doux ;
   Et, j'ose le dire entre nous,
Pour grand que soit l'éclat dont brille ce visage,
Il en peut être ailleurs d'aussi belles que vous ;
Si, dis-je, un autre objet sous d'autres lois l'engage ;
   Si, dans l'état où je vous voi,
   Seule en ses mains et sans défense,
   Il va jusqu'à la violence,
   Sur qui vous vengera le roi,
Ou de ce changement, ou de cette insolence ?

PSYCHÉ.

  Ma sœur, vous me faites trembler.
Juste ciel ! pourrois-je être assez infortunée...

ACTE IV, SCÈNE II.

CYDIPPE.

Que sait-on si déjà les nœuds de l'hymenée...

PSYCHÉ.

N'achevez pas, ce seroit m'accabler.

AGLAURE.

Je n'ai plus qu'un mot à vous dire.
Ce prince qui vous aime, et qui commande aux vents
Qui nous donne pour char les ailes du Zéphire,
Et de nouveaux plaisirs vous comble à tous moments,
Quand il rompt à vos yeux l'ordre de la nature,
Peut-être à tant d'amour mêle un peu d'imposture;
Peut-être ce palais n'est qu'un enchantement;
Et ces lambris dorés, ces amas de richesses
Dont il achète vos tendresses,
Dès qu'il sera lassé de souffrir vos caresses,
Disparoîtront en un moment.
Vous savez comme nous ce que peuvent les charmes.

PSYCHÉ.

Que je sens à mon tour de cruelles alarmes!

AGLAURE.

Notre amitié ne veut que votre bien.

PSYCHÉ.

Adieu, mes sœurs, finissons l'entretien :
J'aime ; et je crains qu'on ne s'impatiente.
Partez ; et demain, si je puis,
Vous me verrez, ou plus contente,
Ou dans l'accablement des plus mortels ennuis.

AGLAURE.

Nous allons dire au roi quelle nouvelle gloire,
Quel excès de bonheur le ciel répand sur vous.

Je me suis montrée assez fière
Pour dédaigner les vœux de plus d'un roi ;
Et s'il vous faut ouvrir mon âme tout entière,
Je n'ai trouvé que vous qui fût digne de moi.
Cependant j'ai quelque tristesse
Qu'en vain je voudrois vous cacher ;
Un noir chagrin se mêle à toute ma tendresse,
Dont je ne la puis détacher.
Ne m'en demandez point la cause :
Peut-être, la sachant, voudrez-vous m'en punir ;
Et si j'ose aspirer encore à quelque chose,
Je suis sûre du moins de ne point l'obtenir.

L'AMOUR.

Et ne craignez-vous point qu'à mon tour je m'irrite
Que vous connoissiez mal quel est votre mérite,
Ou feigniez de ne pas savoir
Quel est sur moi votre absolu pouvoir ?
Ah ! si vous en doutez, soyez désabusée.
Parlez.

PSYCHÉ.

J'aurai l'affront de me voir refusée.

L'AMOUR.

Prenez en ma faveur de meilleurs sentiments,
L'expérience en est aisée ;
Parlez, tout se tient prêt à vos commandements.
Si pour m'en croire il vous faut des serments,
J'en jure vos beaux yeux, ces maîtres de mon âme,
Ces divins auteurs de ma flamme ;
Et si ce n'est assez d'en jurer vos beaux yeux,
J'en jure par le Styx, comme jurent les dieux.

ACTE IV, SCÈNE III.

PSYCHÉ.

J'ose craindre un peu moins après cette assurance.
Seigneur, je vois ici la pompe et l'abondance,
Je vous adore, et vous m'aimez,
Mon cœur en est ravi, mes sens en sont charmés;
Mais, parmi ce bonheur suprême,
J'ai le malheur de ne savoir qui j'aime.
Dissipez cet aveuglement,
Et faites-moi connoître un si parfait amant.

L'AMOUR.

Psyché, que venez-vous de dire?

PSYCHÉ.

Que c'est le bonheur où j'aspire;
Et si vous ne me l'accordez...

L'AMOUR.

Je l'ai juré, je n'en suis plus le maître;
Mais vous ne savez pas ce que vous demandez.
Laissez-moi mon secret. Si je me fais connoître,
Je vous perds, et vous me perdez.
Le seul remède est de vous en dédire.

PSYCHÉ.

C'est là sur vous mon souverain empire?

L'AMOUR.

Vous pouvez tout, et je suis tout à vous.
Mais si nos feux vous semblent doux,
Ne mettez point d'obstacle à leur charmante suite;
Ne me forcez point à la fuite :
C'est le moindre malheur qui nous puisse arriver
D'un souhait qui vous a séduite.

PSYCHÉ.

Seigneur, vous voulez m'éprouver;
Mais je sais ce que je dois croire.
De grâce, apprenez-moi tout l'excès de ma gloire,
Et ne me cachez plus pour quel illustre choix
    J'ai rejeté les vœux de tant de rois.

L'AMOUR.

Le voulez-vous?

PSYCHÉ.

        Souffrez que je vous en conjure.

L'AMOUR.

Si vous saviez, Psyché, la cruelle aventure
    Que par-là vous vous attirez...

PSYCHÉ.

Seigneur, vous me désespérez.

L'AMOUR.

Pensez-y bien, je puis encor me taire.

PSYCHÉ.

Faites-vous des serments pour n'y point satisfaire?

L'AMOUR.

Hé bien! je suis le dieu le plus puissant des dieux,
Absolu sur la terre, absolu dans les cieux;
Dans les eaux, dans les airs, mon pouvoir est suprême;
    En un mot je suis l'Amour même
Qui de mes propres traits m'étois blessé pour vous;
Et sans la violence, hélas! que vous me faites,
Et qui vient de changer mon amour en courroux,
    Vous m'alliez avoir pour époux.
    Vos volontés sont satisfaites,
    Vous avez su qui vous aimiez,

ACTE IV, SCÈNE III.

Vous connoissez l'amant que vous charmiez,
    Psyché, voyez où vous en êtes :
Vous me forcez vous-même à vous quitter ;
Vous me forcez vous-même à vous ôter
    Tout l'effet de votre victoire.
Peut-être vos beaux yeux ne me reverront plus.
Ce palais, ces jardins, avec moi disparus,
Vont faire évanouir votre naissante gloire.
    Vous n'avez pas voulu m'en croire ;
  Et, pour tout fruit de ce doute éclairci,
    Le Destin, sous qui le ciel tremble,
Plus fort que mon amour et tous les dieux ensemble,
Vous va montrer sa haine, et me chasse d'ici.

       (L'Amour s'envole, et le jardin s'évanouit.)

SCÈNE IV.

Le théâtre représente un désert et les bords sauvages d'un fleuve.

PSYCHÉ ; LE DIEU DU FLEUVE, ASSIS SUR UN AMAS DE ROSEAUX ET APPUYÉ SUR UNE URNE.

PSYCHÉ.

Cruel destin ! funeste inquiétude !
    Fatale curiosité !
Qu'avez-vous fait, affreuse solitude,
    De toute ma félicité ?
J'aimois un dieu, j'en étois adorée.
Mon bonheur redoubloit de moment en moment ;
    Et je me vois, seule, éplorée,
Au milieu d'un désert, où, pour accablement,
    Et confuse et désespérée,
Je sens croître l'amour quand j'ai perdu l'amant.
    Le souvenir m'en charme et m'empoisonne ;

Sa douceur tyrannise un cœur infortuné.
Qu'aux plus cuisants chagrins ma flamme a condamné.

 O ciel ! quand l'amour m'abandonne,
Pourquoi me laisse-t-il l'amour qu'il ma donné ?
Source de tous les biens inépuisable et pure,
 Maître des hommes et des dieux,
 Cher auteur des maux que j'endure,
Êtes-vous pour jamais disparu de mes yeux ?
 Je vous en ai banni moi-même.
Dans un excès d'amour, dans un bonheur extrême,
D'un indigne soupçon mon cœur s'est alarmé.
Cœur ingrat, tu n'avois qu'un feu mal allumé ;
Et l'on ne peut vouloir, du moment que l'on aime,
 Que ce que veut l'objet aimé.
Mourons, c'est le parti qui seul me reste à suivre
 Après la perte que je fais.
 Pour qui, grands dieux ! voudrois-je vivre ?
 Et pour qui former des souhaits ?
Fleuve, de qui les eaux baignent ces tristes sables,
 Ensevelis mon crime dans tes flots ;
 Et, pour finir des maux si déplorables,
Laisse-moi dans ton lit assurer mon repos.

LE DIEU DU FLEUVE.

 Ton trépas souilleroit mes ondes,
 Psyché ; le ciel te le défend ;
Et peut-être qu'après des douleurs si profondes,
 Un autre sort t'attend :
Fuis plutôt de Vénus l'implacable colère.
Je la vois qui te cherche et qui te veut punir :
L'amour du fils a fait la haine de la mère.
 Fuis, je saurai la retenir.

PSYCHÉ.

J'attends ses fureurs vengeresses ;
Qu'auront-elles pour moi qui ne me soit trop doux ?
Qui cherche le trépas ne craint dieux ni déesses,
Et peut braver tout le courroux.

SCÈNE V.
VÉNUS, PSYCHÉ, LE DIEU DU FLEUVE.

VÉNUS.

Orgueilleuse Psyché, vous m'osez donc attendre,
Après m'avoir sur terre enlevé mes honneurs,
Après que vos traits suborneurs
Ont reçu les encens qu'aux miens seuls on doit rendre ?
J'ai vu mes temples désertés ;
J'ai vu tous les mortels, séduits par vos beautés,
Idolâtrer en vous la beauté souveraine,
Vous offrir des respects jusqu'alors inconnus,
Et ne se mettre pas en peine
S'il étoit une autre Vénus :
Et je vous vois encor l'audace
De n'en pas redouter les justes châtiments,
Et de me regarder en face,
Comme si c'étoit peu que mes ressentiments !

PSYCHÉ.

Si de quelques mortels on m'a vue adorée,
Est-ce un crime pour moi d'avoir eu des appas
Dont leur âme inconsidérée
Laissoit charmer des yeux qui ne me voyoient pas ?
Je suis ce que le ciel m'a faite,

Je n'ai que les beautés qu'il m'a voulu prêter ;
Si les vœux qu'on m'offroit vous ont mal satisfaite,
Pour forcer tous les cœurs à vous les reporter,
  Vous n'aviez qu'à vous présenter,
Qu'à ne leur cacher plus cette beauté parfaite
  Qui, pour les rendre à leur devoir,
Pour se faire adorer, n'a qu'à se faire voir.

VÉNUS.

  Il falloit vous en mieux défendre.
Ces respects, ces encens, se devoient refuser ;
  Et, pour les mieux désabuser ;
Il falloit à leurs yeux vous-même me les rendre.
  Vous avez aimé cette erreur
Pour qui vous ne deviez avoir que de l'horreur ;
Vous avez bien fait plus ; votre humeur arrogante
  Sur le mépris de mille rois
 Jusques aux cieux a porté de son choix
  L'ambition extravagante.

PSYCHÉ.

J'aurois porté mon choix, déesse, jusqu'aux cieux?

VÉNUS.

  Votre innocence est sans seconde.
  Dédaigner tous les rois du monde,
  N'est-ce pas aspirer aux dieux ?

PSYCHÉ.

Si l'Amour pour eux tous m'avoit endurci l'âme,
  Et me réservoit toute à lui,
En puis-je être coupable ? et faut-il qu'aujourd'hui,
  Pour prix d'une si belle flamme,
Vous vouliez m'accabler d'un éternel ennui ?

ACTE IV, SCÈNE V.

VÉNUS.
Psyché, vous deviez mieux connoître
Qui vous étiez, et quel étoit ce dieu.
PSYCHÉ.
Et m'en a-t-il donné ni le temps ni le lieu,
Lui qui de tout mon cœur d'abord s'est rendu maître?
VÉNUS.
Tout votre cœur s'en est laissé charmer,
Et vous l'avez aimé dès qu'il vous a dit, J'aime.
PSYCHÉ.
Pouvois-je n'aimer pas le dieu qui fait aimer,
Et qui me parloit pour lui-même?
C'est votre fils; vous savez son pouvoir;
Vous en connoissez le mérite.
VÉNUS.
Oui, c'est mon fils, mais un fils qui m'irrite.
Un fils qui me rend mal ce qu'il sait me devoir,
Un fils qui fait qu'on m'abandonne,
Et qui, pour mieux flatter ses indignes amours,
Depuis que vous l'aimez ne blesse plus personne
Qui vienne à mes autels implorer mon secours.
Vous m'en avez fait un rebelle.
On m'en verra vengée, et hautement, sur vous;
Et je vous apprendrai s'il faut qu'une mortelle
Souffre qu'un dieu soupire à ses genoux.
Suivez-moi; vous verrez, par votre expérience,
A quelle folle confiance
Vous portoit cette ambition.
Venez, et préparez autant de patience
Qu'on vous voit de présomption.

FIN DU QUATRIÈME ACTE.

QUATRIÈME INTERMÈDE.

LA scène représente les enfers. On y voit une mer toute de feu dont les flots sont dans une perpétuelle agitation. Cette mer effroyable est bornée par des ruines enflammées : et au milieu de ses flots agités, au travers d'une gueule affreuse, paroît le palais infernal de Pluton.

PREMIÈRE ENTRÉE DE BALLET.

(Des furies se réjouissent d'avoir allumé la rage dans l'âme de la plus douce des divinités.)

DEUXIÈME ENTRÉE DE BALLET.

(Des lutins, faisant des sauts périlleux, se mêlent avec les furies, et essaient d'épouvanter Psyché; mais les charmes de sa beauté obligent les furies et les lutins à se retirer.)

FIN DU QUATRIÈME INTERMÈDE.

ACTE CINQUIÈME.

Psyché passe dans une barque, et paroît avec la boîte qu'elle a été demander à Proserpine de la part de Vénus.

SCÈNE I.
PSYCHÉ.

Effroyables replis des ondes infernales,
Noirs palais où Mégère et ses sœurs font leur cour,
  Éternels ennemis du jour,
Parmi vos Ixions et parmi vos Tantales,
Parmi tant de tourments qui n'ont point d'inter-
          valles,
  Est-il dans votre affreux séjour
  Quelques peines qui soient égales
Aux travaux où Vénus condamne mon amour?
  Elle n'en peut être assouvie ;
Et depuis qu'à ses lois je me trouve asservie,
Depuis qu'elle me livre à ses ressentiments,
  Il m'a fallu dans ces cruels moments
  Plus d'une âme et plus d'une vie
  Pour remplir ses commandements.
  Je souffrirois tout avec joie,
Si, parmi les rigueurs que sa haine déploie,
Mes yeux pouvoient revoir, ne fût-ce qu'un moment,
  Ce cher, cet adorable amant.
Je n'ose le nommer : ma bouche, criminelle
  D'avoir trop exigé de lui,
S'en est rendue indigne, et, dans ce dur ennui,

La souffrance la plus mortelle
Dont m'accable à toute heure un renaissant trépas
Est celle de ne le voir pas.
Si son courroux duroit encore,
Jamais aucun malheur n'approcheroit du mien ;
Mais s'il avoit pitié d'une âme qui l'adore,
Quoi qu'il fallût souffrir, je ne souffrirois rien.
Oui, destins, s'il calmoit cette juste colère,
Tous mes malheurs seroient finis :
Pour me rendre insensible aux fureurs de la mère
Il ne faut qu'un regard du fils.
Je n'en veux plus douter, il partage ma peine ;
Il voit ce que je souffre, et souffre comme moi :
Tout ce que j'endure le gêne ;
Lui-même il s'en impose une amoureuse loi.
En dépit de Vénus, en dépit de mon crime,
C'est lui qui me soutient, c'est lui qui me ranime
Au milieu des périls où l'on me fait courir ;
Il garde la tendresse où son feu le convie,
Et prend soin de me rendre une nouvelle vie
Chaque fois qu'il me faut mourir.
Mais que me veulent ces deux ombres
Qu'à travers le faux jour de ces demeures sombres
J'entrevois s'avancer vers moi !

SCÈNE II.
PSYCHÉ, CLÉOMÈNE, AGÉNOR.

PSYCHÉ.

Cléomène, Agénor, est-ce vous que je voi ?
Qui vous a ravi la lumière ?

ACTE V, SCÈNE II.

CLÉOMÈNE.

La plus juste douleur qui d'un beau désespoir
  Nous eût pu fournir la matière ;
Cette pompe funèbre où du sort le plus noir
  Vous attendiez la rigueur la plus fière,
  L'injustice la plus entière.

AGÉNOR.

Sur ce même rocher où le ciel en courroux
  Vous promettoit au lieu d'époux
Un serpent dont soudain vous seriez dévorée,
  Nous tenions la main préparée
A repousser sa rage, ou mourir avec vous.
Vous le savez, princesse ; et lorsqu'à notre vue
Par le milieu des airs vous êtes disparue,
Du haut de ce rocher, pour suivre vos beautés,
Ou plutôt pour goûter cette amoureuse joie
D'offrir pour vous au monstre une première proie,
D'amour et de douleur l'un et l'autre emportés,
  Nous nous sommes précipités.

CLÉOMÈNE.

Heureusement déçus au sens de votre oracle,
Nous en avons ici reconnu le miracle,
Et su que le serpent prêt à vous dévorer,
  Étoit le dieu qui fait qu'on aime,
Et qui, tout dieu qu'il est, vous adorant lui-même,
  Ne pouvoit endurer
Qu'un mortel comme nous osât vous adorer.

AGÉNOR.

  Pour prix de vous avoir suivie
Nous jouissons ici d'un trépas assez doux.

Qu'avions-nous affaire de vie,
Si nous ne pouvions être à vous ?
Nous revoyons ici vos charmes,
Qu'aucun des deux là-haut n'auroit revus jamais.
Heureux si nous voyons la moindre de vos larmes
Honorer des malheurs que vous nous avez faits !

PSYCHÉ.

Puis-je avoir des larmes de reste,
Après qu'on a porté les miens au dernier point ?
Unissons nos soupirs dans un sort si funeste ;
Les soupirs ne s'épuisent point.
Mais vous soupireriez, princes, pour une ingrate.
Vous n'avez point voulu survivre à mes malheurs :
Et, quelque douleur qui m'abatte,
Ce n'est point pour vous que je meurs !

CLÉOMÈNE.

L'avons-nous mérité, nous dont toute la flamme
Ne fait que vous lasser du récit de nos maux ?

PSYCHÉ.

Vous pouviez mériter, princes, toute mon âme,
Si vous n'eussiez été rivaux.
Ces qualités incomparables
Qui de l'un et de l'autre accompagnoient les vœux
Vous rendoient tous deux trop aimables
Pour mépriser aucun des deux.

AGÉNOR.

Vous avez pu, sans être injuste ni cruelle,
Nous refuser un cœur réservé pour un dieu.
Mais revoyez Vénus. Le destin nous rappelle,
Et nous force à vous dire adieu.

PSYCHÉ.

Ne vous donne-t-il point le loisir de me dire
    Quel est ici votre séjour ?

CLÉOMÈNE.

Dans des bois toujours verts, où d'amour on respire,
    Aussitôt qu'on est mort d'amour,
D'amour on y revit, d'amour on y soupire,
Sous les plus douces lois de son heureux empire ;
Et l'éternelle nuit n'ose en chasser le jour
    Que lui-même il attire
    Sur nos fantômes qu'il inspire,
Et dont aux enfers même il se fait une cour.

AGÉNOR.

Vos envieuses sœurs, après nous descendues,
    Pour vous perdre se sont perdues ;
    Et l'une et l'autre tour à tour,
Pour le prix d'un conseil qui lui coûte la vie,
A côté d'Ixion, à côté de Titye,
Souffrent tantôt la roue, et tantôt le vautour.
L'Amour, par les zéphirs, s'est fait prompte justice
De leur envenimée et jalouse malice :
Ces ministres ailés de son juste courroux,
Sous couleur de les rendre encore auprès de vous
Ont plongé l'une et l'autre au fond d'un précipice,
Où le spectacle affreux de leurs corps déchirés
N'étale que le moindre et le premier supplice
    De ces conseils dont l'artifice
    Fait les maux dont vous soupirez.

PSYCHÉ.

Que je les plains !

CLÉOMÈNE.

Vous êtes seule à plaindre.
Mais nous demeurons trop à vous entretenir ;
Adieu. Puissions-nous vivre en votre souvenir !
Puissiez-vous, et bientôt, n'avoir plus rien à craindre !
Puisse, et bientôt, l'Amour vous enlever aux cieux,
Vous y mettre à côté des dieux,
Et, rallumant un feu qui ne se puisse éteindre,
Affranchir à jamais l'éclat de vos beaux yeux
D'augmenter le jour en ces lieux !

SCÈNE III.
PSYCHÉ.

Pauvres amants ! leur amour dure encore !
Tout morts qu'ils sont, l'un et l'autre m'adore,
Moi, dont la dureté reçut si mal leurs vœux !
Tu n'en fais pas ainsi, toi qui seul m'as ravie,
Amant que j'aime encor cent fois plus que ma vie;
Et qui brise de si beaux nœuds !
Ne me fuis plus, et souffre que j'espère
Que tu pourras un jour rabaisser l'œil sur moi,
Qu'à force de souffrir j'aurai de quoi te plaire,
De quoi me rengager ta foi.
Mais ce que j'ai souffert m'a trop défigurée
Pour rappeler un tel espoir ;
L'œil abattu, triste, désespérée,
Languissante et décolorée,
De quoi puis-je me prévaloir,
Si par quelque miracle, impossible à prévoir,

Ma beauté qui t'a plu ne se voit réparée?
Je porte ici de quoi la réparer.
Ce trésor de beauté divine,
Qu'en mes mains pour Vénus a remis Proserpine,
Enferme des appas dont je puis m'emparer;
Et l'éclat en doit être extrême,
Puisque Vénus, la beauté même,
Les demande pour se parer.
En dérober un peu, seroit-ce un si grand crime?
Pour plaire aux yeux d'un dieu qui s'est fait mon amant,
Pour regagner son cœur et finir mon tourment,
Tout n'est-il pas trop légitime?
Ouvrons. Quelles vapeurs m'offusquent le cerveau!
Et que vois-je sortir de cette boîte ouverte?
Amour, si ta pitié ne s'oppose à ma perte,
Pour ne revivre plus je descends au tombeau.

(Psyché s'évanouit.)

SCÈNE IV.

L'AMOUR; PSYCHÉ, ÉVANOUIE.

L'AMOUR.

VOTRE péril, Psyché, dissipe ma colère,
Ou plutôt de mes feux l'ardeur n'a point cessé,
Et bien qu'au dernier point vous m'ayez su déplaire,
Je ne me suis intéressé
Que contre celle de ma mère.
J'ai vu tous vos travaux, j'ai suivi vos malheurs,
Mes soupirs ont partout accompagné vos pleurs.
Tournez les yeux vers moi, je suis encor le même.
Quoi! je dis et redis tout haut que je vous aime,

Et vous ne dites point, Psyché, que vous m'aimez !
Est-ce que pour jamais vos beaux yeux sont fermés,
Qu'à jamais la clarté leur vient d'être ravie ?
O mort ! devois-tu prendre un dard si criminel,
Et, sans aucun respect pour mon être éternel,
  Attenter à ma propre vie ?
 Combien de fois, ingrate déité,
  Ai-je grossi ton noir empire
 Par les mépris et par la cruauté
 D'une orgueilleuse ou farouche beauté !
  Combien même, s'il le faut dire,
 T'ai-je immolé de fidèles amants
  A force de ravissements !
  Va, je ne blesserai plus d'âmes,
  Je ne percerai plus de cœurs
Qu'avec des dards trempés aux divines liqueurs
Qui nourrissent du ciel les immortelles flammes,
Et n'en lancerai plus que pour faire à tes yeux
  Autant d'amants, autant de dieux.
  Et vous, impitoyable mère,
  Qui la forcez à m'arracher
 Tout ce que j'avois de plus cher,
Craignez, à votre tour, l'effet de ma colère.
  Vous me voulez faire la loi,
Vous, qu'on voit si souvent la recevoir de moi !
Vous qui portez un cœur sensible comme un autre,
Vous enviez au mien les délices du vôtre !
Mais dans ce même cœur j'enfoncerai des coups
Qui ne seront suivis que de chagrins jaloux ;
Je vous accablerai de honteuses surprises,
Et choisirai partout, à vos vœux les plus doux,

Des Adonis et des Anchises
Qui n'auront que haine pour vous.

SCÈNE V.

VÉNUS, L'AMOUR; PSYCHÉ, ÉVANOUIE.

VÉNUS.

La menace est respectueuse ;
Et d'un enfant qui fait le révolté
La colère présomptueuse...

L'AMOUR.

Je ne suis plus enfant, et je l'ai trop été ;
Et ma colère est juste autant qu'impétueuse.

VÉNUS.

L'impétuosité s'en devroit retenir,
Et vous pourriez vous souvenir
Que vous me devez la naissance.

L'AMOUR.

Et vous pourriez n'oublier pas
Que vous avez un cœur et des appas
Qui relèvent de ma puissance ;
Que mon arc de la vôtre est l'unique soutien ;
Que sans mes traits elle n'est rien ;
Et que, si les cœurs les plus braves
En triomphe par vous se sont laissé traîner,
Vous n'avez jamais fait d'esclaves
Que ceux qu'il m'a plu d'enchaîner.
Ne me vantez donc plus ces droits de la naissance
Qui tyrannisent mes désirs ;
Et, si vous ne voulez perdre mille soupirs,
Songez en me voyant à la reconnoissance,

Vous qui tenez de ma puissance
Et votre gloire et vos plaisirs.
VÉNUS.
Comment l'avez-vous défendue,
Cette gloire dont vous parlez ?
Comment me l'avez-vous rendue ?
Et quand vous avez vu mes autels désolés,
    Mes temples violés,
    Mes honneurs ravalés,
Si vous avez pris part à tant d'ignominie,
    Comment en a-t-on vu punie
    Psyché qui me les a volés ?
Je vous ai commandé de la rendre charmée
    Du plus vil de tous les mortels,
Qui ne daignât répondre à son âme enflammée
    Que par des rebuts éternels,
    Par les mépris les plus cruels :
    Et vous-même l'avez aimée !
Vous avez contre moi séduit des immortels ;
C'est pour vous qu'à mes yeux les zéphyrs l'ont cachée,
    Qu'Apollon même suborné
Par un oracle adroitement tourné
    Me l'avoit si bien arrachée,
    Que si sa curiosité,
    Par une aveugle défiance,
    Ne l'eût rendue à ma vengeance,
Elle échappoit à mon cœur irrité.
Voyez l'état où votre amour l'a mise,
    Votre Psyché ; son âme va partir :
Voyez ; et si la vôtre en est encore éprise,

ACTE V, SCÈNE V.

Recevez son dernier soupir.
Menacez, bravez-moi, cependant qu'elle expire.
Tant d'insolence vous sied bien !
Et je dois endurer quoi qu'il vous plaise dire,
Moi qui, sans vos traits, ne puis rien !

L'AMOUR.

Vous ne pouvez que trop, déesse impitoyable ;
Le destin l'abandonne à tout votre courroux.
Mais soyez moins inexorable
Aux prières, aux pleurs d'un fils à vos genoux.
Ce doit vous être un spectacle assez doux
De voir d'un œil Psyché mourante,
Et de l'autre ce fils, d'une voix suppliante,
Ne vouloir plus tenir son bonheur que de vous.
Rendez-moi ma Psyché, rendez-lui tous ses charmes :
Rendez-la, déesse, à mes larmes ;
Rendez à mon amour, rendez à ma douleur,
Le charme de mes yeux et le choix de mon cœur.

VÉNUS.

Quelque amour que Psyché vous donne,
De ses malheurs par moi n'attendez pas la fin ;
Si le destin me l'abandonne,
Je l'abandonne à son destin.
Ne m'importunez plus ; et dans cette infortune
Laissez-la sans Vénus triompher ou périr.

L'AMOUR.

Hélas ! si je vous importune,
Je ne le ferois pas, si je pouvois mourir.

VÉNUS.

Cette douleur n'est pas commune
Qui force un mortel à souhaiter la mort.

L'AMOUR.

Voyez par son excès si mon amour est fort.
　　Ne lui ferez-vous grâce aucune ?

VÉNUS.

Je vous l'avoue, il me touche le cœur,
Votre amour ; il désarme, il fléchit ma rigueur.
　　Votre Psyché reverra la lumière.

L'AMOUR.

Que je vous vais partout faire donner d'encens !

VÉNUS.

Oui, vous la reverrez dans sa beauté première :
　　Mais de vos vœux reconnoissants
　　Je veux la déférence entière ;
Je veux qu'un vrai respect laisse à mon amitié
　　Vous choisir une autre moitié.

L'AMOUR.

　　Et moi je ne veux plus de grâce,
　　Je reprends toute mon audace ;
　　Je veux Psyché, je veux sa foi ;
Je veux qu'elle revive, et revive pour moi,
Et tiens indifférent que votre haine lasse
　　En faveur d'une autre se passe.
Jupiter, qui paroît, va juger entre nous
De mes emportements et de votre courroux.

(Après quelques éclairs et des roulements de tonnerre, Jupiter
paroît en l'air sur son aigle, et descend sur la terre.)

SCÈNE VI.

JUPITER, VÉNUS, L'AMOUR; PSY-
CHÉ, ÉVANOUIE.

L'AMOUR.

Vous à qui seul tout est possible,
Père des dieux, souverain des mortels,
Fléchissez la rigueur d'une mère inflexible,
Qui sans moi n'auroit point d'autels.
J'ai pleuré, j'ai prié, je soupire, menace,
Et perds menaces et soupirs.
Elle ne veut pas voir que de mes déplaisirs
Dépend du monde entier l'heureuse ou triste face,
Et que, si Psyché perd le jour,
Si Psyché n'est à moi, je ne suis plus l'Amour.
Oui, je romprai mon arc, je briserai mes flèches,
J'éteindrai jusqu'à mon flambeau,
Je laisserai languir la nature au tombeau,
Ou, si je daigne aux cœurs faire encor quelques brèches
Avec ces pointes d'or qui me font obéir,
Je vous blesserai tous là-haut pour des mortelles,
Et ne décocherai sur elles
Que des traits émoussés qui forcent à haïr,
Et qui ne font que des rebelles,
Des ingrates et des cruelles.
Par quelle tyrannique loi
Tiendrai-je à vous servir mes armes toujours prêtes,
Et vous ferai-je à tous conquêtes sur conquêtes,
Si vous me défendez d'en faire une pour moi?

JUPITER, à Vénus.

Ma fille, sois-lui moins sévère.
Tu tiens de sa Psyché le destin en tes mains :
La Parque, au moindre mot, va suivre ta colère :
Parle, et laisse-toi vaincre aux tendresses de mère,
Ou redoute un courroux que moi-même je crains.
 Veux-tu donner le monde en proie
A la haine, au désordre, à la confusion,
  Et d'un dieu d'union,
  D'un dieu de douceur et de joie,
Faire un dieu d'amertume et de division ?
  Considère ce que nous sommes,
Et si les passions doivent nous dominer :
 Plus la vengeance a de quoi plaire aux hommes,
 Plus il sied bien aux dieux de pardonner.

VÉNUS.

 Je pardonne à ce fils rebelle.
Mais voulez-vous qu'il me soit reproché
  Qu'une misérable mortelle,
L'objet de mon courroux, l'orgueilleuse Psyché,
  Sous ombre qu'elle est un peu belle,
  Par un hymen dont je rougis
Souille mon alliance et le lit de mon fils ?

JUPITER.

 Hé bien ! je la fais immortelle,
 Afin d'y rendre tout égal.

VÉNUS.

Je n'ai plus de mépris ni de haine pour elle,
Et l'admets à l'honneur de ce nœud conjugal.
 Psyché, reprenez la lumière,
 Pour ne la reperdre jamais.

ACTE V, SCÈNE VI.

Jupiter a fait votre paix,
Et je quitte cette humeur fière
Qui s'opposoit à vos souhaits.
    PSYCHÉ, sortant de son évanouissement.
C'est donc vous, ô grande déesse,
Qui redonnez la vie à ce cœur innocent!
    VÉNUS.
Jupiter vous fait grâce, et ma colère cesse.
Vivez, Vénus l'ordonne; aimez, elle y consent.
    PSYCHÉ, à l'Amour.
Je vous revois enfin, cher objet de ma flamme!
    L'AMOUR, à Psyché.
Je vous possède enfin, délices de mon âme!
    JUPITER.
Venez, amants, venez aux cieux,
Achever un si grand et si digne hyménée.
Viens-y, belle Psyché, changer de destinée;
Viens prendre place au rang des dieux.

FIN DU CINQUIÈME ACTE.

CINQUIÈME INTERMÈDE.

Le théâtre représente le ciel. Le palais de Jupiter descend, et laisse voir dans l'éloignement, par trois suites de perspectives, les autres palais des dieux du ciel les plus puissants. Un nuage sort du théâtre, sur lequel l'Amour et Psyché se placent, et sont enlevés par un second nuage, qui vient en descendant se joindre au premier. Jupiter et Vénus se croisent en l'air dans leurs machines, et se rangent près de l'Amour et de Psyché.

Les divinités qui avoient été partagées entre Vénus et son fils se réunissent en les voyant d'accord; et toutes ensemble, par des concerts, des chants et des danses, célèbrent la fête des noces de l'Amour et de Psyché.

JUPITER, VÉNUS, L'AMOUR, PSYCHÉ, CHOEUR DES DIVINITÉS CÉLESTES.— APOLLON, LES MUSES; LES ARTS, TRAVESTIS EN BERGERS.—BACCHUS, SILÈNE, SATYRES, ÉGIPANS, MÉNADES.—MOME, POLICHINELLES, MATASSINS, MARS, TROUPE DE GUERRIERS.

APOLLON.

Unissons-nous, troupe immortelle,
Le dieu d'amour devient heureux amant,
Et Vénus a repris sa douceur naturelle
 En faveur d'un fils si charmant;
Il va goûter en paix, après un long tourment,
Une félicité qui doit être éternelle.

CHOEUR DES DIVINITÉS CÉLESTES.

Célébrons ce grand jour;
Célébrons tous une fête si belle;

INTERMÈDE V.

Que nos chants en tous lieux en portent la nouvelle,
Qu'ils fassent retentir le céleste séjour.
  Chantons, répétons tour à tour
  Qu'il n'est point d'âme si cruelle
Qui tôt ou tard ne se rende à l'amour.

BACCHUS.

  Si quelquefois,
 Suivant nos douces lois,
 La raison se perd et s'oublie,
Ce que le vin nous cause de folie
 Commence et finit en un jour ;
Mais quand un cœur est enivré d'amour,
 Souvent c'est pour toute la vie.

MOME.

  Je cherche à médire
 Sur la terre et dans les cieux :
  Je soumets à ma satire
  Les plus grands des dieux.
Il n'est dans l'univers que l'Amour qui m'étonne,
 Il est le seul que j'épargne aujourd'hui :
  Il n'appartient qu'à lui
  De n'épargner personne.

MARS.

Mes plus fiers ennemis, vaincus ou pleins d'effroi,
 Ont vu toujours ma valeur triomphante ;
  L'Amour est le seul qui se vante
  D'avoir pu triompher de moi.

CHŒUR DES DIVINITÉS CÉLESTES.

 Chantons les plaisirs charmants
  Des heureux amants ;
 Que tout le ciel s'empresse

23*

A leur faire sa cour.
Célébrons ce beau jour
Par mille doux chants d'allégresse ;
Célébrons ce beau jour
Par mille doux chants pleins d'amour.

PREMIÈRE ENTRÉE DE BALLET.
SUITE D'APOLLON.

Danse des arts travestis en bergers.

Le dieu qui nous engage
A lui faire la cour,
Défend qu'on soit trop sage.
Les plaisirs ont leur tour :
C'est leur plus doux usage
Que de finir les soins du jour ;
La nuit est le partage
Des jeux et de l'amour.
Ce seroit grand dommage
Qu'en ce charmant séjour
On eût un cœur sauvage.
Les plaisirs ont leur tour :
C'est leur plus doux usage
Que de finir les soins du jour ;
La nuit est le partage
Des jeux et de l'amour.

DEUX MUSES.

Gardez-vous, beautés sévères,
Les amours font trop d'affaires ;
Craignez toujours de vous laisser charmer.
Quand il faut que l'on soupire,
Tout le mal n'est pas de s'enflammer ;
Le martyre

INTERMÈDE V.

De le dire
Coûte plus cent fois que d'aimer.
On ne peut aimer sans peines,
Il est peu de douces chaînes,
A tout moment on se sent alarmer;
Quand il faut que l'on soupire,
Tout le mal n'est pas de s'enflammer,
Le martyre
De le dire
Coûte plus cent fois que d'aimer.

DEUXIÈME ENTRÉE DE BALLET.
SUITE DE BACCHUS.

Danse des ménades et des égipans.

BACCHUS.

Admirons le jus de la treille :
Qu'il est puissant ! qu'il a d'attraits !
Il sert aux douceurs de la paix,
Et dans la guerre il fait merveille ;
Mais surtout pour les amours,
Le vin est d'un grand secours.

SILÈNE, monté sur un âne.

Bacchus veut qu'on boive à longs traits.
On ne se plaint jamais
Sous son heureux empire :
Tout le jour on n'y fait que rire,
Et la nuit on y dort en paix.
Ce dieu rend nos vœux satisfaits :
Que sa cour a d'attraits !
Chantons-y bien sa gloire.
Tout le jour on n'y fait que boire,
Et la nuit on y dort en paix.

SILÈNE ET DEUX SATYRES, ensemble.

Voulez-vous des douceurs parfaites ?
Ne les cherchez qu'au fond des pots.

PREMIER SATYRE.

Les grandeurs sont sujettes
A mille peines secrètes.

SECOND SATYRE.

L'amour fait perdre le repos.

TOUS TROIS ENSEMBLE.

Voulez-vous des douceurs parfaites ?
Ne les cherchez qu'au fond des pots.

PREMIER SATYRE.

C'est là que sont les ris, les jeux, les chansonnettes.

SECOND SATYRE.

C'est dans le vin qu'on trouve les bons mots.

TOUS TROIS ENSEMBLE.

Voulez-vous des douceurs parfaites ?
Ne les cherchez qu'au fond des pots.

TROISIÈME ENTRÉE DE BALLET.

(Deux autres satyres enlèvent Silène de dessus son âne, qui leur sert à voltiger, et à former des jeux agréables et surprenants.)

QUATRIÈME ENTRÉE DE BALLET.

SUITE DE MOME.

Danses de polichinelles et de matassins.

MOME.

Folâtrons, divertissons-nous,
Raillons, nous ne saurions mieux faire,
La raillerie est nécessaire
    Dans les jeux les plus doux.
Sans la douceur que l'on goûte à médire,
On trouve peu de plaisirs sans ennui :
Rien n'est si plaisant que de rire,

INTERMÈDE V.

Quand on rit aux dépens d'autrui.
Plaisantons, ne pardonnons rien.
Rions, rien n'est plus à la mode ;
On court péril d'être incommode
En disant trop de bien.
Sans la douceur que l'on goûte à médire,
On trouve peu de plaisirs sans ennui ;
Rien n'est si plaisant que de rire,
Quand on rit aux dépens d'autrui.

CINQUIÈME ENTRÉE DE BALLET.
SUITE DE MARS.

MARS.

Laissons en paix toute la terre.
Cherchons de doux amusements ;
Parmi les jeux les plus charmants
Mêlons l'image de la guerre.

(Quatre guerriers portant des masses et des boucliers, quatre autres armés de piques, et quatre autres avec des drapeaux, font, en dansant, une manière d'exercice.)

SIXIÈME ET DERNIÈRE ENTRÉE DE BALLET.

(Les quatre troupes différentes de la suite d'Apollon, de Bacchus, de Mome et de Mars, s'unissent et se mêlent ensemble.)

CHOEUR DES DIVINITÉS CÉLESTES.

Chantons les plaisirs charmants
Des heureux amants.
Répondez-nous, trompettes,
Timbales et tambours,
Accordez-vous toujours
Avec le doux son des musettes ;
Accordez-vous toujours
Avec le doux chant des amours.

FIN DE PSYCHÉ.

RÉFLEXIONS

SUR

PSYCHÉ.

Cette pièce offre la réunion de plusieurs genres : la tragédie, la comédie et l'opéra y sont mis à contribution, et semblent s'être réunis pour former un spectacle unique et extraordinaire. Il est rare que ces sortes d'ouvrages mixtes soient bons : Molière le sentoit plus que personne. Mais un ordre du roi leva tous ses scrupules, et le contraignit à consacrer à cette pièce des moments qu'il auroit sans doute mieux employés, s'il avoit pu en disposer. Cependant, comme il travailloit avec une sorte de répugnance à un ouvrage dont il n'attendoit pas beaucoup de gloire, il se trouva pressé par le temps, et fut obligé d'avoir recours à un autre poëte pour achever la pièce dans le terme prescrit. Pierre Corneille, avec lequel il s'étoit réconcilié depuis quelques années, fut celui auquel il s'adressa. Ce grand homme, âgé de soixante-quatre ans, sembla rajeunir pour contribuer aux plaisirs de Louis XIV. Il composa les quatre derniers actes, à l'exception des premières scènes du second et du troisième. Ce talent fier et sublime s'abaissa jusqu'au genre de Quinault ; et l'on ne peut être assez étonné de le voir surpasser l'auteur d'ARMIDE dans la douceur et la délicatesse des sentiments qui conviennent à un sujet tel que celui de PSYCHÉ. Molière se fit aussi aider par Quinault, qui fut chargé des intermèdes : mais ce poëte, si vanté de nos jours, ne soutint pas la lutte qu'il avoit acceptée contre deux hommes de génie ; on le voit se traîner sur des galanteries rebattues, sur *des lieux communs de morale lubrique ;* et jamais il ne mérita mieux la censure sévère de Boileau.

Apulée est le premier auteur de la fable de Psyché : elle étoit presque oubliée, lorsque La Fontaine la fit revivre dans le roman de ce nom. Il eut la gloire de naturaliser Psyché dans la mythologie qui nous est familière, et d'ajouter à des fictions un peu usées un sujet dont tous les beaux-arts ont profité depuis. Il y avoit un an que ce roman avoit paru, lorsque Molière traita le sujet de Psyché ; et l'on peut croire que le succès qu'avoit obtenu La Fontaine détermina le choix de ce sujet.

On trouve des beautés dans la partie de cette pièce dont Molière s'est chargé. Le prologue est ingénieux : toutes les divinités se réjouissent de la paix ; Vénus seule, jalouse de Psyché, dont la beauté attire tous les hommages, et fait négliger ses autels, ne peut partager cette allégresse : l'action commence aussitôt, puisque la déesse charge son fils de la venger.

La tendresse du père de Psyché pour cette fille chérie est parfaitement peinte. On y reconnoît souvent le grand maître qui, rejetant un vain appareil de sensibilité, se borne à exprimer des sentiments vrais et naturels. Psyché, arrivée au lieu où elle doit être exposée au monstre, fait à son père les adieux les plus touchants : ce prince est inconsolable ; et la jeune victime, pour apaiser ses regrets, lui rappelle qu'il a deux autres filles qui la remplaceront près de lui. Le malheureux père répond en pleurant :

> Je regarde ce que je perds
> Et ne vois pas ce qui me reste.

Mais les détails de comédie sont en général ce qu'il y a de mieux dans le premier acte, dont Molière est auteur. Une tirade fort curieuse donne une idée de la révolution qui s'étoit faite dans les mœurs depuis la première représentation des PRÉCIEUSES. Psyché est douce, aimable, sans pruderie ; et c'est ce qui lui attire les hommages de tous les hommes. Ses deux sœurs au contraire ont des sentiments romanesques, et sont aussi fières que les héroïnes de mademoiselle de Scudéry. L'une et l'autre, jalouses des succès de Psyché, font des réflexions sur ce changement qu'elles blâment, et ne manquent pas de regretter le temps passé.

> Notre gloire n'est plus aujourd'hui conservée ;
> Et l'on n'est plus au temps de ces nobles fiertés
> Qui par un digne essai d'illustres cruautés
> Vouloient voir d'un amant la constance éprouvée.
> De tout ce noble orgueil qui nous seyoit si bien
> On est bien descendu dans le siècle où nous sommes ;
> Et l'on en est réduite à n'espérer plus rien,
> A moins que l'on se jette à la tête des hommes.

Il y a dans la partie de cette pièce dont Corneille s'est chargé des beautés d'autant plus remarquables, qu'elles s'éloignent beaucoup du genre auquel ce grand homme s'étoit livré jusqu'alors. On y trouve des traits fins et délicats ; la passion de l'amour est exprimée avec un charme qui étonne dans un vieillard dont l'âme s'étoit toujours nourrie d'objets élevés et sublimes. Il peint d'un seul trait la coquetterie, lorsqu'il fait dire à Psyché :

> Et j'étois parmi tant de flammes
> Reine de tous les cœurs, et maîtresse du mien.

Mais la scène la plus agréable est celle de la première entrevue de l'Amour et de Psyché. L'étonnement de la jeune princesse, l'expression des premiers sentiments de tendresse qui s'emparent de son cœur, la déclaration de son amant, sont très-supérieurs aux morceaux les plus admirés de Quinault. Psyché prie l'Amour de lui faire voir ses sœurs encore une fois : il a peine à lui accorder cette grâce ; et la jeune personne, étonnée, lui demande s'il est jaloux des liens du sang. L'Amour lui répond :

> Je le suis, ma Psyché, de toute la nature ;
> Les rayons du soleil vous baisent trop souvent ;
> Vos cheveux souffrent trop des haleines du vent ;
> Dès qu'il les flatte j'en murmure.
> L'air même que vous respirez
> Avec trop de plaisir passe par votre bouche ;
> Votre habit de trop près vous touche.
> Et sitôt que vous soupirez,
> Je ne sais quoi qui m'effarouche
> Craint parmi vos soupirs des soupirs égarés.

Il y a peut-être un peu de vague dans la peinture de l'enfer. Celle de La Fontaine est mieux entendue et mieux appropriée au sujet. Ce tableau du roman de PSYCHÉ paroît être celui qui coûta le plus au fabuliste ; et sous ce rapport il est curieux. On se rappelle que, lorsque ce poète se convertit, on eut beaucoup de peine à lui faire comprendre les souffrances éternelles des damnés : *je me flatte*, répondoit-il, *qu'ils s'y accoutument*. Il faut donc croire qu'il lui fut très-difficile de peindre le Tartare, dont le sixième livre de l'ÉNÉIDE nous donne une idée si terrible. Il compose son enfer des infidèles, des indiscrets ; et le dernier trait qu'il lance est contre ceux qui parlent mal des femmes.

> En un lieu séparé, l'on voit ceux de qui l'âme
> A violé les droits de l'amoureuse flamme,
> Offensé Cupidon, méprisé ses autels,
> Refusé le tribut qu'il impose aux mortels.
> Là souffre un monde entier d'ingrates, de coquettes ;
> Là Mégère punit les langues indiscrètes,
> Surtout ceux qui, tachés du plus noir des forfaits,
> Se sont vantés d'un bien qu'on ne leur fit jamais.
> ....
> Près d'eux sont les auteurs de maint hymen forcé ;
> L'amant chiche, la dame au cœur intéressé ;
> La troupe des censeurs, peuple à l'amour rebelle ;
> Ceux enfin dont les vers ont noirci quelque belle.

Il est à regretter que Molière et Corneille n'aient pas profité de ces idées qui étoient neuves, et qui convenoient très-bien à un sujet tel que celui de PSYCHÉ.

Cette pièce, dont Molière n'avoit pas choisi le sujet, offre les défauts qui doivent nécessairement résulter du mélange de plusieurs genres. Une fiction mythologique se prêtoit difficilement à remplir cinq actes. On trouve de la longueur surtout dans les derniers. La précipitation du travail ne permit pas à Molière et à Corneille de donner à leur style cette pureté soutenue qui fait seule le succès durable des ouvrages dramatiques.

———

TABLE
DES PIÈCES
CONTENUES DANS CE VOLUME.

Pages.

Le Bourgeois gentilhomme......... 1
Réflexions sur le Bourgeois gentil-
homme...................... 143
Les Fourberies de Scapin............ 151
Réflexions sur les Fourberies de Scapin. 248
Fête de Versailles, et Intermèdes de
George Dandin................ 257
Psyché....................... 309
Réflexions sur Psyché............. 410

FIN DE LA TABLE.

www.ingramcontent.com/pod-product-compliance
Lightning Source LLC
Chambersburg PA
CBHW052121230426
43671CB00009B/1075